刑事政策の国際的潮流

藤本 哲也 著

中央大学出版部

装幀　道吉　剛

は し が き

　最近の刑事政策において注目すべきことは、我が国もアメリカと同様に、犯罪対策が政治的課題として重要な地位を占めるようになったことである。平成15（2003）年に設置された犯罪対策閣僚会議は、平成20（2008）年に「犯罪に強い社会の実現のための行動計画2008」を、そして、平成24（2012）年には、「再犯防止に向けた総合対策」を策定し、刑務所出所者等の再犯防止における効果を的確に把握するために、出所等年を含む2年間において刑務所等に再入所等する者の割合を、過去5年間における2年以内再入率の平均値を基準とし、これを平成33（2021）年までに20％以上減少させることを目標としている。

　この目標を設定するに当たっての有識者ヒアリングにおいて、筆者は意見を求められ、日本の刑事政策の現状とアメリカ、オーストラリア、カナダ等の英語圏の刑事政策の実情について説明をした。

　また、平成25（2013）年には、犯罪対策閣僚会議は、「「世界一安全な日本」創造戦略」を閣議決定し、平成32（2020）年開催のオリンピック・パラリンピック東京大会を視野に、新たな治安上の脅威への対策を含め、官民一体となった的確な犯罪対策を展開し、良好な治安を確保することにより、国民が安全で安心して暮らせる国であることを実感できる「世界一安全な国、日本」を創り上げることを宣言している。

　この「「世界一安全な日本」創造戦略」の策定に当たっても、有識者ヒアリングで参考人として、我が国の矯正や保護の直面する問題や諸外国の動向について意見を述べさせていただいた。「刑事政策の国際的潮流」と題する本書の各論文は、その時の基礎資料として使用したものである。

　現在、オリンピック・パラリンピック東京大会を4年後に控え、治安が良いということがオリンピック・パラリンピック東京大会の決定理由の一因となったという事実を考えるとき、より一層の安全で安心な社会を形成することが政

ii

府の喫緊の課題であろう。

　本書は、我が国の刑事政策が渇望している海外の動向を一望できるという利点に加え、新しい刑事政策の風が吹いていると言われている我が国において、政策決定者の資料ともなり得るという意味においても、その存在価値は大きいものと言えよう。

　なお、本書は、中央大学学術図書出版助成によるものであり、出版助成の申請に当たっては、小島啓二氏、佐藤久美子氏、小池ゆり氏にお世話になった。また、本書の出版に当たっては、中央大学出版部の髙橋和子氏にご尽力頂いた。記して感謝の意を表したいと思う。

　平成 28 年 8 月 8 日

藤 本 哲 也
多摩市桜ケ丘の自宅にて

刑事政策の国際的潮流

目　　次

は し が き

第1部 我が国における刑事政策

1 刑事司法におけるパラダイムの変遷 …………………… 3

1．はじめに *3*

2．応報的司法パラダイム *3*

3．社会復帰的司法パラダイム *5*

4．修復的司法パラダイム *8*

5．我が国の刑事政策の未来像 *11*

6．おわりに *12*

2 DNA 型鑑定 ……………………………………… *13*

1．はじめに *13*

2．刑事事件における DNA 型鑑定の歴史的経緯 *14*

3．DNA 型鑑定の証拠能力 *15*

4．再審と DNA 型鑑定 *17*

5．おわりに *19*

3 法テラスって知ってますか ……………………… *21*

1．はじめに *21*

2．法テラス設立の経緯 *22*

3．法テラスの業務内容 *22*

4．おわりに *28*

4 改正検察審査会法について ……………………… *31*

1．はじめに *31*

2．検察審査会とは *31*

3．改正検察審査会法の概要 *33*

4．改正検察審査会法についての議論 *35*

5．おわりに *37*

5 公訴時効及び刑の時効の廃止・延長について …………39

1．はじめに　39
2．公訴時効制度見直しの経緯　39
3．公訴時効の改正（刑事訴訟法の一部改正）　41
4．刑の時効の改正（刑法の一部改正）　42
5．改正にあたっての論点　42
6．おわりに　47

6 裁判員制度を考える ………………………49

1．はじめに　49
2．裁判員制度導入の経緯　49
3．裁判員制度の概要　51
4．裁判員制度の検討課題　55
5．おわりに　58

7 被害者参加制度と損害賠償命令制度 ………………59

1．はじめに　59
2．被害者参加制度の概要　59
3．被害者参加制度の検討　62
4．国選被害者参加弁護士制度　63
5．損害賠償命令制度　63
6．損害賠償命令制度の検討　65
7．おわりに　66

8 日本更生保護学会の創設 ………………67

1．日本更生保護学会創設の経緯　67
2．立教大学での設立記念大会　68
3．今後の更生保護学会の役割　73

9 BBS運動あるいはBBS会って知ってますか ……………77

1．BBS運動とは何か　77
2．アメリカBBS運動の日本への紹介　77
3．京都少年保護学生連盟の創設　78
4．各地におけるBBS運動の展開　80

vi

5．BBS 運動の現状　*81*

6．BBS 運動の課題　*83*

10　協力雇用主って知ってますか ……………………………… *85*

1．はじめに　*85*

2．協力雇用主とは　*85*

3．協力雇用主の現況　*87*

4．全国就労支援事業者機構　*87*

5．協力雇用主の果たすべき役割　*89*

6．おわりに　*90*

11　更生保護女性会って知ってますか ……………………… *93*

1．更生保護女性会の歴史的推移　*93*

2．更生保護女性会の活動の現状　*96*

3．更生保護女性会の将来の課題　*97*

12　更生保護における犯罪被害者等施策 ………………… *99*

1．はじめに　*99*

2．犯罪被害者等施策実施までの歩み　*99*

3．更生保護における犯罪被害者等施策　*100*

4．今後の検討課題　*104*

第 2 部　アメリカにおける刑事政策

1　薬物使用と健康に関する全米調査 …………………… *109*

1．はじめに　*109*

2．薬物使用と健康に関する全米調査の概要　*109*

3．おわりに　*118*

2　最近 30 年間のアメリカにおける死刑の実情 ………… *119*

1．はじめに　*119*

2．アメリカでの死刑の適用状況について　*119*

3．最近の新しい動向　*122*

4．少年犯罪者に対する死刑と再審無罪事件　*124*

　　5．おわりに　*126*

3　アメリカにおける児童強姦死刑法制定の動き ………… *127*

　　1．はじめに　*127*

　　2．サラ・カシマノ強姦・殺人未遂事件とその反応　*127*

　　3．児童強姦死刑法の法的歴史　*130*

　　4．合衆国憲法修正第8条と各裁判官の意見　*131*

　　5．コーカー判決の「成人女性への強姦」の意味するもの　*132*

　　6．おわりに　*133*

4　アメリカにおける触法精神障害者対策の新動向 ……… *135*

　　1．はじめに　*135*

　　2．3つの戦略　*135*

　　3．警察官の特別対応の広まり　*136*

　　4．警察官基盤の特別警察対応モデル　*137*

　　5．ま　と　め　*146*

5　アメリカにおける累犯研究 …………………………… *147*

　　1．はじめに　*147*

　　2．実証的研究の概観　*147*

　　3．施設収容は累犯を減少させるか　*148*

　　4．刑期の長さは累犯に影響を与えるか　*150*

　　5．早期釈放は累犯に影響を与えるか　*152*

　　6．おわりに　*154*

6　アメリカの高齢者に対する犯罪予防プログラム ……… *155*

　　1．はじめに　*155*

　　2．アメリカにおける犯罪予防活動　*155*

　　3．犯罪予防計画に関する独自の取り組み　*158*

　　4．おわりに　*162*

7　アメリカにおけるPFI刑務所 ……………………………… *163*

　　1．アメリカのPFI刑務所の現状　*163*

　　2．民営刑務所の効果　*167*

viii

　　3．お わ り に　*169*

8　アメリカにおける警備業と民間ポリーシング ………… *171*

　　1．は じ め に　*171*
　　2．民間ポリーシングの意味するもの　*171*
　　3．民間ポリーシングの形態　*173*
　　4．民間警備保障の規制原理　*176*
　　5．お わ り に　*177*

9　ハワード・ゼアの『修復的司法の手引き』 ……………… *181*

　　1．は じ め に　*181*
　　2．修復的司法の概観　*182*
　　3．なぜ今更手引き書なのか　*184*
　　4．ゼアの『修復的司法の手引き』の限界　*186*
　　5．お わ り に　*188*

第3部　オーストラリアにおける刑事政策

1　オーストラリアの裁判制度 ……………………………… *191*

　　1．は じ め に　*191*
　　2．国立博物館と流刑制度　*192*
　　3．オーストラリア首都特別地域と裁判制度　*193*
　　4．オーストラリア最高裁判所　*195*
　　5．全豪性犯罪者プログラム検討会への参加　*197*
　　6．お わ り に　*199*

2　オーストラリアにおける性犯罪者処遇の事例研究 …… *201*

　　1．は じ め に　*201*
　　2．オーストラリア首都特別地域の事例研究　*201*
　　3．会議に参加しての感想　*207*
　　4．お わ り に　*208*

3　オーストラリアにおける危険性の高い性犯罪者に対する特別法 ……………… 209

1．はじめに　*209*

2．危険性の高い性犯罪者に対する情報の収集　*209*

3．オーストラリアの法と実務　*210*

4．人権への配慮　*213*

5．論議と結論　*214*

6．おわりに　*215*

4　オーストラリアにおける知的障害者に対する性的暴行 ……………………………… 217

1．はじめに　*217*

2．性的暴行事件　*219*

3．性的暴行に対する被害可能性　*220*

4．被害者か加害者か　*220*

5．性的暴行の指標　*221*

6．知的障害のある人々への性的暴行の結果　*223*

7．議論の中心となる争点　*224*

8．おわりに　*226*

5　オーストラリアの知的障害犯罪者対策 …………………… 229

1．はじめに　*229*

2．問題の所在　*229*

3．現行制度の問題点　*231*

4．精神障害犯罪者のためのモデルサービス項目　*232*

5．おわりに　*238*

6　オーストラリアの知的障害者と犯罪の被害 ……………… 241

1．はじめに　*241*

2．知的障害者と犯罪の被害に関する研究　*242*

3．被害促進的な因子の調査　*245*

4．調査結果　*246*

5．政策的含意　*249*

6．おわりに　*251*

x

7　オーストラリアの警察機関の直面する問題 ……………… *253*

1．は じ め に　*253*

2．警察の利益と民間の利益の相互作用　*254*

3．費用と利益の分配　*258*

4．将来の課題　*259*

8　オーストラリアにおける警備業の現状 ……………… *263*

1．は じ め に　*263*

2．オーストラリアにおける警備業の現状　*263*

3．警備業が抱える問題　*266*

4．将来の課題　*269*

9　オーストラリアの民営刑務所 ……………………… *271*

1．は じ め に　*271*

2．オーストラリアの初期の民営刑務所　*271*

3．オーストラリアでの民営化の開始　*272*

4．民営化の恩恵の享受　*273*

5．お わ り に　*277*

10　オーストラリアの民営女子刑務所の崩壊 ……………… *279*

1．は じ め に　*279*

2．新しい民営女子刑務所の創設　*279*

3．民営女子刑務所の廃止とその要因　*281*

4．民営刑務所の抱える諸問題　*283*

5．お わ り に　*285*

11　ブレイスウェイトの恥の理論 …………………………… *287*

1．は じ め に　*287*

2．ブレイスウェイトの恥の理論　*287*

3．ブレイスウェイトの「犯罪、恥と再統合」の論旨　*290*

4．ブレイスウェイトの「恥と近代性」の論旨　*291*

5．ブレイスウェイトの恥の理論が意味するもの　*293*

6．お わ り に　*294*

第4部　その他の国における刑事政策

1　カナダの刑事司法機関の概要 ················· 299

1．はじめに　299

2．連邦警察　299

3．検察　301

4．バンクーバーのダウンタウン・コミュニティ裁判所　305

5．ノース・フレイザー未決拘禁センター　307

2　バンクーバーのダウンタウン・コミュニティ裁判所 ················· 311

1．はじめに　311

2．ダウンタウン・コミュニティ裁判所とは　311

3．ダウンタウン・コミュニティ裁判所の概観　312

4．ダウンタウン・コミュニティ裁判所の処理過程　317

5．ダウンタウン・コミュニティ裁判所の評価　318

3　カナダにおける警備業 ················· 321

1．はじめに　321

2．カナダにおける警備業の現状　321

3．公共ポリーシングと民間ポリーシングの融合　322

4．伝統的な民間警備業務と警察業務との抵触　323

5．警備業務における協力関係　326

6．おわりに　330

4　カナダにおけるハーフウェイハウスの現状 ················· 331

1．はじめに　331

2．カナダのハーフウェイハウス　331

3．ハーフウェイハウスの現状とその目的及び機能　332

4．おわりに　337

5 スペインにおける行刑制度 ………………………………… 339

1．は じ め に　*339*

2．スペインにおける犯罪者処遇の基本理念　*339*

3．スペインにおける拘禁刑の使用　*341*

4．刑務所における生活状況　*343*

5．お わ り に　*348*

6 ニュージーランドにおける精神障害者の刑事手続に 関する裁判官マニュアル ………………………………… 349

1．最近の筆者の研究課題　*349*

2．ニュージーランドにおける知的障害犯罪者関連法　*350*

3．精神障害者に関する刑事手続　*351*

4．精神異常の認定　*356*

5．知的障害法の対象となり得る者の他の方法について　*356*

6．刑務所収容と特別拘禁命令　*356*

7．お わ り に　*357*

7 ノルウェーにおける修復的司法の起源 ……………… 359

1．は じ め に　*359*

2．タンザニアの事例を用いてのクリスティの説明　*360*

3．犯罪予防と人道的な制裁　*361*

4．立法とさらなる発展について　*364*

5．お わ り に　*365*

8 欧州連合加盟国における性犯罪者の再犯防止対策 …… 367

1．は じ め に　*367*

2．欧州連合加盟国における性犯罪者の再犯防止策　*368*

3．お わ り に　*375*

初 出 一 覧

索　　引

第1部　我が国における刑事政策

1　刑事司法におけるパラダイムの変遷

1．はじめに

　『司法制度改革審議会意見書』によれば、「民法典等の編さんから約百年、日本国憲法の制定から五十余年が経った。当審議会は、司法制度改革審議会設置法により託された調査審議に当たり、近代の幕開け以来の苦闘に満ちた我が国の歴史を省察しつつ、司法制度改革の根本的な課題を、『法の精神、法の支配がこの国の血肉と化し、「この国のかたち」となるために一体何をなさなければならないのか』、『日本国憲法のよって立つ個人の尊重（憲法第13条）と国民主権（同前文、第1条）が真の意味において実現されるために何が必要とされているのか』を明らかにすることにあると設定した」と述べられている。

　以下においては、少し硬い文章になるかもしれないが、専ら刑事政策的な観点から、世界の刑事司法のパラダイムの変遷に合わせて、我が国の刑事司法も、図表1に見られるように、応報的司法から社会復帰的司法へ、そして修復的司法へと変遷しているのかどうか、以下において検証してみることにしたいと思う。

2．応報的司法パラダイム

⑴　「国家と犯罪者」の関係を中心としたパラダイム

　1880年の旧刑法制定から1946年の日本国憲法制定に至るまでの「大陸法継受の時代」は、犯罪者に応報として刑罰を科し、犯罪者を施設内において処遇するという形で刑事政策が展開されていた。その意味において、この時代における刑事政策の理論的パラダイムは、「国家と犯罪者」を対象とした「応報的司法」であったと言える。

　ここで言う「応報的司法」とは、ただ単に刑罰の応報的性格のみを強調する

図表1　刑事司法におけるパラダイムの変遷

司法ではなく、我が国の刑法理論の通説である相対的応報刑論の立場による司法を意味するものである。すなわち、相対的応報刑論は、応報刑論を基盤に置きつつ一般予防のみならず特別予防をも考慮するものであるが、相対的応報刑論は、刑事裁判段階においては応報的性質を認めながらも、行刑の段階においては刑本来の犯罪者の自由を拘束するという応報的性質は背後に退いて、受刑者の改善更生目的が表面に出てくるとされており、その背後に退いた刑罰の応報的性質とは、ここでは、犯罪者の自由を施設内において拘束するということを意味するのである。

　これに対して、刑事政策実務においては、「改善教育」あるいは「社会復帰」を犯罪者処遇の基本理念と考えており、犯罪者処遇にあたっては応報的側面を強調せず、このことが相対的応報刑論と刑事政策実務の異なる点であると言えるのである。とは言え、この時代の刑事政策実務では、犯罪者の社会復帰は、主に「施設内処遇」を通して考えていたのであり、犯罪者の自由を施設内において拘束するという点においては、相対的応報刑論とその態様において一致するものがあったと言えるであろう。

つまり、応報的司法とは、犯罪者の施設内処遇を中心とした対策を意味するものであったのであり、そのために、大陸法継受の時代においては、様々な施設内処遇の改革が試みられたのである。具体的には、1880 年の旧刑法においては自由刑中心の刑罰の体系化がなされ、仮出獄の制度が創設された。また、1881 年の監獄則においては、幼年監や懲治場、別房留置の規定が置かれ、1900 年の感化法では、感化院の設立、1907 年の現行刑法では、刑の上限と下限の幅を広くし、刑の執行猶予の制度が創設されている。そして 1908 年の監獄法制定においては、進歩的な近代監獄の建築が行われており、また、1933 年には、ドイツ法制をモデルとした行刑累進処遇令の制定がなされている。

これらのことから、大陸法継受の時代の刑事政策においては、専ら「国家と犯罪者」の関係に重点が置かれ、国家の刑罰体系を分析・検討し、それを解釈し適用するための論理構成や犯罪者の施設内処遇の改善、受刑者の法的地位の考察、そして、それらを推進するための刑事施設の改革等が提言されたのであり、ここにおける刑事政策の理論的パラダイムは、まさに、「応報的司法」であったと言えるのである。

そうした意味において、この応報的司法は、我が国の刑事政策における犯罪者処遇モデルの基礎を形成したという点において重要な意義を有しており、この応報的司法のパラダイムこそが、我が国における刑事政策の最初のパラダイムであったと位置づけることができるのである。

3．社会復帰的司法パラダイム

(1)　「地域社会と犯罪者」の関係を中心としたパラダイム

1946 年の日本国憲法制定から 1989 年に至るまでの「英米法継受の時代」においては、「施設内処遇から社会内処遇へ」という犯罪者処遇の世界的な潮流を受けて、我が国においても、犯罪者の「社会内処遇」を中心とした制度改革が行われた時期であり、この時代における刑事政策の理論的パラダイムは、「社会復帰的司法」を中核とするものであったと言える。つまり、この「社会復帰的司法」は、「地域社会と犯罪者」の関係を中心としたパラダイムである。

具体的には、戦後の日本国憲法を基軸とした GHQ の改革によって、1947 年の恩赦法、1949 年の犯罪者予防更生法、1950 年の更生緊急保護法と保護司法、1954 年の執行猶予者保護観察法といった、犯罪者の社会内処遇を促進するための様々な立法が制定されるに至った。また、1955 年の被拘禁者処遇に関する国連最低基準規則や 1976 年の監獄法改正の構想にみられるように、施設内処遇を一般社会の環境にできるだけ近付けるようにし、「非施設化政策」の下、施設内処遇から社会内処遇への移行を積極的に推進する施策が展開されるに至ったのである。

このような「地域社会と犯罪者」の関係を主体とする社会復帰的司法のパラダイムは、戦後の英米法導入の影響によるところが大きいことは確かではあるが、そもそもこの社会復帰的司法パラダイムは、その土台に応報的司法のパラダイムがあったからこそ、形成可能であったとも言えるのである。つまり、大陸法継受の時代の応報的司法パラダイムにおいて、施設内処遇に関心が集中したことにより、矯正と保護との連携が重視され、矯正段階のなるべく早い時期において犯罪者を社会に復帰させるというダイバージョンの諸方策が生み出されるに至り、英米法継受による社会復帰的司法パラダイムの受容も比較的スムースに成し遂げられたと言えるのである。

(2) 「地域社会と被害者」の関係を中心としたパラダイム

しかしながら、この英米法継受の時代において注目すべきことは、1980 年に犯罪被害者等給付金支給法が制定され、この制度の制定過程において、草の根レベルの被害者救援組織が形成され始めたことであり、また、1983 年においては、民間ボランティア組織である東京・強姦救援センターが設立されるに至ったことである。つまり、ここにおいては、「地域社会と被害者」の関係性へと、その関心の対象が移行していることが見て取れるのである。

それでは、この地域社会と被害者の関係性が、犯罪者の社会内処遇にどのような影響を与えたのであろうか。

この点に関しては、アメリカでは、すでに、被害弁償プログラムや被害者・加害者和解プログラムといったような、犯罪者の社会内処遇プログラムと被害

者プログラムを合体した諸施策が展開されていた。被害弁償プログラムは、犯罪被害を受けた個人や組織体に対して金銭的賠償を行うことによって刑罰を回避するプログラムであり、これは、アメリカでは、刑事司法システムの各段階において広く用いられているものである。

被害者・加害者和解プログラムは、もともとカナダに起源を有するもので、受刑者・コミュニティ協力事業団とメノー派教会との協力によって生まれたものであり、紛争解決の手段と被害弁償を結びつけた簡略な手続である。この被害者・加害者和解プログラムは、プログラム参加に同意した被害者と加害者が直接に面談を行い、この面談で被害事実と相互の感情が聴取され、被害弁償の合意が形成されるものであり、アメリカの各州において数多くのプログラムが実施されているのである。

アメリカにおいては、被害弁償プログラムや被害者・加害者和解プログラムは、被害者の救済と犯罪者の社会復帰の双方の目的を達成するための施策として展開されていたのであるが、我が国では、この時点では、犯罪者の社会内処遇と被害者プログラムは連動した形において考察されておらず、それぞれが独立したプログラムとして実施される状況であったのである。

こうした状況の合理的な説明としては、アメリカをはじめとする欧米先進諸国においては、1975 年から 1985 年にかけて、すでに民間の被害者救援組織の基盤が確立されていたことがあげられよう。例えば、アメリカの NOVA (National Organization for Victim Assistance)、イギリスの VS (Victim Support)、オーストラリアの VOCS (Victim of Crime Service INC.) は、その典型的な例である。そして、こうした被害者救済運動の影響を受け、1985 年 8 月には、イタリアのミラノで開催された第 7 回「犯罪防止及び刑事司法に関する国際連合会議」において、その議題に「犯罪の被害者」を取り上げ、「犯罪被害者に関する司法の基本原則宣言」が決議・採択されるに至ったのである。

諸外国においては、この時期すでに被害者救済を、被害者の権利として捉えていたのであるが、我が国においては、この国連の基本原則宣言を受けて、被害者救済を国家的施策として採用するまでには、少なくとも、さらに 10 年の

8　第1部　我が国における刑事政策

歳月が必要とされたのである。

　こうした諸点から考えた場合、我が国における英米法継受の時代は、犯罪者の社会内処遇に焦点をあてた社会復帰的司法パラダイムが展開された時期であると同時に、被害者救済の必要性の萌芽がみられた大切な時期でもあり、この「犯罪被害者に関する司法の基本原則宣言」を契機として、我が国の刑事政策のパラダイムは、「社会復帰的司法」から次のパラダイムである「修復的司法」へと移行することになるのである。

4．修復的司法パラダイム

⑴　「国家と被害者」の関係を中心としたパラダイム

　1990年代、とりわけ1995年になると、阪神淡路大震災や地下鉄サリン事件の発生を契機として、被害者救済に関して国家的施策の必要性が提唱されるようになり、1996年には被害者対策要綱が制定され、1999年には犯罪捜査規範の改正、検察庁における被害者等通知制度、被害者支援員制度が実施された。さらには、2004年においては、犯罪被害者等基本法が制定されたことにより、2007年の犯罪被害者等の権利利益の保護を図るための刑事訴訟法等の一部改正、2008年の平成少年法改正を始めとする、数々の刑事司法段階における犯罪被害者保護の施策が展開されるに至った。つまり、1995年以降の刑事政策は、「国家と被害者」の関係に焦点をあてて、諸施策が展開されていると言えるのである。このような被害者に視点をあわせた国家的施策の展開は、今後においても求められるであろうし、刑事政策において、被害者問題を論じることの重要性はますます高まるであろう。

⑵　「国家、地域社会、加害者、被害者」の4者関係を中心としたパラ
　　ダイム

　しかしながら、今後、我が国の刑事政策は、「国家と被害者」の関係からさらに進んで、新たな刑事政策のパラダイムへと移行していくのではないかと予測される。つまり、今後、被害者は、新たな救済形態を求め、加害者との直接的な対話による救済方式を希望するかもしれず、また、国家と被害者との関係

のみに着目した救済形態ではなく、国家、地域社会、加害者、被害者の4者関係を包摂した広範囲にわたる関係修復を試みることを、被害者は選択するかもしれないのである。すなわち、ここに、刑事政策における新たなパラダイムとして、「修復的司法」パラダイムが、我が国において展開されていくのではないかと推測されるのである。

　修復的司法は、一般的に言えば、犯罪被害者の地位・役割を向上させ、被害者本人や害を被った地域社会に対して直接弁明する責任を加害者に課することに焦点をあわせたものであり、被害者と加害者の直接的な対話や、加害者による被害者の被害弁償等に代表されるごとく、より安全な地域社会の創造に向けて、地域社会の積極的参加の重要性を強調するものである。すなわち、修復的司法は、ミクロ・レベルにおいては、犯罪遂行時に発生する加害について、被害者への賠償を第1に優先させて考え、そして、マクロ・レベルにおいては、より安全な地域社会を構築するという必要性を考えることによって、犯罪への対応を模索するのであり、そのためには、政府あるいは刑事司法が法秩序維持の責任を負い、地域社会が平和の修復・維持の責任を負うことによって、政府と地域社会が協働的・相補的役割を果たさなければならないということを意味するのである。そのような修復的司法を構築するためには、一般的に3つの基本的命題が必要不可欠であるとされている。

　第1の命題は、応報的司法が当事者主義的手続を通じて有罪を認定し、適切な処罰を科することに焦点をあわせることで、国家と加害者の関係を中心にしている一方で、修復的司法は国家、地域社会、加害者、被害者という、より広範な関係に関心を示しており、犯罪を単なる法規範以上のものと考え、犯罪によって影響を受ける4つの関係当事者である国家、地域社会、加害者、そして被害者に対する侵害であるとするのである。

　第2の命題は、修復的司法は、刑事司法のプロセスが、これらの損害の修復を支援するべきであるとしており、ここにおいては、修復的司法は古代の司法へと考え方が逆戻りしているとも言えるのである。実際に、修復的司法の概念は、ニュージーランドの先住民マオリ族やオーストラリアの先住民アボリジニ

の間で行われていたものに起源をもつと言われている。また、西サモアの伝統的な司法やアイルランドのケルト民族のブリーホン法（Brehon Law）にもその淵源があるとされている。すなわち、近代裁判権においては刑事法と民事法は分離していたために、被害者に対する損害修復は刑事裁判においてではなく、民事裁判へと対応を委ねてきたのであるが、修復的司法は、民事責任を刑事責任と同時に問うという意味において、刑事責任と民事責任が未分化であった時代の司法に逆戻りしているのではないかというのである。

　第3の命題は、修復的司法は、加害者、被害者、地域社会ができるだけ早い段階から、かつ可能な限り広い範囲において事件に関与することを要求する。このことは、秩序の基本的な枠組を維持する責任のある政府と、地域社会の平和と調和を修復する責任のある他の関係当事者との協力的な関係が必要であるとされている。すなわち、修復的司法における政府の任務は、地域社会の再建を促進するように、または少なくともその妨げとならないように機能することにあるのである。

　このように、修復的司法は、犯罪によって生じた損害の回復と将来的に損害の発生する可能性を減少させることに焦点をあてるものである。そして、修復的司法は、それを、① 加害者が、自分の行動及び自分が原因となった損害に対して責任をとるように仕向けること、② 被害者への救済を準備すること、③ 地域社会内部での被害者と加害者の再統合を促進すること、によって行うのであり、そしてこのことは、地域社会と政府の協働的な努力を通じてなされるのである。修復的司法は、多くの方法において、現行の刑事司法的慣行とは異なるものであり、まさに新しい刑事政策理論であると言えるのである。

　以上のことからわかるように、我が国の刑事政策のパラダイムは、着実に、「応報的司法」から「社会復帰的司法」へ、そしてさらには「修復的司法」へと転換しつつあるのではないかと思われる。まさに、我が国も、新しい刑事司法の未来を展望しつつあると推察されるのである。

5．我が国の刑事政策の未来像

　それでは、修復的司法が我が国の刑事政策の未来像として発展していくためには、どのような修復的司法の構造形態を採用すべきなのであろうか。

　我が国における修復的司法の実践を見るかぎりにおいては、様々な刑事司法段階における試みがなされており、それを実施し仲介する機関も、国家機関であったり、非国家機関であったり、様々な状況にある。

　この点につき、修復的司法は、国家、地域社会、加害者、被害者の4者の関係とし、国家をも包摂する概念として整理し、4者それぞれの損害を修復するプログラムであるという定義に鑑みると、仲介者が国家機関である修復的司法プログラムと、非国家機関である修復的司法プログラムの双方を実現することで、バランスのとれた修復的司法プログラムが展開されるのではないかと考えられるのである。

　具体的には、警察段階における少年対話会、少年審判や少年院での被害者と加害者の対話のように、警察段階、裁判段階、矯正段階における修復的司法を標榜することで、国家、加害者、被害者の3者関係を修復するプログラムを展開し、その一方で、保護段階や国家機関が担い手となれなかった事案についての修復的司法を、NPO法人等の非国家機関が実施することで、地域社会、加害者、被害者の3者関係を修復するプログラムを展開することが可能となるであろう。

　この点、現在、我が国での非国家機関によって行われている修復的司法は、NPO法人や弁護士会に限定されている。将来的には、多様な非国家機関が修復的司法プログラムに関与することによって、国家機関が行う修復的司法との連携を図る必要性があろう。

　いわば、国家機関が行う修復的司法プログラムと、非国家機関が行う修復的司法プログラムとを相互関係的に連動させることによって、国家、地域社会、加害者、被害者の4者関係を修復することを可能とする、より広範な実りある刑事政策が展開されるであろうと思われるのであり、まさに修復的司法こそが我が国の刑事政策を先導するものとなるのではないかと期待されるのである。

6. おわりに

『司法制度改革審議会意見書』において述べられているごとく、「刑事司法の目的は、公共の福祉の維持と個人の基本的人権の保障を全うしつつ、的確に犯罪を認知・検挙し、公正な手続きを通じて、事案の真相を明らかにし、適正かつ迅速に刑罰権の実現を図ることにより、社会の秩序を維持し、国民の安全な生活を確保することにある。」

そうした意味からは、我が国の刑事司法が、いかなる形態の刑事司法パラダイムを採用するかを問わず、適切迅速に刑罰権の実現を図ることにより、「社会の秩序の維持」と「国民の安全な生活の確保」がなされれば、その目的は達成されたことになる。

しかしながら、刑事司法制度改革の基本理念が、「国民の一人ひとりが、統治客体意識から脱却し、自律的でかつ社会的責任を負った統治主体として、互いに協力しながら自由で公正な社会の構築に参画し、この国の豊かな創造性とエネルギーを取り戻そうとする」ことにあるとするならば、国家、地域社会、加害者、被害者の4者関係からなる「修復的司法」パラダイムの採用可能性を検討してみることが重要な課題となるであろう。われわれ刑事政策に関係する者は、世界の動向を絶えず見極めながら、我が国の制度への採用可能性を模索してみることが必要であろう。

参考文献

藤本哲也「刑事政策の過去・現在・未来」『罪と罰』49巻2号（2012年）9-48頁。
司法制度改革審議会『司法制度改革審議会意見書―21世紀の日本を支える司法制度』平成13（2001）年6月12日。

2 DNA型鑑定

1. はじめに

　ここで改めて紹介するまでもなく、1990年に4歳の女児が殺害された足利事件において、女児のシャツに付いていた精液のDNA型が、犯人とされた菅家利和さんのものではなく、別人のものであることが再鑑定で明らかとなり、再審無罪に直結したことは、記憶に新しいところである。また、1997年3月19日に事件が発覚した東電OL殺害事件において、事件発生から14年余を経て、事件当日に第三者が現場にいた可能性を示す新たなDNA型鑑定結果が示され、ネパール国籍のゴビンダ・プラサド・マイナリ受刑者を無期懲役とした確定判決に重大な疑問を投げかける新事実が見つかり、無罪となったこともご存じであろう。これらの事件はDNA型鑑定が無罪を示す証拠となった事件の代表的なものである。

　一方で、1999年12月に東京都板橋区で発生した、当時28歳であった元会社事務員の芽野百合香さんが絞殺された事件の容疑者が、2011年7月8日に、強盗殺人容疑と住居侵入容疑で逮捕された。この事件は、1999年12月28日の夕方、当時、窃盗罪で服役し、刑務所から出所した直後であった容疑者が、板橋区にある芽野さんの自宅に強盗目的で侵入し、2階6畳間に1人でいた芽野さんの首を絞めて殺害したというものである。

　この事件の容疑者は、2013年2月13日に、札幌市中央区の民家に侵入し、女性を殴り、現金を奪ったなどの事件を起こしており、札幌地検は7月4日に、容疑者を起訴していた。そして、この捜査過程において容疑者のDNA型を調べた結果、12年前の板橋区強盗殺人事件で芽野さんの自宅に残されていた体液のDNA型と一致することが判明し、捜査本部は8日に、勾留先の北海道から東京へと容疑者の身柄を移送させ、逮捕したのである。この場合は、

14 第1部　我が国における刑事政策

DNA型鑑定が真犯人を特定した事件である。

　この事件の容疑者逮捕は、2009年11月に警視庁捜査一課が設置した、コールドケース（長期未解決事件）を担当する「特命捜査対策室」におけるDNA型鑑定が決め手となっており、対策室は12年前の板橋区強盗殺人事件における遺留物のDNA型を最新の方法で再鑑定し、警察庁のDNAデータベースに登録したところ、このDNA型が、北海道で逮捕された容疑者のDNA型と一致したのである。警察庁によると、1996年当時においてはDNA型が一致しても別人である確率は、2万3,000人に1人であったのであるが、現在は4兆7,000億人に1人であり、DNA型鑑定の精度は、現在においては格段に進歩しているのである。

　このように、DNA型鑑定が無罪の証拠となり、あるいは有罪の証拠となっている折柄、以下においては、刑事事件における科学的証拠の1つとして話題となっているDNA型鑑定の歴史的経緯とその証拠能力、そして特に再審との関係性について検討してみたいと思う。

2．刑事事件におけるDNA型鑑定の歴史的経緯

　人間の細胞の核に存在するDNA（デオキシリボ核酸）は、4種類の塩基からなり、2重らせん構造を有している。その塩基配列は個人により違いがあり、その多型性により個人識別を行う検査が、DNA型鑑定である。このDNA型鑑定は、イギリスのレスター大学の遺伝学者ジェフリーズ（A.J. Jeffreys）が、1985年にDNA指紋法を開発したことを発端としている。そしてそのDNA検査は、1986年にイギリスで起きたピッチフォーク・ケリー事件という婦女強姦殺人事件において用いられた。これは刑事事件においてDNA型鑑定が行われた最初の事件であるとされており、その翌年には、アメリカ・フロリダ州における強姦事件でDNA検査が行われている。

　日本の刑事事件においてDNA型鑑定を導入したのは、1988年に東京のホテルで起きた女性の殺人事件が最初であるとされており、この事件においては、東京大学の石山教授（当時）によるDNA型鑑定が行われたのであるが、この

事件の場合には他の証拠も存在したため、DNA型鑑定については争われなかったようである。

判例集に掲載されたものとしては、1992年の強盗致傷事件（水戸地裁下妻支判平成4年2月27日判時1413号35頁）が、DNA型鑑定を導入した最初の事件のようである。ここにおいては、科学警察研究所が行ったMCT118型、TNN24型、CMM101型、HLADQα型の4種類のDNA型鑑定を証拠の1つとして採用し、その確率は、1,600万人に1人とされたが、DNA型鑑定の信頼性については争点とならず、証拠能力が直接的な議論の対象とはならなかった。

DNA型鑑定の証拠能力が争点となったのは、冒頭で紹介した1990年の足利事件においてであり、科学警察研究所によって行われたMCT118型のDNA型鑑定の証拠能力が第1審（宇都宮地判平成5年7月7日判タ820号177頁）、控訴審（東京高判平成8年5月9日高刑集49巻2号181頁）、最高裁（最二小決平成12年7月17日刑集54巻6号550頁）で争点となった。この最高裁決定はDNA型鑑定の証拠能力についての最高裁初の判断ということになる。

3．DNA型鑑定の証拠能力

足利事件は、1990年5月12日に足利市のパチンコ店の駐車場で遊んでいた少女（当時4歳）のわいせつ誘拐、殺人、死体遺棄事件である。この事件で、科学警察研究所はMCT118型（第1染色体のMCT118部位に位置する特定の塩基配列の反復数には多型が存在することから、その塩基配列の反復数を分析し、その部位をPCR法という増幅技術で大量複製させ、電気泳動によりそれらの移動距離を検証する手法）によるDNA型鑑定を行い、被害者の半袖下着に付着していた精液とティッシュペーパーに付着していた精液のDNA型が、被告人のDNA型と同型であるという鑑定結果を得た。

そこで第1審では、このMCT118型を使用したDNA型鑑定の証拠能力につき、まずDNA型鑑定の一般的信用性について「DNA鑑定に対する専門的な知識と技術及び経験を持った者によって、適切な方法により鑑定が行われたのであれば、鑑定結果が裁判所に対して不当な偏見を与えるおそれはないといっ

16　第1部　我が国における刑事政策

てよく、これに証拠能力を認めることができる」とし、その信用性についても肯定した上で、犯人と被告人の同一性を認め、被告人に対し無期懲役の判決を言い渡した。

控訴審では、「DNA型判定の手法として、MCT118法は、科学理論的、経験的な根拠を持っており」、「その手段、方法は、確立された、一定の信頼性のある、妥当なものと認められるのであり、したがって、DNA資料の型判定につきMCT118法に依拠し、専門的知識と経験のある、練達の技官によって行われた本件DNA型鑑定の結果を本件の証拠に用いることは、許されるというべきである」と判示し、控訴を棄却した。

そして、最高裁第二小法廷は、決定で上告を棄却し、職権で以下のような司法判断を行い、「本件で証拠の1つとして採用されたいわゆるMCT118DNA型鑑定は、その科学的原理が理論的正確性を有し、具体的な実施の方法もその技術を習得した者により、科学的に信頼される方法で行われたと認められる。したがって、右鑑定の証拠価値については、その後の科学技術の発展により新たに解明された事項等も加味して慎重に検討されるべきであるが、なお、これを証拠として用いることが許されるとした原判断は相当である」とした。

すなわち、本決定はMCT118DNA型鑑定に証拠能力を認める基準として、① 科学的原理が理論的正確性を有すること、② 技術を習得した者が科学的に信頼される方法で行ったことの2点を挙げている。ここにおいては、各要件の検討が必要となるであろう。

まず、① についてであるが、個人を識別する原理としてDNA型が利用できる点については一般的に承認されており、むしろ問題となるのは、② の要件についてであると解される。これにつき、上告趣意書に示されている点を見ると、まず、本件の第1審・第2審の鑑定時においては、MCT118型鑑定法の歴史は浅く、また発展途上でもあり、現在では科学警察研究所においてはMCT118型からSTR法（DNAの多型の1つで、2～7塩基の単位が縦列に反復している領域で、その反復数を検証する方法）などへと移行しつつあった。また、MCT118型鑑定におけるDNA型のサイズマーカーとして、123マーカーが使

用されたのであるが、それはサイズマーカーとしては不完全であり、16-25 型と判定された被告人の DNA 型は、17-29 型、18-30 型であった可能性もあった。さらに、警察庁が鑑定の技術的信頼性・安定性の確保等のために制定した、警察庁刑事局通達「DNA 型鑑定の運用に関する指針」において、鑑定試料の採取・保管に関しては、鑑定試料の採取状況及び保管状況について詳細な記録に留めるとともに、陳腐化・汚染を防止するための適正な方法で保管すべきであること、また、再鑑定や追試を可能ならしめるように、残存試料の保管を行うべきであることなどが規定されているが、本件鑑定試料である被害者の半袖下着は、1 年数か月の間、ビニール袋に入れられ常温で放置されており、しかも再鑑定のための残存試料は保管されていなかった。これらのことから、本件の MCT118 型鑑定の検査手法・技法の信頼性が社会一般的に完全に承認されているとするには困難があるとされる場合は、証拠能力は否定されることとなる。

　それとは反対に、本件の MCT118 型鑑定の科学的原理及び検査手法・技法の妥当性につき、警察犬の臭気選別などといった、人間の体臭及び犬の臭覚の体臭識別の科学的解明が不充分である科学的証拠についても、有罪認定の用に供しうるとして証拠能力を認めた点に鑑みれば（最一小決昭和 62 年 3 月 3 日刑集 41 巻 2 号 60 頁）、DNA 型鑑定のような科学的証拠の典型例について証拠能力を認めた本決定の判断は、妥当であるとも解される。

　なお、本決定では、MCT118DNA 型鑑定の結果は、「証拠の 1 つとして採用された」ものと位置付けており、他の証拠とあいまって有罪認定に用いられたのであり、被告人の有罪認定にあたっての決定的な証明力を有するものではなかったとも解されるのである。

4．再審と DNA 型鑑定

　DNA 型鑑定は、有罪認定後の再審においても重要な役割を果たしており、再審請求が認められるためには、その鑑定結果が、刑事訴訟法第 435 条第 6 号にある「明らかな証拠」に該当するかの判断がなされる必要がある。この証拠

18 第1部 我が国における刑事政策

の明白性の程度と判断方法は、1975年の白鳥決定において、程度については「確定判決における事実認定につき合理的な疑いをいだかせ、その認定を覆すに足りる蓋然性」があれば足り、その判断方法については「もし当の証拠が確定判決を下した裁判所の審理中に提出されていたとするならば、はたしてその確定判決においてなされたような事実認定に到達したであろうかという観点から、当の証拠と他の全証拠とを総合的に評価して判断すべきである」と判示している（最一小決昭和50年5月20日刑集29巻5号177頁）。これにより、証拠の明白性の判断方法については、新証拠を単独で孤立的に評価するという孤立評価説から、新証拠を旧証拠の全体と有機的に関連させ、一体的に評価する総合評価説への移行をもたらしたのであり、白鳥決定は再審における新しい流れをつくったと言えるのである。

　そして、足利事件においては、東京高裁のDNA型再鑑定により、被害者の下着に付着した精液のDNA型が菅家利和さんとは別人のものであることが明らかとなり、同高裁は2009年6月に再審開始を決定し、2010年3月に再審無罪の決定を下したのである。

　また、1997年に起きた東電OL殺害事件で、無期懲役がネパール国籍のゴビンダ・プラサド・マイナリ受刑者に確定したが、2005年3月にマイナリ受刑者は、東京高裁に再審を請求し、同高裁は2011年1月に現場から採取された物証についてDNA型鑑定の実施を検討するよう検察側に求め、それを受けて東京高検は精液などのDNA型鑑定を専門家に依頼していたところ、マイナリ受刑者以外の第三者が被害者と犯行現場にいた可能性を示すDNA型鑑定結果が出た。なお、前述のように、警察庁は2004年12月からDNAデータベースの運用が開始されており、2011年6月現在、過去の事件の容疑者約15万人分と、現場に残された血液、毛髪などの遺留品約3万件のDNA情報が登録されているとのことであるが、東京高検がこのDNAデータベースに照会した結果、第三者のDNA型と一致する人物はいなかったようである。しかし、いずれにしても、このDNA型鑑定結果が「明らかな証拠」とされ、無罪が認められたのである。

5．おわりに

　以上において見たごとく、DNA型鑑定は、近年における科学技術の進歩により、犯人の同一性を判定するための手法として精緻化され、それによりDNA型鑑定は科学的証拠の最先端に位置付けられるとも評価されている。この点、アメリカでは、1992年に法律家によるNPO組織「イノセンス・プロジェクト」が立ち上げられ、有罪判決を受けた者をDNA型再鑑定によって救済することを試みており、2008年の時点で合計237人が、DNA型の再鑑定によって無罪が証明されたとの報告がなされている。

　このような事実に鑑みれば、DNA型鑑定は、事実認定の精度を高め、また被疑者・被告人の人権保障に資するものであると言えるであろう。

　そうは言うものの、過去の歴史をみても、科学的証拠への過信には充分に留意する必要があるし、被疑者・被告人の人権とプライバシー等との調和をいかに図るかが今後の課題でもある。そうした諸点に留意した上で、科学的証拠の1つとして、今後、DNA型鑑定の証明力により、捜査や公判の事実認定に貢献することができれば、それに勝るものはないであろう。DNA型鑑定の将来に期待したいと思う。

参考文献

『毎日新聞』2011年7月8日夕刊。

『毎日新聞』2011年7月9日朝刊。

『読売新聞』2011年7月22日朝刊。

勝又義直『DNA鑑定　その能力と限界』名古屋大学出版会（2005年）。

鯰腰溢弘「DNA型鑑定」『別冊ジュリスト』174号（2005年）152-153頁。

田宮裕『刑事訴訟法［新版］』有斐閣（1996年）。

日本弁護士連合会人権擁護委員会編『DNA鑑定と刑事弁護』現代人文社（1998年）。

3　法テラスって知ってますか

1．はじめに

　弁護士登録をしてしばらく経ってからのことであるが、新規登録弁護士研修の一環として、国選弁護人となって刑事事件を担当することになった。筆者の担当したのは常習累犯窃盗事件であったが、事件を受任するために、法テラスを訪れた。法テラスは、法テラス東京（四谷）を始めとして、法テラス新宿、上野、池袋、多摩、八王子とあるので比較的よく知られているようである。

　この法テラスとは、「日本司法支援センター」の愛称であり、「総合法律支援法」（平成 16 年 6 月 2 日法律第 74 号）に基づき設立された独立行政法人である。総合法律支援法は、裁判その他の法による紛争の解決のための制度の利用をより容易にするとともに、弁護士及び弁護士法人並びに司法書士その他の隣接法律専門職者のサービスをより身近に受けられるようにするための総合的な支援の実施及び体制の整備に関し、その基本理念、国等の責務を定めるとともに、その中核となる法テラスの組織及び運営について定めるものである（第1条）。

　法テラスという愛称は、法律によってトラブル解決へと進む道を指し示すことで、相談者のもやもやとした心に光を「照らす」という意味と、相談者がくつろぐことができる「テラス」（燦々と陽が差し、気持ちの良い場所というイメージ）のような場でありたいという 2 つの意味が込められた造語である。また、法テラスのロゴマークは、太陽の傘を表すものなのであるが、それは、法の「傘」とすることで、雨に濡れて困っている人に「お入りなさい」と傘を差し掛けるように支援するという意味があり、そして、堅苦しく重々しいという一般的に連想されがちな司法のイメージを払拭し、親近感や明るさを感じてもらうために、子どもの絵のような伸びやかなタッチのイラストとなっているのである。

　法テラスは、2006 年 4 月 10 日に発足し、同年 10 月 2 日に業務が開始され、

2010 年 3 月に第 1 期中期目標期間が終了したところである。そこで、以下に
おいては、法テラスの概要について説明しながら、その活動の成果を考察し、
今後の課題についても検討したいと思う。

2．法テラス設立の経緯

　法テラスの構想は、2001 年 6 月の「司法制度改革審議会意見書」の提言及
びその提言を実現化するために同年 12 月に設置された、「司法制度改革推進本
部」において明らかになったものである。2002 年 3 月の同本部の「司法制度
改革推進計画」においては、民事法律扶助の拡充、司法の利用相談窓口の充実
とネットワークの推進による司法に関する総合的な情報提供、被疑者・被告人
の公的弁護制度の整備等が掲げられた。そして、同本部の顧問会議において、
小泉純一郎元内閣総理大臣は、① 司法を国民の手の届くところに置かなけれ
ばならないこと、② 法的紛争を抱えた市民が気軽に相談できる窓口を開設し、
きめ細やかな情報や総合的な法律サービスを提供することにより、全国のどの
街でもあまねく市民が法的な救済を受けられるような「司法ネット」の整備を
進める必要があること、③「司法ネット」の中核となる法テラスが担うべき事
業内容と既存の関連サービスとの連携や協力のあり方について、速やかに検討
を進めるべきであることを提言したのである。それに基づき、「総合法律支援
法」が制定され、「司法ネット」構想の中核組織としての法テラスの設立が目
指されたのである。

　こうして、法テラスは、情報提供業務、民事法律扶助業務、国選弁護等関連
業務、司法過疎対策業務、犯罪被害者支援業務、受託業務といった総合的な法
律支援を行う新たな組織として、設立されることとなったのである。

3．法テラスの業務内容

(1)　情報提供業務

　情報提供業務とは、相談者からの問い合わせ内容に応じて、法制度に関する
情報と、弁護士会、司法書士会、地方公共団体の相談窓口といった相談機関等

に関する情報を無料で提供する業務である。

　利用手段としては、電話の場合は、電話番号 0570-078374（おなやみなし）にかけると、東京都内にあるコールセンターにつながり、消費生活相談資格者等の法的専門知識・相談経験を有する専門のオペレーターが全国からの問い合わせに対応する。通話料は、固定電話からは全国一律 3 分 8.5 円（税別）であり、受付時間は、平日は午前 9 時から午後 9 時まで、土曜日は午前 9 時から午後 5 時までである。また、コールセンターでは、電話対応の他にも、専用フォームによるメールでの問い合わせも 24 時間受け付けている。さらに、法テラスのホームページでは、相談窓口検索により相談窓口情報を検索することができ、また FAQ（よくある質問と答え）検索で相談事例の一部が公開されている。直接的な面談を希望する場合には、全国に設置された法テラスの地方事務所に問い合わせをすれば、消費生活相談資格者、弁護士、司法書士等の専門の職員が相談対応を行うこととなる。

　2010 年度のコールセンターへの問い合わせ件数は 370,124 件であり、法テラス・サポートダイヤル受電状況の 2011 年 9 月月報によると、当月の問い合わせ件数は 27,024 件（電話件数 25,701 件、メール件数 1,323 件）であり、その相談内容は、男女・夫婦（17.61%）、金銭の借入れ（14.69%）、相続・遺言（6.32%）、労働（7.70%）、借地・借家（3.56%）、金銭の貸付け（2.77%）、生活上の取引（3.48%）、各種裁判手続（2.66%）、犯罪被害者（2.02%）、定年・退職・解雇（1.66%）、高齢者・障害者（1.57%）、賃金・退職金（1.35%）、子ども（1.52%）、その他の法律事務（1.09%）、生活福祉（1.15%）、損害賠償（1.10%）、いじめ・嫌がらせ（1.20%）、職場（1.06%）、刑事手続のしくみ（0.95%）、インターネット取引（0.95%）等となっている。そして、紹介先としては、法テラス地方事務所（36.5%）、弁護士会（23.8%）、市役所（10.0%）、司法書士会（5.7%）、区役所（4.2%）、都道府県庁（2.0%）、都道府県労働局（2.1%）、消費生活センター（1.2%）、財団法人日弁連交通事故相談センター（1.2%）、その他（13.4%）となっている。

(2)　民事法律扶助業務

　民事法律扶助業務とは、経済的理由により、弁護士や司法書士のサービスを

受けることができない方に対する法律支援であり、それには、① 法律相談援助、② 代理援助、③ 書類作成援助がある。当該業務は、1952 年に設立された財団法人法律扶助協会によって長年行われてきたのであるが、法テラスが人的体制を整備し、業務を継承することとなった。

① 法律相談援助とは、弁護士、司法書士による無料法律相談であり、法テラスの地方事務所、弁護士・司法書士の事務所、弁護士会の法律相談施設等において提供される。法律相談援助を受けるためには、資力が一定額以下であること、民事法律扶助の趣旨に適することの条件を満たすことが必要である。2010 年度における相談援助は、256,719 件であった。

② 代理援助とは、民事、家事及び行政事件に関する手続又はそれに先立つ示談交渉等における弁護士・司法書士費用を立て替える業務であり、当該援助を受けるには、法律相談援助における上記の条件に加えて、勝訴の見込みがないとは言えないことの条件を満たすことが必要である。2010 年度における代理援助の開始決定件数は、110,217 件であり、事件の種類は自己破産事件（43.7％）、その他の多重債務事件（23.7％）、離婚事件（14.3％）、損害賠償（5.1％）となっている。

③ 書類作成援助とは、裁判所提出書類の作成等における弁護士・司法書士費用の立て替え業務であり、当該援助を受ける条件は代理援助と同様である。2010 年度の書類作成援助は、7,366 件であり、その 92.1％は自己破産事件であり、3.2％はその他の多重債務事件であった。

なお、代理援助及び書類作成援助の立て替え費用については、原則として毎月分割で償還することとなるが、生活保護を受給している場合は、原則として事件終結まで立て替え費用の償還を猶予し、事件終結時に立て替え費用の償還を免除するものとされている。

(3) 国選弁護等関連業務

国選弁護制度は、刑事事件の被疑者・被告人が貧困等の理由で弁護人を選任することができない場合に、本人の請求又は裁判所等が職権により弁護人を選任する制度であるが、それに加えて 2007 年の少年法改正で、少年審判事件に

おける国選付添人制度が創設されたことにより、国選付添人の選任等に関する業務についても、法テラスが行うこととなった。そこで、法テラスは、① 国選弁護人等契約の締結業務、② 裁判所に対する国選弁護人等候補の指名通知、③ 国選弁護人等に対する報酬及び費用の算定の業務を行っている。

　① 　国選弁護人等契約の締結業務とは、法テラスと弁護士との間で国選弁護人や国選付添人となることについての契約を締結することであるが、この契約には、個々の事件ごとに報酬・費用が定められる契約（一般国選弁護人等契約）と、法テラスに勤務し、給与の支払いを受ける契約（勤務契約）の2種類が存在する。2010年11月1日現在、前者の契約をしている弁護士は18,030名であり、後者の契約をしている弁護士（いわゆる常勤弁護士、通称スタッフ弁護士）は、平成22年度末現在、全国に217名存在するとのことである。

　② 　裁判所に対する国選弁護人等候補の指名通知業務とは、裁判所から国選弁護人・国選付添人候補の指名・通知を行うように求められた場合に、法テラスは遅滞なく、契約弁護士の中からその候補を指名し、裁判所に通知することである。法テラスは、被疑者国選弁護人の指名・通知を遅くとも24時間以内とし、被告人国選弁護人の指名・通知については遅くとも48時間以内とする目標時間を設定している。

　③ 　国選弁護人等に対する報酬及び費用の算定の業務とは、国選弁護人等に支払う報酬・費用の金額を「報酬及び費用の算定基準」に基づき算定し、支払う業務である。国選弁護人等は事件終了後から14日以内に、法テラスに対して所定の報告書を提出し、その後、法テラスは報酬・費用を算定し、国選弁護人等に回答を行う。この算定基準は、被疑者国選については接見回数を、被告人国選については公判時間、公判前整理手続に付されたか、裁判員裁判であるかどうかを基本的な指標としている。なお、その算定に不服がある場合には、法テラスに対して不服申立てを行うことが可能である。

(4)　司法過疎対策業務

　2010年9月1日現在、地方裁判所支部管轄単位で登録している弁護士がゼロか1人しかいないという「ゼロワン地域」は全国に5か所存在するのである

26 第1部 我が国における刑事政策

が、法テラスでは、ゼロワン地域を含め、弁護士が極めて少ない司法過疎地域に法テラスの地域事務所を設置し、スタッフ弁護士を配置している。そこで、スタッフ弁護士は、民事法律扶助業務・国選弁護等関連業務を行うことのほか、有償で法律相談・事件の受任等の法律サービスを提供している。

(5) 犯罪被害者支援業務

法テラスが行う犯罪被害者支援業務とは、① 被害者支援業務、② 被害者参加人のための国選弁護関連業務がある。

① 被害者支援業務とは、犯罪被害者やその家族等に対して、(i)刑事手続の仕組みや、損害・苦痛の回復・軽減を図るための制度に関する情報の提供、(ii)犯罪被害者支援を行っている機関・団体の案内（紹介、取次等）、(iii)犯罪被害者支援の経験・理解のある弁護士（精通弁護士）の紹介を行う業務である。これらについての問い合わせは、コールセンターの犯罪被害者支援専用のダイヤル 0570-079714（なくことないよ）に電話をかけると、犯罪被害者支援の知識・経験をもったオペレーターが、犯罪被害者に二次被害を与えることがないよう配慮しながら情報提供を行っており、また、全国の地方事務所においても、犯罪被害者のための専門相談員を配置している。

2010年度の犯罪被害者支援ダイヤルへの問い合わせは 10,482件、地方事務所への問い合わせは 14,089件であった。また、精通弁護士紹介件数は 929件であり、それらの案件を被害種別にみると、DV（32.6%）、性犯罪（27.5%）、生命・身体犯被害（29.2%）、交通犯罪（3.7%）、ストーカー（3.6%）、児童虐待（1.2%）、セクシャル・ハラスメント（0.8%）、いじめ・嫌がらせ（子ども、学生）（0.2%）となっている。

② 被害者参加人のための国選弁護関連業務とは、2008年12月1日より被害者参加制度と同時に施行された、国選被害者参加弁護士の選定に関する業務である。被害者参加制度とは、一定の犯罪被害者等が、裁判所の決定により、被害者参加人として公判期日に出席し、被告人に対する質問を行うなどの制度であり、これらの行為は弁護士に委託することも可能なのであるが、その場合において被害者参加人が経済的に余裕のないときには、裁判所が国選被害者参

加弁護士を選定する制度が導入された。そこで、法テラスでは、国選被害者参加弁護士になろうとする弁護士との契約締結業務を行い、被害者参加人の意見を聴いた上で、国選被害者参加弁護士候補を指名し、裁判所に対する通知を行っている。

なお、被疑者・被告人国選弁護の場合、加害者は弁護士を選ぶことはできないのに対して、被害者参加人は弁護士について意見を言うことができる点に大きな相違点があり、法テラスでは、国選被害者参加弁護士候補の指名通知に当たり、被害者の意向を汲むように努力している。また、国選被害者参加弁護士の選定請求要件を満たさない被害者参加人に対しては、精通弁護士を紹介することで、犯罪被害者に対する援助を行っている。

2011 年 4 月現在、国選被害者参加弁護士の契約弁護士数は 2,476 名であり、2010 年度において被害者参加人から法テラスになされた選定請求は、231 件であるとのことである。

(6) 受 託 業 務

受託業務とは、法テラス本来の業務の遂行に支障のない範囲で、国、地方自治体、非営利法人等から委託を受けて行う業務であり、現在、日本弁護士連合会と財団法人中国残留孤児援護基金からの委託による業務を行っている。

日本弁護士連合会委託援助業務としては、① 身体を拘束された刑事被疑者に対する援助業務（被疑者との接見とアドバイス、警察官等との折衝、被害者との示談交渉、その他被疑者段階の刑事弁護活動全般）、② 家庭裁判所に送致された少年に対する援助業務（少年との面会とアドバイス、家庭裁判所との折衝、環境調整、被害者との示談交渉、その他付添人活動全般）、③ 犯罪被害者援助業務（被害届の提出、告訴・告発、事情聴取同行、検察審査会申立、法廷傍聴付添、少年審判状況説明聴取、修復的司法の一環としての加害者側との対話、刑事手続における和解の交渉、犯罪被害者等給付金申請、マスコミ対応、ドメスティック・バイオレンス事件でのシェルターへの保護）、④ 難民に対する援助業務（難民認定申請、申請却下に対する異議申立、難民不認定処分等の取消訴訟等の活動）、⑤ 人道的見地から弁護士による緊急の援助を必要とする外国人に対する援助業務（在留資格等の入管関係、就籍・帰化等の戸

籍・国籍関係、社会保障関係の行政手続の代理等、在留資格がないために民事法律扶助が利用できない外国人の訴訟代理）、⑥ 人権救済を必要としている子どもに対する援助業務（児童相談所等との交渉、虐待を行う親との関係調整等、親権停止、離縁訴訟等の訴訟代理、触法少年の警察官調査に関する付添人活動）、⑦ 精神障害者・心神喪失者等医療観察対象者に対する援助業務（処遇改善等の行政手続の代理、審判手続の私選付添人活動）、⑧ 人道的見地から弁護士による緊急の援助を必要とする高齢者等に対する援助業務（生活保護申請援助、生活保護法に基づく審査請求の代理）、⑨ ①、② を除く各種援助対象者に援助業務（①、② を除く上記各援助に関する法律相談）がある。

　財団法人中国残留孤児援護基金委託援助業務としては、中国残留邦人等のうち、身元が判明している者に対して、戸籍に関する手続を行う際の弁護士による法的援助を提供することを行っている。

　2009 年度委託援助事業申込受理件数は 18,164 件であり、その内訳は、① 被疑者 7,165 件、② 少年 6,914 件、③ 犯罪被害者 515 件、④ 難民 585 件、⑤ 外国人 774 件、⑥ 子ども 139 件、⑦ 精神障害者等 345 件、⑧ 高齢者等 1,727 件となっており、中国在留孤児援護基金委託援助 0 件となっている。

4．おわりに

　現在までのところ、法テラスは順調に業務が行われている状況にあり、2010年度のコールセンターと地方事務所の問い合わせ件数を合わせると 604,732 件となり、これは積極的な広報活動の結果によるものであると思われる。

　しかしながら、大不況の影響により、多重債務事件や自己破産事件の代理援助等が増加傾向にあることから、地方事務所における業務の負担が増大しており、スタッフ弁護士の確保が今後の課題の 1 つとして挙げられる。

　また、スタッフの研修も、法テラスが提供するサービスの質の向上と関係することから、とりわけ犯罪被害者支援業務を担当するスタッフの研修は、重要なものとなる。そこで、各地方事務所においては、犯罪被害者やその支援に携わる者の意見を聴取する機会などを設けることで、犯罪被害者に対する適切な

対応と質の高いサービスの提供に努めているところである。

　さらには、償還を要すべき立替金債権の確保の問題が挙げられる。法律扶助事業は、国民の税金によって行われているものであるため、償還を要すべき者からの立替金債権の回収を効率的に行わなければならない。しかしながら、現実的には法律扶助事業を利用している者は経済的に困窮している場合が多く、回収が困難となることが多いのであるが、償還を要すべき者からの償還額の増加を図ることにより、生活保護受給者に対する立替金の猶予・免除の運用を充実させることができるのである。そのような意味において、回収方法に工夫を施し、償還を要すべき立替金の回収率の向上を図ることが望ましいであろう。

　このように、法テラスは国民の司法アクセスの拡充のために、日夜努力を行っている。国民一人ひとりにおいても、そのような法テラスに対する理解と支援を示すことで、今後の法テラスの活動が向上していくものと思われる。是非とも、インターネットやパンフレット等により、1人でも多くの方が法テラスに関心を示してもらいたいと思う。

参考文献

法テラスホームページ（http://www.houterasu.or.jp/）

寺井一弘「日本司法支援センターの軌跡─第1期中期目標期間の成果と課題」『ジュリスト』1415号（2011年）8-16頁。

田中春雄「法テラスの今　裁判員制度施行を目前に控えて」『法律のひろば』62巻2号（2009年）4-17頁。

村木一郎「国選弁護の現場と制度の課題」『ジュリスト』1415号（2011年）33-37頁。

石橋房子「被害者参加人のための国選弁護制度と法テラスの犯罪被害者支援業務について」『法律のひろば』63巻3号（2010年）28-41頁。

4 改正検察審査会法について

1. はじめに

2010年4月20日、兵庫県明石市で2001年に起きた歩道橋事故で、不起訴処分が繰り返された明石署元副署長が業務上過失致死傷罪で強制起訴された。また4月24日には、2005年のJR宝塚線（福知山線）脱線事故で、JR西日本の歴代社長3人が、業務上過失致死傷罪で在宅のまま強制起訴された。このいずれもが改正検察審査会法に基づく起訴議決によるものである。そこで、以下においては、この改正検察審査会法（以下、法と略称する）の概要について紹介したいと思う。

2. 検察審査会とは

今更改めて説明するまでもなく、我が国においては、国家訴追主義により、私人訴追は認められておらず、公訴権は原則として検察官が独占している。しかし、その例外として検察審査会と付審判請求が存在する。検察審査会は、検察官の不起訴処分に対する不服申立制度、付審判請求は、公務員による職権濫用等の罪についての検察官の不起訴処分に対する不服申立制度である。

このうち検察審査会を規定する検察審査会法（昭和23年法律第147号）については、2004年5月28日に、刑事訴訟法等の一部を改正する法律（平成16年法律第62号）により改正がなされ、2009年5月21日に施行された。

ところで、この検察審査会制度であるが、検察審査会とは、公訴権の実行に関し民意を反映させてその適性を図るため、政令で定める地方裁判所及び地方裁判所支部の所在地に置かれるものであり（法第1条）、その任務は、検察官の不起訴処分の当否を審査すること、そして、検察事務の改善に関する建議又は勧告を行うことである（法第2条）。

32　第1部　我が国における刑事政策

　この検察審査会は、当該検察審査会の管轄区域内の衆議院議員の選挙権を有する者の中から、くじで選定した11人によって構成される（法第4条）。検察審査会の審査は、告訴若しくは告発をした者、請求を待って受理すべき事件についての請求をした者、又は犯罪により害を被った者（犯罪により害を被った者が死亡した場合においては、その配偶者、直系の親族又は兄弟姉妹）の申立て、あるいは、職権により開始されるのであるが（法第2条第2項、第3項）、犯罪被害者が死亡した場合における遺族の申立ては、2000年の検察審査会法の改正によって付け加えられたものである。なお、審査の対象について限定はなく、その点、職権濫用罪等に審査が限定されている付審判請求とは異なる。検察審査会は、審査にあたり、公務所又は公私の団体に照会して必要な事項の報告を（法第36条）、そして検察官に対しては、事件記録の提出や意見を求めることができる（法第35条）。

　こうして、検察審査会は、検察官の不起訴処分に対して起訴相当（検察官は事件を起訴するべきであるという議決）、不起訴不当（検察官はより詳しく捜査して起訴か不起訴か決定すべきであるという議決）、不起訴相当（検察官の不起訴処分は納得できるという議決）のいずれかの議決を行い（法第39条の5）、理由を附した議決書を作成して、その謄本を検事正に送付するのである（法第40条）。この議決は、法改正前においては、法的拘束力はなく、検察官は議決を参考にしつつも、公訴を提起すべきかどうかの判断は、最終的に検察官にあるものとされていた。そのため、検察審査会が起訴相当の議決を行ったとしても、検察官が不起訴の判断を維持する場合には、当該事件につき公訴が提起されることはなかったのである。しかしながら、今回の法改正により、一定の場合において、検察審査会の議決に基づき公訴が提起される制度が導入された。この制度によって、公訴権行使により直接に民意が反映されることとなり、また公訴権をゆだねられている検察官が、独善に陥るのを防ぐとともに、公訴権行使を一層適正なものとし、司法に対する国民の理解と信頼が深められることが期待されるのである。

3．改正検察審査会法の概要

主な改正点は、検察審査会の議決の法的拘束力の付与、審査補助員制度の新設、検察事務の改善に関して行う建議・勧告に対する検事正の回答義務の法定化の3点である。

(1) 検察審査会の議決の法的拘束力の付与

検察審査会の議決に基づいて公訴が提起されるにあたっては、2段階の審査が規定されている。まず、検察審査会が、第1段階の審査において「起訴相当」の議決を行ったのに対して、検察官が再度不起訴処分にした場合、又は一定期間（3か月）内に公訴を提起しなかった場合には、検察審査会は改めて第2段階の審査を行う（法第41条の2）。そして、その第2段階の審査において、検察審査員8人以上の多数により「起訴相当」の議決を行ったときは（法第41条の6第1項）、公訴が提起されることとなる。そして、検察審査会は、この起訴議決を行うときは、あらかじめ検察官に対して検察審査会議に出席して意見を述べる機会を与えなければならないとしている（法第41条の6第2項）。つまり、第1段階の審査における検察官の出席・意見陳述は任意であるが、第2段階の審査においては、それが必要的となっているのである。

このように、公訴提起に至るまで2段階制の審査を必要としたのは、検察審査会が第1段階の審査において「起訴相当」議決を行った場合においても、できる限り通常の方式における公訴提起によるのが相当であるため、本来的な公訴官である検察官に再考の機会を与えることとしたこと、また、それに加えて、2段階制の審査により慎重かつ充実した手続を確保することにより、検察審査会の公訴提起の判断がより適正なものとなることが期待できるのであり、被疑者・被告人の人権保障の観点からも適切であるとされたことによるものである。

こうして、起訴議決がなされると、裁判所は、公訴の提起及びその維持にあたる者を弁護士の中から指定しなければならないのである。この検察官の職務を行う弁護士のことを「指定弁護士」という（法第41条の9第1項）。ここにおいて、検察官に公訴提起及びその維持を行わせずに、指定弁護士にそれを行わ

せた理由としては、最後まで不起訴処分が相当であると判断している検察官に公訴提起及びその維持にあたらせると、検察官が誠実にその職務を遂行していたとしても、国民一般や犯罪被害者などからみて、職務の公正さに疑念が生じ得る場合があると考えられたことによる。なお、付審判請求においても裁判所の指定する弁護士が公訴の維持にあたるものとされており、この点は検察審査会と同様であるが、付審判請求の場合は、裁判所が付審判請求に理由があると決定した場合には公訴の提起があったものと擬制されるのに対して、検察審査会の場合は、指定弁護士が自ら公訴を提起する点が異なるのである。

(2) 審査補助員制度の新設

検察審査会が審査を行うにあたり、法律に関する専門的な知見を補う必要があると認めるときは、弁護士の中から事件ごとに審査補助員1人を委嘱することができる（法第39条の2）。この審査補助員制度は、検察審査会の権限が強化されたことに伴い、その審査がより適正なものとなるように新設されたものである。審査補助員の委嘱は、第1段階における審査においては任意であるが、第2段階における審査においては、最終的に公訴提起に直結する決定がなされ得ることから、その委嘱を必要的なものとしている（法第41条の4）。審査補助員の職務としては、① 当該事件に関係する法令及びその解釈を説明すること（法第39条の2第3項第1号）、② 当該事件の事実上及び法律上の問題点を整理し、並びに当該問題点に関する証拠を整理すること（同第2号）、③ 当該事件の審査に関して法的見地から必要な助言を行うこと（同第3号）、④ 議決書の作成を補助すること（法第41条の7第2項）が挙げられる。なお、法は、検察審査会が、公訴権の実行に関し民意を反映させてその適正を図るため置かれたものであることを踏まえ、審査補助員は、その自主的な判断を妨げるような言動をしてはならないと規定しており（法第39条の2第5項）、審査補助員が検察審査会を一定の結論や判断の方向性に誘導してはならないとしている。しかしながら、証拠が見つからないにもかかわらず、被害感情だけで判断しようとしているなど、検察審査会の議論が法律的な観点から明らかに間違った方向に進んでいると考えられる場合には、審査補助員は適切な助言を行うことが許

されるものと考えられる。

(3) 検察事務の改善に関して行う建議・勧告に対する検事正の回答義務
の法定化

従来の法においては、検察審査会が検察事務の改善に関して検事正に行う建議・勧告に対して、検事正の回答義務は法定化されていなかった。そこで、今回の法改正においては、検察庁の運営について国民の声をより反映させるために、建議・勧告を受けた検事正が検察審査会に対して、当該建議又は勧告に基づいてとった措置の有無及びその内容を通知しなければならないとして、検事正の回答義務を法定化したのである（法第42条第2項）。

4. 改正検察審査会法についての議論

まず第1に、検察審査会の議決に法的拘束力を与える点についてであるが、これについては従来から、① 検察審査会制度は新しい試みであるため、実効性のあるものにとどめるべきである、② 検察官は信頼されており、その裁量を制限する必要はない、③ 素人判断に対する過度の危惧感がある、④ 検察官が公訴を維持することができないと判断しているにもかかわらず、起訴を認めるとなると、実際上、検察官は公判活動が困難となるなどの批判があった。しかしながら、この制度は、1999年7月に設置された司法制度改革審議会において、裁判員制度と同時に提言されたものであるため、裁判員制度と同様、国民の刑事司法参加の一環として導入されたものである。つまり、検察審査会の議決の法的拘束力について、検察官への信頼や素人判断に対する危惧感という観点から批判することは、裁判員制度を、裁判官への信頼や素人判断に対する危惧感という観点から批判することと同様のこととなり、これらの批判は、検察審査会だけに当てはまるものではないということにもなる。検察審査会も裁判員制度も、国民の刑事司法参加という目的で導入されたものである以上、手続的整備によって、これらの問題を解決することが重要であると判断されたのである。

第2に、審査の2段階制についてであるが、検討会では、検察審査会が起訴

相当の議決を行った場合には直ちに法的拘束力を付与するという「１段階案」についての検討もなされたようであり、そうした立場からは、審査の２段階制に対して、時間がかかり過ぎることや加重負担の問題、審査の慎重さと２段階制が必然的に結びつくものではないなどの批判がなされたようである。しかしながら、この点については、被疑者・被告人に対する適正手続の保障と国民の司法参加とのバランスをとるためにも、２段階制の審査を採用することが好ましいとの判断がなされた。

第３は、指定弁護士の職務の困難性についてである。指定弁護士は、公訴を提起し、公判を維持する職務を行わなければならないのであるが、本来、検察官が不起訴処分にした事件であるため、一般的に公判維持が困難であると考えられる。そのため、指定弁護士は補充捜査を行う必要性があり、それにあたっては独自の調査を行うか、検察事務官や司法警察職員に対して捜査を指揮することが必要となるが、検察事務官や司法警察職員に対する捜査の指揮は、検察官に嘱託してしなければならないとされている（法第41条の９第３項但書）。したがって、検察庁において窓口となる担当検察官を決めるなど、指定弁護士の依頼に応じる体制を作り、円滑に補充捜査が行われるようにする必要性がある。また、検察官との間で意見の相違が生じた場合には、充分に協議することが望ましい。さらに、その職務の重大性から、付審判請求事件において指定弁護士が複数選任されているのと同様に、検察審査会においても複数選任されることが好ましいであろう。

第４は、被疑者の意見聴取についてである。検察審査会の議決に基づき公訴が提起されることになると、被疑者の地位に必然的に影響が及ぶことから、被疑者の意見聴取制度を導入すべきであるとの見解が存在する。つまり、この見解においては、法は、審査の２段階制を採用することにより、被疑者の地位を保護する試みがなされてはいるが、被疑者の意見聴取を行うことによって、よりその目的が達成されるとするのである。この点については、今後の検討が必要となるであろう。

5. おわりに

以上の諸点以外にも、今回の改正検察審査会法においては、罰則の整備（秘密漏示罪の改正（法第44条）、威迫罪の新設（法第44条の2））も行われたのであるが、これらの改正点の中で、とりわけ重要な改正点は、検察審査会の議決に対する法的拘束力の付与であるように思われる。これによって、「不起訴事件に関しては検察審査会」において、そして、「起訴事件に関しては裁判員制度」において、国民の刑事司法に関する最終的な判断が求められることとなったのである。

検察審査会の審議に関しては、検察審査会法の施行から2009年までの既済件数が15万5,583件となっており、このうち社会の耳目を集めた事件としては、サリドマイド薬禍事件、水俣病事件、羽田沖日航機墜落事件、日航ジャンボジェット機墜落事件、日本共産党国際部長宅電話盗聴事件、薬害エイズ事件、脳死臓器移植事件、豊浜トンネル岩盤崩落事件、雪印集団食中毒事件、それに冒頭で紹介した明石花火大会事件、JR福知山線脱線事故事件、あるいは西松建設違法献金事件などが挙げられる。

2009年だけをみると、既済件数は2,447件となっており、そのうち起訴相当11件、不起訴不当113件、不起訴相当1,866件、その他（審査打切り、申立却下、移送）457件である。そしてすでに紹介した、明石花火大会事件は、改正検察審査会法施行後、全国初の検察審査会の議決による強制起訴事件として注目され、次いで、JR福知山線脱線事故事件が2件目として世間の耳目を集めたが、この検察審査会法改正後に強制起訴された2つの事件は、結局のところ、時効成立・実質的無罪、あるいは無罪の判断となった。これらの2つの事件以後に強制起訴された陸山会事件等すべての事件において無罪の判決が出ている。

このような結果を受けて、検察審査会の議決による強制起訴事件数が今後どのように推移するのか、われわれ国民は、その動向を注視しなければならないであろう。国民による国民のための刑事司法参加制度がどうなるのか。裁判員裁判と並んで、検察審査会制度は、今、その真価が試されているのである。

参考文献

宇藤崇「検察審査会の役割と制度の概要」『法律のひろば』62 巻 6 号（2009 年）4-11 頁。

伊藤栄二「検察審査会法改正の経緯及び概要について」『法律のひろば』62 巻 6 号（2009 年）19-27 頁。

池田綾子「検察審査会改革と弁護士の役割」『法律のひろば』62 巻 6 号（2009 年）33-40 頁。

山下幸夫「検察審査会改革と期待される弁護士の役割」『自由と正義』60 巻 2 号（2009 年）88 頁。

渡辺高「もう一つの国民の刑事司法参加—検察審査会の議決が法的拘束力を持つまで」『立法と調査』299 号（2009 年）16-22 頁。

裁判所ホームページの http://www.courts.go.jp/kensin/pdf/jyuri_giketu_kensuu.pdf 参照。

5　公訴時効及び刑の時効の廃止・延長について

1．はじめに

最近の刑事政策上の重要な課題として、「公訴時効及び刑の時効の廃止・延長」がある。この問題は、刑法、刑事訴訟法とも密接な関連性があるが、特に今回は刑事政策上の問題として検討してみることにしたいと思う。

ご存じのように、2010年4月27日に、殺人事件などの公訴時効の廃止・延長と、刑の時効の廃止・延長を規定する刑法及び刑事訴訟法の一部改正案が衆議院で可決・成立し、その改正法が即日施行された。本改正は、犯罪被害者やその遺族の声が契機となったものであるが、改正に至る国会審議は約4週間という短期間で行われており、このことからしても、犯罪被害者が刑事司法制度において確固たる地位を築いてきており、そして、その救済が刑事政策上、重要な課題となっていることを理解することができるのではないかと思われる。

このように、今回、刑事司法における重大な改革ともいうべき公訴時効及び刑の時効の廃止・延長が行われたのであるが、かねてからの筆者の主張が実現したことは喜ばしいこととはいえ、本改正に問題点がないわけではない。以下においては、その点の議論をも踏まえつつ、今回の改正の概要について紹介したいと思う。

2．公訴時効制度見直しの経緯

公訴時効とは、刑事訴訟法第250条以下に定められているように、一定の時の経過により公訴権が消滅し、起訴ができなくなる制度であり、たとえ公訴が提起されたとしても、裁判所は免訴の言渡しをしなければならない。この公訴時効制度は、1880年の治罪法における「期満免除」制度がその起源であり、その後、1890年の旧々刑事訴訟法において名称が改められ「時効」として規

定されるようになった。そして、1922 年の旧刑事訴訟法における期間等の変更を経て、1948 年の現行刑事訴訟法へと受け継がれた。

2004 年の刑事訴訟法の改正においては、時効期間が 7 区分となり、死刑にあたる罪については 25 年、無期の懲役・禁錮に当たる罪については 15 年、長期 15 年以上の懲役・禁錮に当たる罪については 10 年、長期 15 年未満の懲役・禁錮に当たる罪については 7 年、長期 10 年未満の懲役・禁錮に当たる罪については 5 年、長期 5 年未満の懲役・禁錮又は罰金に当たる罪については 3 年、拘留・科料に当たる罪については 1 年とされている。

しかしながら、最近、この公訴時効制度に対しては、犯罪被害者及びその遺族等による見直しの声が高まり、例えば、犯罪被害者及びその遺族等により結成された「全国犯罪被害者の会（通称：あすの会）」や世田谷一家殺害事件の遺族等が中心となって結成された「殺人事件被害者遺族の会（通称：宙の会）」は、公訴時効の停止・廃止を目指す積極的な活動を行ってきた。それに加えて、1978 年の東京都足立区の小学校女性教諭殺人・死体遺棄事件、1988 年の福岡県北九州市のタクシー会社警備員強盗殺人事件、同じく 1988 年の東京都昭島市の主婦殺人事件では、公訴時効完成後に犯人が判明するという事態が生じている。

そこで、法務省は、2009 年 1 月、「凶悪・重大犯罪の公訴時効の在り方に関する省内勉強会」（以下、勉強会という）を設置し、殺人等の凶悪・重大な犯罪に関する公訴時効制度の在り方について検討を行い、また、同年 7 月 15 日において、勉強会は、最終報告書『凶悪・重大犯罪の公訴時効の在り方について──制度見直しの方向性』を発表した。そして、政権交代後の 2009 年 10 月 28 日において、千葉法務大臣は、法制審議会に対して凶悪・重大犯罪の時効の在り方等について方向性は「白紙」の状態で諮問を行い、これを受けて法制審議会刑事法部会（公訴時効関係）において審議が行われ、同年 12 月に法務省は、部会に対して、① 殺人や強盗殺人の時効を廃止する案、② 同じく一定の犯罪の時効期間を大幅延長する案、③ 殺人や強盗殺人などは時効を廃止し、強盗致死、傷害致死などの時効期間を大幅延長するなど、廃止と延長を組み合

わせた案、④ DNA 型情報など被疑者が特定できる場合は、被疑者の氏名不詳のまま起訴ができるようにし、時効を停止させる案、⑤ 検察官の請求とそれに基づく裁判官の判断により時効の進行を停止又は中断する案を提示したのである。また、刑事法部会では、6 つの被害者団体からのヒアリングやパブリックコメントを行い、これらの結果を踏まえて、2010 年 1 月 28 日の刑事法部会において、人を死亡させた罪のうち死刑に当たるものについては、公訴時効の対象となる犯罪としないなどの「要綱骨子（案）」が提示された。そして、2 月 8 日の刑事法部会では、この対案として「一定の要件を満たす場合に限り検察官の請求で時効を中断できる制度等」が提出されたのであるが、同日における採決の結果、骨子案賛成 11 名、反対 3 名の賛成多数で可決され、また改正内容を時効が進行中の事件に対して適用することについても、賛成 10 名、反対 4 名の賛成多数で可決された。そのため、法制審議会は、同月 24 日の総会において採決を行い、その結果 14 名が賛成したため、「凶悪・重大犯罪の公訴時効の在り方等に関する要綱（骨子）」を答申し、同答申を受けて、法務省は立案を行い、3 月 12 日に「刑法及び刑事訴訟法の一部を改正する法律案」が参議院先議の後、4 月 27 日に衆議院で可決・成立したのである。

3．公訴時効の改正（刑事訴訟法の一部改正）

　まず、改正の第 1 は、人を死亡させた罪であって死刑に当たるものについては、公訴時効の対象から除外した。これによって殺人、強盗殺人、強盗強姦致死など刑法上の 6 罪、決闘による人の殺害、航空機強取等致死など特別法上の 6 罪について、公訴時効が廃止されたこととなる。改正の第 2 は、公訴時効期間の延長である。① 人を死亡させた罪のうち、無期の懲役又は禁錮に当たる罪について、改正前は 15 年であったのが、その倍の期間の 30 年に延長し、② 人を死亡させた罪のうち、長期 20 年の懲役又は禁錮に当たる罪について、改正前は 10 年であったのが、その倍の期間である 20 年に延長した。さらに、③ 人を死亡させた罪のうち、① 及び ② に掲げる罪以外の懲役又は禁錮に当たる罪について、改正前は 5 年であったのが、その倍の期間の 10 年に延長した

のである。

　なお、2004年の刑事訴訟法の改正による公訴時効期間の延長の際には、現に時効が進行中の事件に対して新法の適用を認めなかったのであるが、今回の改正にあたっては、新法を現に時効が進行中の事件に対しても適用させることとした。

4．刑の時効の改正（刑法の一部改正）

　刑の時効とは、刑の言渡しの確定後、一定期間が経過したことを条件として、刑の執行を免除するものであり、刑法第31条以下に規定されている制度である。この制度の趣旨については、通説的見解である規範感情緩和説は、犯罪に対する社会の規範感情が、時間の経過とともに次第に緩和されて、必ずしも現実的な処罰までは要求されなくなる点にあるとしている。この刑の時効は確定判決後のものであり、確定判決前の公訴時効とは異なるものであるが、確定判決前の無罪推定原則がはたらく公訴時効期間が、確定判決後の刑の時効よりも長いのはバランスに失するということで、今回、公訴時効に合わせて刑の時効についても廃止・延長する改正が行われた。

　改正の第1は、死刑の言渡しを受けた者については、改正前は30年の時効期間があったのであるが、刑の時効を廃止した。改正の第2は、刑の時効期間の延長である。① 無期の懲役又は禁錮については、改正前は20年であったのが、30年に延長し、② 10年以上の有期の懲役又は禁錮については、改正前は15年であったのが、20年に延長した。

　また、公訴時効については、新法の遡及適用を認めたのであるが、刑の時効については遡及適用を行わないものとされた。

5．改正にあたっての論点

　以上が、改正の概要であるが、これについてはいくつかの論点が存在する。

(1)　改正の必要性

　公訴時効期間の延長は2004年にも行われており、それに加えて、今回、人

を死亡させた罪であって死刑に当たるものについては時効を廃止するという重大な改正がなされているが、改正前にその時効期間に重大な欠陥があるかどうかの検証を行う必要性があったのではないかという指摘が存在する。事実、部会においても、最長の公訴時効期間である25年が短いのか長いのかについての実証的な議論を行うことの必要性があるのではないかとの問題提起がなされている。また、改正の必要性の議論に際しては、公訴時効が存在しない諸外国における事情も考慮に入れられ、例えば、英国ではコモンロー上公訴時効制度が存在せず、アメリカ（ニューヨーク州）では第1級謀殺、第2級謀殺等のA級重罪は公訴時効にかからないとされている。そして、ドイツでは謀殺罪、民族謀殺罪等について、フランスでは人道に対する重罪（集団殺害等）は公訴時効にかからないとされており、国際的な基準からしても、公訴時効の廃止は一定の妥当性があるのではないかとの主張も存在する。しかしながら、この点については、例えばドイツについて言うのであれば、謀殺罪の時効廃止の背景にはナチス犯罪という抗しがたい政治的事情が存在したのであり、ドイツで時効が廃止されたのは謀殺罪であって、故殺罪については20年の時効期間を設定しているとの意見も存在する。

⑵　公訴時効の存在理由との関係性

　公訴時効の存在理由についてはいくつかの学説が存在する。まず、「実体法説」であるが、これは時の経過により犯罪に対する社会の応報・処罰感情が鎮静し、刑の威嚇力や特別予防力が微弱化し、刑罰権が消滅するとする。「訴訟法説」は、時の経過により証拠が散逸し、公正な裁判が不可能になるとする。「競合説」は、実体法説と訴訟法説の両者に根拠を認めるものである。「新訴訟法説」は、犯人が一定の期間訴追されていないという事実状態を前提に、国が訴追権を発動しない場合であると考え、「新実体法説」は、長期間訴追されない事実が、処罰制限の根拠になると考えるものである。しかしながら、公訴時効廃止を支持する立場は、重大犯罪の被害者は、時の経過により犯罪に対する処罰感情が鎮静化するものではなく、また、DNA鑑定のような新たな科学捜査技術でもって、長期間経過しても証拠が散逸することはなくなったのであ

り、実体法説や訴訟法説の論拠は成立しないと主張するのである。また、新訴訟法説がいう犯人の事実状態の尊重とは、一定期間逃げ切れば処罰されないという犯人の期待を保護することであり、そのようなことを保護する必要性はないとも論じられている。

これに対して、公訴時効廃止に反対する立場は、確かに被害者やその遺族の処罰感情は、時の経過により鎮静化するものではないかもしれないが、実体法説のいう「社会の応報・処罰感情」とは主として被害者だけでなく、社会全体の応報・処罰感情を意味するものであり、それは時の経過とともに鎮静化していくことは否定しがたい事実なのではないかとしている。また、訴訟法説のいう証拠の散逸については、科学捜査が進展したとしても、それは鑑定資料の主体と被告人の同一性の判断などに限定されており、訴因全体を証明するものではなく、他の部分は、公判廷での証言や供述調書に基づいて立証することとなるのであり、また、被告人のアリバイ立証も時の経過により困難となるとしている。とりわけ、正当防衛状況について証明する場合には、長期間が経過したことにより、目撃者が正確に説明することができなくなるのではないかとの指摘もある。しかしながら、このような時の経過による立証の困難性は、検察側も弁護側も同様なのであり、この問題は適正な捜査や厳密な証拠の評価によって解決すべき問題であるとしているのである。

(3) 対象犯罪と延長期間

例えば、内乱の際に人を殺害した場合、殺害は内乱の際に当然予想されるため、殺人罪は内乱罪に吸収されると一般的に解されている。そのため、人を故意で殺害すると時効にはかからないが、内乱の過程で故意をもって人を殺害すると公訴時効期間が25年になるため、対象犯罪に不都合が生じているのではないかとの意見もあった。しかしながら、この点については、検察官の訴追裁量により、殺人罪で起訴することも不可能ではないため、あまり問題とならないと説明されている。また、強制わいせつ等致死罪、強姦等致死罪、集団強姦等致死罪、危険運転致死罪等について公訴時効廃止の対象犯罪とならなかったことについては、公訴時効の廃止は立法政策として重大な制度改革であるた

め、人の生命という最も価値の高い法益を奪った犯罪類型であり、かつ刑法が死刑という形で最も重く評価しているものに限定して公訴時効を廃止し、それ以外については公訴時効を延長させる方策が好ましいと考えられるとの説明がなされている。

そして、延長期間については、原則として改正前の2倍の期間とし、最長30年としたのであるが、それは刑法の有期懲役の上限が併合罪加重などをすると30年であることなどから説明されているが、この点につき、民事時効である不法行為の時効が20年であることからして、民事時効と刑事時効のバランスが不均衡なのではないかとの主張も存在する。

(4) 捜査に及ぼす影響

公訴時効が廃止されることにより、法的に捜査の必要性が消滅することがなくなったため、捜査機関の負担を増大させることになるのではないかという懸念が生じている。また、捜査機関は証拠を保管し続ける必要性があるため、保管方法に関する資源が要求されることとなる。この点につき、捜査については、公訴時効が廃止されたとしても何らかの段階で捜査を打ち切る場合も生じてくるのではないかとしている。また、証拠の保管方法についても、警察庁の説明によると、未解決事件の証拠の保管には約7平方メートルが必要であるとしており、未解決事件が年30件生じるとすると、100年で約2ヘクタール分が必要となると試算している。そのため現在、新たに倉庫や貸倉庫の確保を検討しており、また全国の約1,200の警察署に専用冷凍庫を新設するようであるが、このように公訴時効廃止に際しては、今後、捜査機関の負担や証拠の保管方法について具体的に検討する必要性も出てくるのである。

(5) 廃止及び延長の代替制度

部会では、公訴時効の廃止及び延長ではなく、検察官の請求に基づく裁判官の判断により公訴時効を中断する制度と、DNA型情報等により被告人を特定した起訴によって公訴時効を停止する制度の導入についての検討もなされた。検察官の請求に基づく裁判官の判断により公訴時効を中断する制度については、確実な証拠があるなどの一定の事件についてのみ時効を中断させるもので

あり、捜査機関の負担の軽減や犯人が明らかとなっているにもかかわらず処罰することができない事態を防ぐことができるという長所がある。しかしその反面、確実な証拠を残す犯人に対しては長期間追及できるが、証拠を残さない狡猾な犯人に対しては追及ができなくなるという問題点があることが指摘されている。また、DNA型情報等により被告人を特定した起訴によって公訴時効を停止する制度は、アメリカの連邦及び数州で採用されているもので、DNA型情報等によって被告人を特定し、氏名等による特定はしないまま起訴する制度である。この制度は、現実に誰が被告人であるかが明確でない状況下であっても、公訴提起による時効停止効を得ることができるという利点が存在する。しかしながら、公訴提起によって時効が停止するのは、特定の罪となるべき事実に関する検察官の訴追意思が裁判所で明らかになり、被告人に対する刑事訴訟手続が現実に進行し得る状態になることによるものと考えられるのであり、被告人が誰か全く判明せずにDNA型情報のみによって特定する場合は、訴訟手続を現実に進行し得る状態にならず、伝統的な公訴概念との乖離が大きい、また、DNA型情報等が証拠から得られた事件しかこの制度を利用することができない、などの問題点が存在することが指摘された。

⑹　現に時効が進行中の事件への遡及適用についての是非

　この論点に関しては、まず、刑罰法規の不遡及を規定している憲法第39条に該当するか否かを検討しなければならない。公訴時効の存在理由について実体法説を採る立場においては、公訴時効は実体法的な性格を有しており、公訴時効の規定は実体法である刑法に規定されるべきであると考えるため、被告人の実質的地位に直接に影響を与える実体法に密接な訴訟規定については、憲法第39条の趣旨が及ぶと解され得る。また、犯行後に手続規定を不利益に変更した場合の遡及適用について、憲法学説においては、憲法第39条は一定の場合には手続規定にも及ぶとする見解、また、憲法第39条は手続規定を対象としているという説も存在する。しかしながら、これに対しては、実体法説の言うように、公訴時効が実体法上の根拠をもつとは言え、一定期間の経過によって行為の可罰性が減少し、時効の完成時にゼロになるものでもないため、減少

した可罰性を事後に復活させるというわけでもないとの主張もなされ、また、憲法学説においても、憲法第39条は手続規定まで対象としていないと考えるものも存在する。さらに、これは部会で支持された見解であるが、遡及処罰の禁止は、行為の可罰性の有無と程度を事前に告知すべきものとする原則であり、そのような意味で、国民の予測可能性の保護を目的とするものであるが、一定期間逃げ切れば処罰されないというような犯人の期待は保護に値するものとは言えないため、憲法第39条に反しないとされている。

次に、刑の変更に関する刑法第6条との関係についてであるが、ここにおいては犯行後に被告人に不利益に手続規定を改正した場合、裁判時の法律を適用してよいのかが問題となり、言い換えれば公訴時効の変更が「刑の変更」に当たるかが問題となるのであるが、この点、部会においては、公訴時効が変更されても刑法第6条の規定は適用されないという消極説を採用するに至っている。

(7) 刑 の 時 効

公訴時効とのバランスをとるために、刑の時効についても廃止・延長がなされたのであるが、刑の時効は公訴時効と連続する面があるものの、それらは異なる意義をもつ別個の制度であり、公訴時効が変更されたことをもって直ちに刑の時効をも変更されることにはならないのではないかとの批判が存在する。しかしながら、部会では、公訴時効とは異なり、刑の時効については遡及適用を認めないのであり、また、刑の時効が完成し、刑の執行が免除される件数は非常に少ないと考えられることから、今回、刑の時効についても改正が行われたのである。

6. おわりに

上記のように、公訴時効及び刑の時効の廃止・延長については、いくつかの論点が存在するのであるが、とりわけ慎重な議論を要すると思われるのは、遡及適用についてである。2004年の刑事訴訟法の一部改正においては遡及適用がなされなかったのであり、そのこととの整合性については、2004年の改正

においては実体法説が有力に主張されていることなどを考慮したものであり、必ずしも遡及適用が憲法第39条に反するという趣旨でもって遡及適用がなされなかったわけではないとされている。そのため、今回の改正においても、その点はそれほど問題とならないと解しているものと思われるが、しかしながら、とりわけ現時点で時効が進行している事件に関する公訴時効の廃止の問題は重大な変更に当たるため、改正規定の適用前に犯した罪であって、施行の際、時効が完成していないものについて公訴時効の遡及適用を認めるに当たっては、一律に時効を廃止するのではなく、事件ごとの個別審査を行うことで、被害者側と加害者側の利益のバランスをとる必要性があったのではないかと筆者には思われるのである。とは言え、今回の改正によって、日本の刑法及び刑事訴訟法が国際水準に近づいたことは確かであり、また、より多くの犯罪被害者の救済に資するものともなったことは否めない事実である。本稿で指摘した論点については、刑法、刑事訴訟法、刑事政策を専攻する者だけではなく、広く一般人をも取り込んだ包括的な議論を喚起することが肝要なのではあるまいか。本改正の今後の動向を見守りたいと思う。

参考文献

法務省『凶悪・重大犯罪の公訴時効の在り方について—当面の検討結果の取りまとめ』（平成21年3月31日）1-20頁。

法務省『凶悪・重大犯罪の公訴時効の在り方について—制度見直しの方向性』（平成21年7月15日）1-21頁。

菱沼誠一「公訴時効の廃止及び延長等が実現へ—刑法及び刑事訴訟法の一部改正法案」『立法と調査』303号（2010年）3-17頁。

川出敏裕「公訴時効制度の見直し論について」『刑事法ジャーナル』18号（2009年）15-21頁。

三島聡「『逆風』のなかの公訴時効—『見えにくい』利益の保護をめぐって」『法律時報』81巻9号（2009年）1-3頁。

三島聡「刑事法研究者有志が公訴時効見直しについて意見書提出」『刑事弁護』59号（2009年）196-200頁。

小池信太郎「ドイツにおける公訴時効制度の現状」『刑事法ジャーナル』18号（2009年）29-35頁。

6　裁判員制度を考える

1．はじめに

　2009 年 5 月 21 日、国民が刑事裁判に参加する裁判員制度がスタートし、8 月以降は各地で相次いで裁判員裁判が実施された。これは、2004 年 5 月 21 日「裁判員の参加する刑事裁判に関する法律」（平成 16 年法律第 63 号。以下、「裁判員法」または単に「法」という。）の成立を受けてのことである。本法により、われわれ一般国民が、裁判員として刑事裁判に参加する機会が現実のものとなった。そうした意味からは、読者の方々も、今後、裁判員となる可能性があるということになる。そこで、以下においては、裁判員制度導入の経緯とその概要、今後の検討課題等について考察してみたいと思う。

2．裁判員制度導入の経緯

　裁判員制度が導入される以前にも、かつて我が国においては、1923 年に公布された「陪審法」（大正 12 年法律第 50 号）に基づき、陪審裁判が行われていた時期がある。しかしながら、この陪審法は、第二次世界大戦の影響によって 1943 年に停止された。それでも、この期間、約 15 年の間に、全国で 484 件の陪審裁判が行われている。この陪審法は、現在の刑事司法制度にそのまま適用させることは困難であろうが、停止されてはいるが廃止されたわけではないので、制度的には復活させることが可能である。この陪審法の特徴としては、第 1 に、陪審員の議決は「評決」ではなく、「答申」であり、裁判官が陪審の答申を不当と判断した場合には、陪審員を代えて、答申を更新することができたこと、第 2 に、陪審裁判は、被告人の請求によって行われたこと、第 3 に、陪審員になれるのは、高額納税者に限定されていたこと、第 4 に、陪審裁判の場合は、控訴が許されていなかったこと、第 5 に、被告人が有罪となった場合に

は、陪審員の旅費、日当、宿泊費用等の一部又は全部を被告人に負担させていたこと等が挙げられる。こうした陪審法の特殊性から、当時において、陪審裁判はあまり利用されなかったと言われているが、こうした特殊性の他にも、被告人が陪審裁判を選択すると、裁判官に対して不信任の意思表示をしたとみなされがちで、その結果、最終的な判断を行う裁判官によって不利な判決が下されるのではないかということをおそれて、被告人はあえて陪審裁判を請求しなかったとも言われているのである。

その後、陪審裁判制度の復活について議論されることはあったものの、時期尚早等の理由から先送りにされてきたようであり、また、あえて陪審裁判制度を復活させることによらなくても、検察審査会の制度を導入することによって、「国民の司法参加」の道を担保できるとする議論が優勢を占めたとみることもできよう。

しかし、1999年7月に、内閣に司法制度改革審議会が設置され、同審議会の約2年にわたる審議の結果、2001年6月に意見書が提出され、その意見書において、司法制度改革の3本柱の1つとして「国民の司法参加」の問題が再認識されるようになり、そのために裁判員制度の導入が提言されたという経緯があるのである。具体的には、裁判員制度導入の理由としては、刑事訴訟手続において、「広く一般国民が、裁判官とともに責任を分担しつつ協働し、裁判内容の決定に主体的、実質的に関与することができる新たな制度を導入すべきである」とされ、また、制度導入にあたり、同審議会では、日本においては、英米型の陪審制（事実認定を陪審員が行う。アメリカの一部の州では、死刑事案については、陪審員は量刑判断も行う）と大陸型の参審制（事実認定と量刑判断を参審員が裁判官とともに行う）のどちらを採用すべきかが議論された。その結果、我が国においては、諸外国で展開されている陪審制でも参審制でもない、我が国独自の制度である「裁判員制度」が導入されることになったのである。

3．裁判員制度の概要

(1) 対象事件

裁判員制度の対象となる事件は、① 死刑または無期の懲役若しくは禁錮に当たる罪に係る事件、② 法定合議事件（必ず職業裁判官3人の合議体によって審判しなければならない事件）のうち、故意の犯罪行為により被害者を死亡させた罪に係る事件である（法第2条第1項）。これらの罪は、国民の関心が高い重大な犯罪であり、また社会的影響も大きいものであるため、裁判員制度の対象とされたのである。例えば、① に該当する犯罪としては、殺人、強盗致傷、現住建造物等放火等が挙げられる。② に該当する犯罪としては、傷害致死、危険運転致死、逮捕監禁致死、保護責任者遺棄等致死等の罪が挙げられるが、これらには過失犯は含まれない。

(2) 対象事件からの除外

裁判員法は、裁判員裁判の例外として、本来は裁判員制度の対象となる事件について、裁判官のみの構成によって審理できる例外的な事由を定めている。すなわち、裁判員やその親族等に危害が加えられるおそれがあり、裁判員の職務の遂行に困難が伴う場合には、対象事件から除外されるという規定である（法第3条）。この規定は、非法律家である裁判員又はその候補者に対して、危険を冒してまでも審理に加わることを求めると、大きな負担を背負わせることになるため、対象事件から除外させることを認めたものである。対象事件からの除外としては、たとえば、被告人が組織犯罪集団の構成員である等の事情が想定される。

(3) 合議体の構成

裁判員裁判の合議体は、原則的には、裁判官3人と裁判員6人の合計9人から構成される（法第2条第2項）。しかし、その例外として、対象事件のうち、公判前整理手続による争点及び証拠の整理において公訴事実について争いがないと認められ、事件の内容その他の事情を考慮して適当と認められるものについては、裁判所は、裁判官1人と裁判員4人の合計5人からなる合議体を構成して、審理及び裁判をする旨の決定をすることができるのである（法第2条第

52　第1部　我が国における刑事政策

3項)。

(4)　補充裁判員

　裁判所は、審理期間に、病気等の理由で、裁判員が裁判に出頭できなくなる可能性がある場合には、補充裁判員を置くことができることになっている（法第10条第1項)。補充裁判員は、裁判員が出頭できなくなる場合に備えて、裁判員の関与する審理に立ち会わせておくものであり、また実際に裁判員が出頭できなくなった場合には、その者に代わって、裁判員に選任されるのである（法第10条第2項)。

(5)　裁判官及び裁判員の権限

　裁判員は、裁判員裁判において、事実の認定、法令の適用、刑の量定について関与する。この裁判員の関与する判断を行うための審理は、裁判官と裁判員で行われる（法第6条第1項)。ただし、法令の解釈に係る判断、訴訟手続に関する判断、その他裁判員の関与する判断以外の判断（刑法の条文の解釈、自白の任意性、検察官調書の証拠能力の有無等）については、専門的な解釈力が求められるため、裁判官のみの合議体によって行われる（法第6条第2項)。とは言え、裁判所は、裁判官のみの合議体の審理についても、裁判員及び補充裁判員の立会いを許すことができる（法第60条)。なお、裁判員は、関与する判断に必要な事項について、証人、被害者、被告人に質問することができる（法第56条から第59条)。

(6)　評議及び評決

　裁判員の関与する判断のための評議は、裁判官と裁判員が行い（法第66条第1項)、裁判員は、この評議に出席し意見を述べなければならない（法第66条第2項)。この評議において、裁判長は、必要な場合には、裁判官のみの合議体によって決定される法令の解釈に係る判断及び訴訟手続に関する判断について、裁判員に示さなければならず（法第66条第3項)、裁判員は、この判断に従わなければならない（法第66条第4項)。この評議において、裁判官は、適宜分かりやすい説明を加えながら、争点について裁判員に意見を求めなければならないため、裁判員とのコミュニケーション能力が求められることになるのであ

る。

　裁判員の関与する判断のための評決は、裁判官及び裁判員双方の意見を含む合議体の員数の過半数の意見によることになる（法第67条第1項）。つまり、基本的には単純過半数で決せられるが、たとえば6人の裁判員が有罪を認める意見である場合に、その意見は確かに過半数には達しているが、そこには裁判官の意見が含まれていないため、有罪の評決を下すことはできず、逆に3人の裁判官が有罪を認める意見である場合であっても、その意見に少なくとも2人の裁判員が加わっていないと、有罪の評決は下されないのである。換言すれば、裁判官または裁判員のみによる多数では、被告人に不利な判断をすることができないのである。これは、裁判官と裁判員がともに裁判内容を決定するという裁判員制度の目的と、被告人のもつ裁判を受ける権利（憲法第32条）の保障に由来するものであると言えよう。

　また、量刑についての意見が3つ以上に分かれ、その意見が各々、裁判官及び裁判員の双方を含む合議体の員数の過半数にならない場合には、過半数に達するまで、被告人に最も不利な意見を、順次有利な意見の数に加え、その中で最も有利な意見が、その合議体の判断となるのである（法第67条第2項）。例えば、殺人事件で懲役20年が裁判員3人、懲役19年が裁判員2人、懲役18年が裁判官1人と裁判員1人、懲役17年が裁判官2人に割れた場合、まず、被告人に最も不利な懲役20年の3人を懲役19年の2人に加える。これで懲役19年は5人の過半数となるが、この中には裁判官が含まれていないので、量刑を決定することはできない。そこで、懲役18年の2人をさらに加えると、裁判員6人、裁判官1人の7人で条件を満たすことになるので、被告人の量刑は、懲役18年となるのである。

⑺　裁判員等の選任手続と選任資格

　裁判員は、市町村の選挙管理委員会が衆議院議員の選挙権を有する者の中からくじで選定した名簿に基づいて、地方裁判所が裁判員候補者名簿を調整し、そこから一定の選任手続を経て選ばれることになる（法第13条、第21条から第25条）。しかし、欠格事由として、①学校教育法（昭和22年法律第26号）に定

54　第1部　我が国における刑事政策

める義務教育を終了しない者（ただし、義務教育を終了した者と同等以上の学識を有する者は裁判員となることができる）（法第14条第1号）、②禁錮以上の刑に処せられた者（法第14条第2号）、③心身の故障のため裁判員の職務の遂行に著しい支障がある者（法第14条第3号）のいずれかに該当する場合は、その者は裁判員となることができない。

　そして、就職禁止事由として、国会議員、国務大臣、国の行政機関の幹部職員、都道府県知事・市町村長等の立法権や行政権を行使する者は、三権分立の観点から、裁判員の職務に就くことができず、また裁判官、検察官、弁護士、大学等における法律学の教授等を含む司法関係者は、司法専門家ではない一般国民の社会常識を司法制度に反映させるという裁判員制度の趣旨からしてふさわしくないとして、裁判員の職務に就くことができないのである（法第15条第1項第1号から第18号）。さらに、禁錮以上の刑に当たる罪で起訴されている被告人、逮捕・勾留されている者についても、裁判員となることができない（法第15条第2項第1号、第2号）。

　また、辞退事由として、70歳以上の者、常時通学を要する学生、過去5年以内に裁判員または補充裁判員の職にあった者、重い疾病、同居の親族の介護等のやむを得ない事由により、裁判員の職務を行うことが困難である者は、裁判員となることについて辞退の申立てをすることができる（法第16条）。

　(8)　裁判員等の義務と罰則

　裁判員及び補充裁判員は、公判期日の日時等に出頭する義務を負い（法第52条）、また審理中のみならず、裁判員等の職務終了後においても、評議の経過やそこでの意見内容等、その他職務上知り得た秘密を漏らしてはならない義務を負う（法第70条）。とは言え、このような守秘義務に抵触しない限りにおいて、裁判員等としての感想等を述べることはできるのである。そして、裁判員等が出頭義務に違反した場合は、解任事由となるか（法第41条第1項第2号）、または10万円以下の過料に処せられることになり（法第112条）、また、守秘義務に違反した場合には、解任事由となるか（法第41条第1項第4号）、または6月以下の懲役または50万円以下の罰金に処せられることになるのである（法

第108条）。この守秘義務に関しては、多くの裁判員がその定義内容が不明確であるとの意見を述べている。

(9) 裁判員等の保護

裁判員等を保護するためのものとして、裁判員等がその職務を行うために休暇を取得したことなどによって、事業主が解雇等といった不利益な取扱いを行うことを禁止する規定（法第100条）や、また、裁判員等の個人情報の取扱いに関する規定（法第101条）、裁判員等に対する接触の規制に関する規定（法第102条）も備えられている。

(10) 区分審理・部分判決制度、証言等の録画制度

これらの制度は、2007年5月22日に成立した改正法「裁判員の参加する刑事裁判に関する法律等の一部を改正する法律」（平成19年法律第60号）によって導入された制度である。同一被告人が、裁判員制度対象事件を含む複数の事件を起こして起訴され、それらの事件が併合され一括して審判がなされた場合、その事件を担当する裁判員には大きな負担がかかるため、一定の場合において、併合した事件の一部を区分し、区分した事件ごとに審理を担当する裁判員を選定して審理し、事実認定について部分判決を行った上、新たに選定された裁判員の加わった合議体が、残りの事件の事実認定と併合した事件全体についての刑の言渡しを含めた終局判決をすることができるようになったのが、区分審理・部分判決制度である（法第71条、第78条、第86条）。

また、裁判所は、審理または評議における裁判員の職務の的確な遂行を確保するため必要があると認めるときは、検察官及び被告人または弁護人の意見を聴き、証人尋問や被告人質問等について記録媒体に記録することができるようになった（法第65条）。

4．裁判員制度の検討課題

以上が裁判員制度の概要であるが、この裁判員制度については、いくつかの検討課題が指摘されている。

第1に、裁判員制度対象事件については、重大事件ではなく、まずは軽微な

事件から対象とすべきではなかったかというものである。確かに、人の死亡結果ということから社会的関心が強く、一般国民が関与して審判するのにふさわしいという点からすれば、重大事件を対象とすべきということになるであろうが、こうした重大事件は争点が多く、裁判員の負担が大きくなる場合があることに鑑みて、まずは軽微な事件から始めて、徐々に対象範囲を広げていくということも考えられたであろう。しかし、この点は、裁判員裁判開始後 4 年を経過した現在においては、批判対象とはなり得ず、今後は、裁判員の負担を軽減させる諸制度を活用しながら、対象事件の範囲について検討していくしかないであろう。

　第 2 に、合議体の数について、原則的な合議体では 9 人の構成メンバーで議論が行われることになるが、そのような多人数で、それぞれが納得する評決をするための実質的な議論を行うことが可能であるのかという点について疑問が提示されている。この点については、現在のところ、何らの問題も生じていないようである。

　第 3 に、評決について、2 人の裁判官が反対しても、1 人の裁判官と 4 人以上の裁判員の賛成意見で、有罪または被告人に不利益な判決を言い渡すことができるので、この点についての疑問が提起されている。例えば、被告人に最も不利益な量刑である死刑について、従来は、3 人の裁判官のうち少なくとも 2 人の裁判官の賛成がなければ、被告人に死刑判決を言い渡すことが困難であったという事実に鑑みれば、裁判官 1 人と裁判員 4 人が死刑に賛成し、裁判官 2 人と裁判員 2 人が死刑に反対しても、死刑判決が可能であるという点は、裁判員制度の重大な問題点であると言えよう。ちなみに、これはアメリカの陪審裁判の事例ではあるが、死刑の評決にあたっては、量刑裁判官と陪審員の全員一致を求めている州もあり、このことから考えても、死刑の評決に当たっては、慎重な審議が求められるところである。

　第 4 に、控訴審についてであるが、これについては特則が設けられておらず、そのために、従来のように、被告人は第一審で有罪判決を受けたとしても、控訴をすることが可能である。また、控訴審である高等裁判所において

は、3人の裁判官のみで構成される合議体が第一審判決を審議することになることも従前の通りである。せっかく裁判官と裁判員が多大な労力を費やして行った第一審判決が、控訴審において破棄自判という形で反故にされる可能性があることを考えると、裁判員制度導入の本来の趣旨に照らして問題があると言うことになろう。もちろん、控訴審は、第一審判決を前提として、その判断内容に誤りがないかどうかを事後的に点検するという、事後審査を行う機関であると考えれば、特段の問題は生じないとも言えるであろうが、控訴審のあり方については、多くの課題が残されている。今後の成り行きが注目されるところである。

第5に、裁判員候補者が裁判員となることを辞退したい場合であっても、裁判所が辞退理由に該当すると認めない場合は、裁判員として選任され、呼び出された日時に正当な理由なく出頭しない場合には、10万円以下の過料が科せられることになっている点である。この点に関して、このようにしてまで裁判員となることを国民に義務付ける憲法上の根拠について議論が必要であるとの意見もあるのである。特に問題となるのは、思想信条を理由とする辞退であると思われるが、これについては「裁判員の参加する刑事裁判に関する法律第16条第8号に規定するやむを得ない事由を定める政令」（平成20年1月17日政令第3号）の第6項に規定された「自己又は第三者に身体上、精神上又は経済上の重大な不利益が生ずると認めるに足りる相当の理由」があるかどうかが判断されることになる。しかしながら、本項は抽象的な規定となっており、その判断にあたっては相当な困難が生じる場合もあるかと思われる。多くの国民が裁判員として刑事裁判に参加することが好ましいことは言うまでもないが、裁判員となることへの国民の負担をも考慮することが必要であり、この点については、今後も検討されることが期待される。

この他にも、裁判員制度の導入によって厳罰化傾向が促進するのではないかとの批判もあるが、実際のところ、現在までの裁判員裁判では2割程度の厳罰化が進行しているようである。これに対しては、裁判員等が量刑検索システム等を活用することによって、従来の実務において形成されてきた量刑相場を勘

案しながら、説得可能な量刑を実現することが望まれよう。我が国の裁判員裁判は、実際の運用の中で試され、改善される段階に立ち至っていると言えるであろう。

5. おわりに

　以上のように、我が国の新しい施策である裁判員制度に関しては、数多くの検討課題があるようであるが、裁判員法の第 1 条に規定されているごとく、裁判員制度の導入によって、「司法に対する国民の理解の増進とその信頼の向上」が図られ、そして、ひとりでも多くの国民が犯罪問題に関心を寄せ、刑事裁判制度に参加する意思を表明することになれば、将来的にはそのことが、安心・安全な社会の構築に寄与することになるであろうと思われる。そのためにも、われわれ一人ひとりの国民が、自分が裁判員となる可能性を想定して、常日頃から、刑事司法の現状などについて関心を深め、自己の見解を明らかにできるよう努力していくことが何よりも肝要なのではないかと思われる。裁判員制度が 4 年経過したとは言え、我が国の刑事裁判は、「精密司法」から「核心司法」へと、その第一歩を踏み出したばかりである。裁判員制度の導入を契機として、口頭主義・直接主義が徹底されたと言えるのかどうか、その評価はいまだ時期尚早なのかもしれない。

参考文献

読売新聞社会部裁判員制度取材班『これ 1 冊で裁判員制度がわかる』中央公論社（2008 年）。

小田中聰樹『裁判員制度を批判する』花伝社（2008 年）。

田邉信好『これでいいのか裁判員制度』新風舎（2007 年）。

最高裁平成 23 年（あ）第 757 号、覚せい剤取締法違反、関税法違反被告事件、平成 24 年 2 月 13 日第一小法廷判決、破棄自判、刑集第 66 巻 4 号 482 頁。

7 被害者参加制度と損害賠償命令制度

1. はじめに

2007年6月20日の第166回国会において、「犯罪被害者等の権利利益の保護を図るための刑事訴訟法等の一部を改正する法律」が成立し、同月27日に公布された。本法によって、① 犯罪被害者等が刑事裁判に参加する被害者参加制度、② 犯罪被害者等による損害賠償請求に関して刑事手続の成果を利用する損害賠償命令制度、③ 犯罪被害者等の氏名等の情報を保護する刑事手続における被害者特定事項の秘匿のための手続、④ 刑事訴訟における公判記録の閲覧・謄写の拡大、⑤ 民事訴訟におけるビデオリンク等の措置の導入がなされるに至り、これによって犯罪被害者等が刑事裁判手続に、より直接的に関与することが可能となった。以下においては、こうした新しい動向のうち、被害者参加制度と損害賠償命令制度について紹介したいと思う。

2. 被害者参加制度の概要

(1) 被害者参加制度の対象犯罪

被害者参加制度の対象犯罪は、殺人、危険運転致死傷等の故意の犯罪行為により人を死傷させた罪、強制わいせつ及び強姦の罪、業務上過失致死傷及び自動車運転過失致死傷の罪、逮捕・監禁の罪、略取・誘拐及び人身売買の罪、及びこれらの未遂の罪に係る被告事件である。裁判所は、これらの被告事件の被害者等（被害者又は被害者が死亡した場合若しくはその心身に重大な故障がある場合におけるその配偶者、直系の親族若しくは兄弟姉妹）若しくは当該被害者の法定代理人又はこれらの者から委託を受けた弁護士から、被告事件の手続への参加の申出があるときは、被告人又は弁護人の意見を聴き、犯罪の性質、被告人との関係その他の事情を考慮し、相当と認めるときは、決定で参加を許可することに

なっている（刑訴法第 316 条の 33 第 1 項）。参加の申出は、あらかじめ、検察官に対してなされなければならず、申出を受けた検察官は、意見を付して、これを裁判所に通知することになっているのである（同条第 2 項）。

(2)　検察官の権限行使に関する意見陳述

　被害者参加人は、検察官に対して当該事件の検察官の権限行使に関して意見を述べることもできるのであり、また検察官は必要に応じて、当該権限の行使又は不行使の理由を説明しなければならない（刑訴法第 316 条の 35）。これは、被害者参加人と検察官との意思疎通によって、被害者参加人は検察官の訴訟活動を理解し、検察官は被害者参加人の要望を把握し、それによって適切な訴訟活動を実行することを目的として設置されたものである。この規定によって、例えば、被害者参加人は、検察官に対して、当該罪名で起訴した理由、また被告人が無罪となった場合における控訴不行使の理由等について意見を述べることができるのである。

(3)　証 人 尋 問

　被害者参加人は、また、証人尋問を行うこともできるが、裁判所は、被害者参加人から証人尋問の申出がある場合には、被告人又は弁護人の意見を聴き、審理の状況、申出に係る尋問事項の内容、申出をした者の数等を考慮し、相当と認めるときは、犯罪事実以外の情状に関する事項についての証人の供述の証明力を争うために必要な事項に関して、証人尋問の申出を行った被害者参加人がその証人を尋問することを許すものとしている（刑訴法第 316 条の 36 第 1 項）。証人尋問の申出は検察官の尋問終了後に直ちに行い、そこで検察官に具体的な尋問事項を示さなければならず、この場合において、検察官は、申出があった事項について自ら尋問する場合を除き、意見を付して、これを裁判所に通知するのである（同条第 2 項）。つまり、証人尋問にあたり、被害者参加人は証人に対して、犯罪事実に関する事項を尋問することはできないのであり、そのため、被害者参加人の証人に対する尋問として想定される事項としては、謝罪・被害弁償に関する事項、被告人の人柄や性格に関する事項等に限定されるものと考えられる。

（4） 被告人質問

　被害者参加人から被告人質問を行うことの申出がある場合は、裁判所は、被告人又は弁護人の意見を聴き、被害者参加人が意見の陳述を行うために必要があると認める場合であって、審理の状況、申出に係る質問をする事項の内容、申出をした者の数その他の事情を考慮し、相当と認めるときは、被告人質問の申出をした者が被告人に対して質問を行うことを許すものとしている（刑訴法第316条の37第1項）。被告人質問の申出は、あらかじめ、質問する事項を明らかにして検察官に行い、この場合において、検察官は、申出があった事項について自ら質問する場合を除き、意見を付して、これを裁判所に通知する（同条第2項）。被告人質問は、質問の対象が情状に関する事項に限定されていないため、犯罪事実についての質問を行うことができ、そのため、被害者参加人の被告人に対する質問として想定される事項としては、犯行の動機、犯行の態様、余罪の有無、被告人の反省状況、被害弁償の意思・能力に関する事項等が挙げられる。このように被告人質問の質問対象に制限がないのは、被告人には証人とは異なり、黙秘権が認められていることによるものと考えられる。また、被告人質問の申出の時期は、証人尋問の申出の時期と異なり、特に制限はない。

（5） 事実又は法律の適用に関する意見陳述

　被害者参加人から事実又は法律の適用に関する意見陳述の申出がある場合は、裁判所は、審理の状況、申出をした者の数その他の事情を考慮し、相当と認めるときは、公判期日に、検察官の論告・求刑の後に、訴因として特定された事実の範囲内で、事実又は法律の適用に関する意見陳述の申出をした者がその意見の陳述を行うことを許すものとしている（刑訴法第316条の38第1項）。

　事実又は法律の適用に関する意見陳述の申出は、あらかじめ、陳述する意見の要旨を明らかにして検察官に行い、この場合において、検察官は、意見を付して、これを裁判所に通知するのである（同条第2項）。

　この意見陳述は、検察官の論告と一致させる必要性はないとされているため、法定刑の範囲内において検察官の求刑を上回る求刑を行うことが可能である。また、犯罪被害者に認められている意見陳述制度として、平成12年の法

改正によって設置された従来型の意見陳述制度があるが、それと併用し、二度、意見陳述を行うこともできる。両者の違いは、従来型の意見陳述制度は、証拠調べ手続の中において行われるものであり、また意見の内容は被害感情や被告人に対する処罰感情等の被害感情に関する心情であり、犯罪事実の認定のための証拠とすることはできないが、量刑上の資料とすることはできる。これに対して、今回導入された意見陳述制度は、証拠調べ手続の終了後の段階で検察官の最終弁論と同様のことを被害者参加人が行うものであり、また、意見の内容は訴因として特定された範囲内での事実又は法律の適用についての意見であり、それは犯罪事実の認定のための証拠とすることができないばかりでなく、量刑上の資料とすることもできないのである。これらの意見陳述をどのように使い分けるかについては今後の実務における検討課題となると思われるが、この点につき、被害者参加人は検察官と話し合いながら、2つの意見陳述制度を有効に活用することが可能である。

3．被害者参加制度の検討

　以上が、被害者参加制度の概要であるが、ここにおいて、被害者参加制度全体についての若干の考察を行いたいと思う。まず第1に、被害者参加人の地位についてであるが、これはドイツの公訴参加制度とは異なり、検察官から独立した訴訟当事者としての地位を認めたものではないと考えられる。つまり、被害者参加人には訴因設定権、証拠調べ請求権、上訴権が認められておらず、あくまでも被害者参加人は、検察官の設定した訴因について、一定の範囲で訴訟活動を行う者である。さらに、個々の申出は検察官を経由して行われ、検察官は公判期日への出席、証人尋問、被告人質問を行うにあたっての第一次的な判断者となっているため、公益の代表者としての検察官の地位は維持されており、被害者参加制度の導入によって従来の二当事者対立構造の枠組みは崩されていないのである。

　第2に、証人尋問、被告人質問等を認めるにあたっては、裁判所は相当性の判断を行い、また場合によっては、裁判長は尋問・質問を制限することができ

るため、被告人が防御や事実解明に支障をきたすものとはなっていない。とは言え、被告人質問に関して言えば、これまでは被告人側は、検察官からの反対尋問に対する準備を行うだけであったが、被害者参加制度の導入によって、被害者参加人からの反対尋問に対する準備をも行う必要があることは否めないであろう。

　また第3に、被告人には黙秘権が認められているため、被害者参加人による質問に黙秘をすることは可能であるが、そのような黙秘は、裁判員に悪印象を与える可能性があると考えられ、また、従来型の意見陳述は、量刑上の資料としてはよいけれども、今回導入された最終意見陳述は、量刑上の資料とすることはできないのであり、これらのことを明確に裁判員に説明しておかないと、裁判員が量刑判断をする際に大きな影響を与えるおそれがあるのではないかと思われる。

4．国選被害者参加弁護士制度

　被害者参加制度の創設とともに、今回、できるだけ多くの被害者がこの被害者参加制度を利用することができるようにするために、国選被害者参加弁護士制度が導入された。本制度は、「犯罪被害者等の権利利益の保護を図るための刑事手続に付随する措置に関する法律」（平成12年法律第75号、以下、「犯罪被害者保護法」という。）に規定が置かれており、本制度の対象事件は、すべての被害者参加対象事件となっている。資力要件としては、資力（現金、預金等の流動資産の合計額）から手続への参加を許された刑事被告事件に係る犯罪行為を原因として3か月以内に支出することとなると認められる費用（療養費等）の額を控除した額が基準額（標準的な3か月間の必要生計費を勘案して一般に被害者参加弁護士の報酬及び費用を賄うに足りる額として政令で定める額）に満たないものである（犯罪被害者保護法第5条第1項）。

5．損害賠償命令制度

　損害賠償命令制度は、その施行にあわせて題名が改正された、国選被害者参

加弁護士制度が規定されているのと同じ法律である、「犯罪被害者等の権利利益の保護を図るための刑事手続に付随する措置に関する法律」（平成12年法律第75号）に定められているものであるが、犯罪被害者等の損害賠償請求について刑事手続の成果を利用する制度であり、これによって簡易迅速に犯罪被害者等の損害を回復させることを目的とするものである。

(1) 損害賠償命令の申立て

対象犯罪は、殺人、危険運転致死傷等の故意の犯罪行為により人を死傷させた罪、強制わいせつ及び強姦の罪、逮捕・監禁の罪、略取・誘拐及び人身売買の罪、及びこれらの未遂の罪に係る被告事件である。当該被告事件の被害者又はその一般継承人（相続人等の犯罪被害者の権利義務を包括的に継承した者、以下、「損害賠償の申立人」という。）は、当該被告事件の係属する地方裁判所に対して、その弁論の終結までに、損害賠償命令の申立てをすることができる（犯罪被害者保護法第17条）。その際に、損害賠償命令の申立人は、当該被告事件の係属する地方裁判所に2,000円の手数料を納めることが要請される。

(2) 審理及び裁判等

損害賠償命令の申立てについての審理及び裁判は、刑事被告事件について終局裁判の告知があるまではこれを行わず（犯罪被害者保護法第20条第1項）、原則として、被告事件について有罪判決の言渡しがあったときは直ちに、最初の審理期日が開かれる（同法第24条第1項）。そして、その最初の審理期日においては、刑事事件の審理を担当した裁判所が、引き続き損害賠償命令の審理を担当し、公判記録のうち必要でないものを除き、これを民事の証拠として取り調べなければならない（同条第4項）。損害賠償命令の申立ての裁判は、口頭弁論を経る必要はなく、審尋によっても行うことが可能である（同法第23条）。また、損害賠償命令の申立ての裁判は、原則として4回以内の審理期日で審理を終結しなければならない（同法第24条第3項）。

当事者は、損害賠償命令の申立てについての裁判に異議のある場合には、決定書の送達等を受けた日から2週間の不変期間内に、裁判所に異議の申立てを行うことができる（犯罪被害者保護法第27条第1項）。適法な異議の申立てがな

い場合は、損害賠償命令の申立てについての裁判は、確定判決と同一の効力を有するのである（同法第5項）。

(3) 民事訴訟手続への移行

裁判所は、最初の審理期日を開いたのち、審理に日時を要するため、原則4回以内の審理期日で審理を終結することが困難であると認める場合は、申立て又は職権により、損害賠償命令事件を終了させる旨の決定を行うことができる（犯罪被害者保護法第32条第1項）。さらに、刑事被告事件の終局裁判の告知があるまでに、申立人から損害賠償命令の申立てに係る請求についての審理及び裁判を民事訴訟手続で行う旨の申述があったとき、また損害賠償命令の申立てについての裁判の告知があるまでに、当事者から当該申立てに係る請求についての審理及び裁判を民事訴訟手続で行うことを求める申述があり、かつ、これについて相手方の同意があったときは、損害賠償命令事件を終了させる旨の決定をしなければならないのである（同条第2項）。

6. 損害賠償命令制度の検討

以上が損害賠償命令制度の概要であるが、損害賠償命令制度についても若干の検討を行いたい。まず第1に、本制度は英米における損害賠償命令とも、独仏における附帯私訴や私訴とも異なるものであり、我が国独自の制度である。つまり、英米における損害賠償命令は刑罰の一種であるのに対して、本制度で言い渡されるのは、民事上の損害賠償命令である点で異なり、本制度は、また、独仏の附帯私訴や私訴のように、刑事事件と民事事件の審理を同一の手続において進行させるものではなく、あくまでも刑事裁判での有罪判決の言渡しの後に、損害賠償命令の審理手続に進むものとなっており、刑事手続の審理と損害賠償命令の審理がそれぞれ独立している点が、独仏と異なるのである。これは、刑事手続の審理に民事上の問題が入り込むことによって手続の遅延が生じるおそれがあること、また、それぞれの証拠法則の違いによって審理が複雑化することを避けたものであると言えよう。

第2に、本制度は、有罪判決後に自動的に損害賠償命令の審理を行うこと

で、被害者の時間的な負担が軽減され、また同時に、申立ての手数料が一律2,000円となっているため、被害者の金銭的な負担の軽減が大きなメリットとなっている。さらに、本制度は、被害者が和解を望まず、また否認事件であったために刑事和解制度を適用することができなかった事案に対しても適用可能であるため、それらの被害者も本制度を利用することによって、精神的・経済的負担を軽減することが可能となった点が評価に値するであろう。

第3に、本制度の審理期日は、原則として4回以内とされているが、そのような簡易迅速な審理を行うことのできる前提として、対象犯罪が一定の故意犯に限定されており、過失犯が除外されていることが挙げられる。過失犯においては、過失相殺や後遺症の認定等といった複雑な問題が伴っているため、簡易迅速な手続になじまないとして、本制度から除外されたのである。

7．おわりに

以上においてみたように、被害者参加制度と損害賠償命令制度は、いずれも、2004年12月に制定された犯罪被害者等基本法と、2005年12月に閣議決定された犯罪被害者等基本計画によって導入されたものであるが、いずれの制度も、犯罪被害者等基本法と犯罪被害者等基本計画の要求を満たす制度であると言える。そして、これらの制度は、現状の刑事裁判手続を維持させつつ、犯罪被害者等のより直接的な刑事裁判への参加と、より迅速で、かつ負担の軽減化した制度手続の実現化を図ったものであり、全体的にみて、我が国に相応しい制度を創設することができたのではないかと思われる。これらの制度が、真に犯罪被害者等の利益に貢献することができるよう、今後の運用を見守っていきたいと思う。

参考文献

第一東京弁護士会犯罪被害者保護に関する委員会『被害者参加・損害賠償命令制度の解説』東京法令出版（2008年）。

犯罪被害者支援弁護士フォーラム編著『ケーススタディ被害者参加制度』東京法令出版（2013年）。

8　日本更生保護学会の創設

1．日本更生保護学会創設の経緯

　2012 年 7 月に公表された犯罪対策閣僚会議の『再犯防止に向けた総合対策』
は、再犯防止が我が国の刑事政策の直面する緊喫の課題であることを明示する
と同時に、「再犯防止は、一たび犯罪に陥った人を異質な存在として排除した
り、社会的に孤立させたりすることなく、長期にわたり見守り、支えていくこ
とが必要であること、また、社会の多様な分野において、相互に協力をしなが
ら一体的に取り組む必要があること」を指摘している。このことは、1990 年
の「被拘禁措置に関する国連最低基準規則」（いわゆる東京ルールズ）において、
社会内処遇の重要性が提言されて以来の世界共通の認識となっている。

　このように、すべての国において共通の課題である犯罪と非行対策について
は、各学問分野において、国際刑法学会、国際犯罪学会、国際社会防衛学会、
犯罪防止及び刑事司法に関する国連会議、世界被害者学会等、各種学会が組織
され、学術的・学際的視座から、研究活動並びに研究者相互の学問的意思疎通
が熱心かつ着実に積み重ねられてきた。

　我が国においても、日本刑法学会、警察政策学会、日本司法福祉学会、日本
社会病理学会、日本犯罪学会、日本犯罪社会学会、日本犯罪心理学会、日本被
害者学会等の犯罪関連学会において、多くの研究と政策提言がなされてきた
が、社会内処遇の重要な担い手である更生保護に特化し専門的に研究する学会
は、これまでに存在しなかったのである。

　この事実は、我が国の刑事政策を研究する者にとっては、まことに驚くべき
ことであり、犯罪や非行をした者の改善更生を図るため、指導監督・補導援護
を行い、一般社会の犯罪予防活動を促進して、犯罪と非行から社会を防衛し、
ひいては個人及び公共の福祉の増進を図ることを目的とする更生保護が、その

ような状態に安んじてきたこと自体が問題であるとも言える。そもそも本来、刑事司法制度において警察、検察、裁判、矯正と並んで重要な位置を占めている更生保護は、犯罪者処遇の最後の砦であり、刑事政策や社会政策の観点からも特化した組織や研究の必要性が高い学問領域である。また、社会内処遇制度の新たな展開と充実が待望されている昨今の世界的潮流に鑑みても、この問題領域に専門的に取り組む組織が渇望されていることは、明白な事実であると言えよう。

こうした折柄、2011年8月5日から9日までの5日間、国際犯罪学会第16回大会が神戸国際会議場において開催され、日々犯罪や非行との闘いへ身を投じている、多くの研究者と実務専門家との邂逅を契機に、8月7日、神戸市内のホテルにおいて、日本更生保護学会設立準備委員会の発会式が開催された。ここに、犯罪者及び非行少年の更生保護並びに精神保健観察についての諸問題を探求し、その発展に資することを目的とする日本更生保護学会が創設される運びとなったのである。

日本更生保護学会は、2012年4月1日に正式に発足し、会員募集を始めたのであるが、現在、犯罪学や刑事政策あるいは刑事法等を専攻している大学関係者、保護観察官、社会復帰調整官をはじめ保護司、更生保護法人役職員、更生保護女性会員、BBS会員等の更生保護関係者はもとより、犯罪をした者や非行のある少年の立ち直り及び地域における犯罪予防活動に関心を抱く者等、多彩な人材が入会手続を行っている。

2．立教大学での設立記念大会

2012年12月8日（土）から9日（日）にかけて立教大学において日本更生保護学会・設立記念大会が開催された。

第1日目の12月8日は、11時から理事会が開かれ、12時30分に受付が開始され、続いて総会が行われた。総会において、筆者が初代会長に推薦・承認され、その後、「犯罪者処遇における更生保護の役割」と題して、基調講演を行った。

講演内容は、更生保護の分野を中心として、犯罪者処遇における再犯防止について検討したものであるが、当日の学会の様子を報じた共同通信の配信記事によると、「会長の藤本哲也中央大学名誉教授は基調講演で、『高齢や障害のある人は刑務所を出た後の行き先がないと再犯のリスクが高く、福祉の支援が不可決』と指摘。『刑務所と福祉施設が連携できるような具体的な枠組みが必要だ』と述べ、国に提言していく考えを示した。」と報じている。

続いて行われたシンポジウム「犯罪者処遇における再犯防止と更生支援」では、最初に、ニュージーランドのビクトリア大学ウエリントン校のトニー・ワード（Tony Ward）教授が「犯罪者の更生——再犯危険性の管理と善い人生の追求」と題して講演を行った。

ワード教授は、「犯罪者の更生は、近隣の社会的ネットワークとより広範なコミュニティへの再参入、そして最終的には、社会への再統合を含む複雑なプロセスである」とした上で、「善い人生モデル」（Good Lives Model：GLM）を提唱し、「犯罪者がより充実した生き甲斐のある生活を送るための支援を目的とし、同時に、各人の再犯危険性に対処することも可能とする、犯罪者の更生に関する長所基盤モデル」こそが、犯罪者更生プログラムにおいて、実務家や研究者に対し、より包括的な指針を提供するものであるという見解を提示した。

この「長所基盤モデル」は、我が国においてはあまり聞きなれない言葉であり理論であると思うが、この理論を一言で表現すれば、「犯罪者の長所を基盤として更生を促そうとするもの」であると言えよう。この理論は、従来、再犯防止のための施策としての犯罪者処遇プログラムの作成において最も基本的な見解となっている「リスク・ニード・応答性モデル」（Risk-Need-Responsivity Model：RNR Model：処遇密度を犯罪者の再犯リスクに合わせるという「リスク原則」、犯罪誘発要因について評価を行い、当該要因に的を絞って働きかけを行うという「ニード原則」、犯罪者の社会復帰支援のための処遇を受ける際の学習効果を最大限にするという「応答性原則」の三原則から成る犯罪者更生モデル）に代わる選択肢として提唱されたものである。

もちろん、そうは言っても、ワード教授が自分の主張する長所基盤モデル

は、RNR モデルの伝統的な危険性管理アプローチの利点を取り入れながら、かつその限界を乗り越えることで、犯罪者更生の効果を高めることができるとしていることから考えて、長所基盤モデルは、RNR モデルの補充的理論であると同時に、RNR モデルとの整合性モデルないしは統合的モデルを模索しているとも考えられよう。

しかしながら、ワード教授の長所基盤モデルは、「犯罪行為は、社会に受け入れられる手段で自らの価値観を実現するために必要な内的および外的資源がないときに起こる。つまり、犯罪行為は、自らをとりまく環境の中で人生の価値観を具体化する際の不適応行為なのである」とする犯罪観を持ち、「単に社会にとって害の少ない人間になるよりも、より善い人生を送れるという可能性の存在は、犯罪者にとって魅力的なばかりでなく、結果的に、より安全で公正な社会がもたらされる可能性をも高めるものである」という犯罪者観ないし社会観を展開していることから考えると、長所基盤モデルは、善い人生を目指す処遇計画を適切に策定することによって犯罪者の福利を高め、それを正しい方法で行うことによって、再犯危険性の低減をも図るという両側面に重点が置かれている理論であると評価できるであろう。今後、我が国での採用可能性を検討してみることが必要であろう。

続いて、デンマークの若者の就労支援機構である「ハイ・ファイブ」（High: Five）の事務局長であるオーレ・ヘッセル（Ole Hessel）氏が、「若年犯罪者の就労支援機構：『High: Five』」と題して講演を行った。

ハイ・ファイブはデンマークの企業経営者全国連盟が労働大臣に協力して、2006 年に設立した労働支援機構である。ハイ・ファイブは、政府予算で運営され、職員は 17 人で、全国規模で活躍し、警察、自治体、刑務所、保護観察所等の公的機関や私企業と協働している。

ハイ・ファイブの任務は、企業が前科者の就労・教育訓練を支援することで社会的責任を果たせるよう手助けし、犯罪前歴者の更生について社会を啓発し、さらには、支援のための連携ネットワークを構築して、前科者に対する社会的障壁を減少させる有効な支援方式を確立することである。日常業務では、

就労意欲のある若年犯罪者を見いだして、社会貢献をしたいと望んでいる企業につなげ、若者と企業がともに長期間にわたる成功を維持できるように支援しているとのことである。

現在までに、3,000人以上の若者がハイ・ファイブの就労支援を受け、1,500以上の企業がハイ・ファイブのデータに登録されている。2006年以降、ハイ・ファイブは、860の就労支援を行い、そのうち70%の者が現在も再犯に陥ることなく更生を維持しているのである。

2010年初頭には、外部企業による業務査定を受け、活動成績、特に前科者の更生支援に対して高い評価を受けたとのことである。ハイ・ファイブの就労支援を受けた前科者のうち30%しか再犯に陥っていないのに対して、就労支援を受けていない対照群では、93%が再犯に陥っていたとのことである。試算によると、犯罪者が更生することにより、デンマークでは、一人当たり2,000万円相当の公費を節約できるとのことである。

以上が第1日目の概略であるが、当日までの会員は456人（学会当日93人の入会者があったため、2012年12月21日現在の会員数は565人である）であり、基調講演の際には500人教室がほぼ満席であった。後日集計したところによると、当日の参加者は非会員を含めて401人であったとのことである。

第2日目は、午前9時30分より12時30分まで、ラウンドテーブルディスカッションが5つの分科会に分かれて行われた。

第1ラウンドテーブルは、「刑務所出所者等の生活基盤整備の確保——住居・就労支援で再犯を防ぐために」と題して、各種支援事業にかかわる実務家が参加し、それぞれの活動の実態や現在の課題を議論するとともに、フロアーとのディスカッションにより、就労支援という考え方が広まっている背景や、今後の支援方策の展望について意見が交換された。

第2ラウンドテーブルは、「薬物依存のある保護観察対象者に対する保護観察について」と題して、①医療現場からする薬物問題と依存、乱用、中毒の区別について、②薬物処遇プログラムについて、③保護観察所と関係機関の連携について、④薬物依存者に対する保護観察の法的課題について、⑤ダル

クの活動について等多彩な討論と質疑応答が行われた。特に薬物検査に関する法的問題が大きな話題となった。

　いまさら指摘するまでもなく、薬物犯罪にどう対応するかは緊喫の課題であり、保護観察所では、2004年度から簡易薬物検出検査を導入し、2008年6月からは、定期的な簡易薬物検出検査とワークブック等を活用した教育課程を組み合わせた専門的処遇プログラムを実施している。また、今回の国会では廃案となったが、「刑法等の一部を改正する法律案」および「薬物使用等の罪を犯した者に対する刑の一部執行猶予に関する法律案」により、刑の一部の執行猶予制度を導入することが検討されている。

　これらの制度は、施設内処遇に引き続き一定期間の社会内処遇を実施することにより犯罪者の再犯防止を図ることを目的とするものであり、更生保護の分野に大きな影響をもたらすものである。こうした背景を踏まえて、活発な議論が展開された。特に、実際に薬物事犯者を担当した保護司の意見が披露されたが、実務経験に裏付けされた意見であるだけに説得力のあるものであった。

　第3ラウンドテーブルは、「発達障害のある対象者の保護観察」と題して、知的障害を含む発達障害のハンディを背負う保護観察対象者への立ち直り支援に関して、事例をもとに検証がなされた。発達障害のある対象者は、家族が被害者である場合や、家族にも障害が認められる場合も少なくなく、受け入れが極めて困難であること、福祉との連携による生活環境の調整が基本となるが、出院後の働きかけが不可欠であること、また、施設内外での感情・行動の制御に精神医療・臨床心理の働きかけを必要としていること等が、地域生活への移行における要となる就労支援も含めて活発な議論が展開された。

　第4ラウンドテーブルは、「医療観察対象者の地域における処遇——精神保健観察の課題を中心に」と題して、「地域処遇における緊急時の介入」や「医療観察と裁判所」等のテーマについて論じ、精神保健観察のこれからのあるべき姿が討議された。

　医療観察制度における保護観察の業務は、生活環境の調査、生活環境の調整、地域社会における処遇に大別できるが、なかでも地域社会における処遇、

つまり精神保健観察においては、社会復帰調整官は、指定通院医療機関が提供する医療、地域の関係機関が提供する援助を統合して処遇の実施計画を策定し、関係機関の処遇状況の確認および相互に情報を共有すること等のためにケア会議を実施するとともに、対象者の自宅を往訪するなどしてその生活を見守る精神保健観察を実施している。そこで、本ラウンドテーブルでは、精神保健観察における処遇困難事例や関係機関との連携に関して課題を明らかにし、地域の一般精神保健医療に円滑に移行していく上での問題点について話し合いを行ったのである。

第5ラウンドテーブルは、「保護司活動の基盤」と題して討論が行われた。内容は、① 保護司制度について、② 保護司の意識調査の結果について、③ 保護司から見た保護司制度ついて、④ 保護観察官から見た保護司制度について等であるが、2009年5月に始まった裁判員裁判では、裁判官だけの裁判に比べて、執行猶予判決において保護観察が付く割合が高い傾向にあり、判決の段階で、その後の立ち直りについても視野に入れた検討がなされるなど、更生保護や保護司に対する国民の関心と期待には大きいものがある。そこで、本ラウンドテーブルでは、我が国の保護司制度の特徴や意義について再認識するとともに、保護司活動の現状や課題について改めて見直し、社会の変化に即した今後の保護司活動の在り方について活発な議論が行われたのである。

また、今回の設立大会では、全会員に学会誌『更生保護学研究』創刊号が配布された。228頁にも及ぶ分厚いものであり、今後の更生保護学の展望と期待が込められたものである。

3．今後の更生保護学会の役割

日本更生保護学会の役割は、現場と連携した実証研究、内外の保護観察にかかわる文献や資料の調査収集など、更生保護のさらなる進歩発展に寄与することにあるが、さしあたりは、現在、法務省に設けられている「再犯防止対策推進会議」のもと、再犯の実態や対策の有効性等に関する総合的な調査研究の実施、再犯の実態や対策の効果等に関する調査研究の結果等を踏まえ、満期釈放

者や保護観察終了者に有効な支援を行うための新たな枠組み等、既存の制度や枠組みにとらわれない新たな施策について、関係省庁との連携のもとで検討を行うことが考えられる。

とりあえずは、最高検察庁の「刑事政策専門委員会」、「知的障がい者専門委員会」との連携を密にし、学会員による研究業績を学会誌『更生保護学研究』に発表するばかりでなく、法務総合研究所の『罪と罰』、矯正局の『刑政』、保護局の『更生保護』等においても公表する努力を重ねていくことになろうかと思う。

日本更生保護学会は、学会設立時に理事に就任された方々の錚々たる顔ぶれからも明らかなように、官民協働の組織であり、実務家を中心として構成され、BBS会員に限ってではあるが、大学生も加盟できる組織となっている。この点こそが、本学会の革新的な試みであると言える。まさしく、新世紀を切り拓く、21世紀の刑事政策を見据えた上の学会創設ということになろう。

日本更生保護学会の事業としては、⑴学術大会を毎年開催する、⑵研究誌『更生保護と犯罪予防』を継承し発展する形で、大会抄録号と合わせた学会誌『更生保護学研究』の年2回の刊行、⑶保護観察処遇で展開されている覚せい剤や性犯罪などに対するプログラム処遇や精神保健観察などの実証的研究を現場と連携して行う、⑷内外の保護観察にかかわる文献、資料を調査収集するほか、将来は、資格試験のテキスト、参考書、事典の編纂、刊行を行うこと等が挙げられる。

今般の日本更生保護学会の創設は、更生保護関係者にとって、正に、悲願達成であったといっても過言ではなく、情熱と英知が結集する日本更生保護学会の創設は、必ずや、更生保護を通じ、人権保障及び公共の福祉の貫徹に向けて貢献し得るものであることは疑うべくもない。日本更生保護学会の初代会長の重責を引き受けた者として、できる限りの研鑽に努め、学会員諸氏と力を合わせて日本更生保護学会の発展に寄与したいと思っているところである。

参考文献

犯罪対策閣僚会議『再犯防止に向けた総合対策』2012（平成24）年7月、1-16頁。

生島浩「日本更生保護学会の設立について」『更生保護』62巻11号（2011年）50-51頁。

生島浩「日本更生保護学会の設立と学会誌創刊号への投稿募集の御案内」『更生保護』63巻5号（2012年）56-58頁。

更生保護学研究編集委員会編『更生保護学研究』創刊号（2012年）。

『日本更生保護学会設立記念大会・大会プログラム』2012（平成24）年12月8日（土）～9日（日）、立教大学・池袋キャンパス。

9 BBS 運動あるいは BBS 会って知ってますか

1．BBS 運動とは何か

BBS 運動とは、Big Brothers and Sisters Movement を略したものである。つまり、ここでいう BBS 運動とは、不幸にして犯罪や非行に陥った少年・少女たちの「良き兄、良き姉」となって、彼らの立ち直りの手助けをしたり、非行を未然に防ぐために地域社会への啓発を行うことを目的とした民間のボランティア活動のことである。

この運動は、1904 年、アメリカのニューヨーク市少年裁判所書記のアーネスト・K・クールター（Ernest K. Coulter）が提唱したものであり（しかし、この点に関しては、シンシナティの青年実業家アービン・F・ウェストハイマー（Irvin F. Westhymer）によって、1903 年に創設されたという説もある）、我が国においては、1947 年 2 月 22 日に、京都の大学生を中心に結成された「京都少年保護学生連盟」に端を発するものであると言われている（この点に関しても、1946 年 11 月、長野県において、松本女子師範学校の学生 10 名程度で「朋友制度」を結成。翌年 11 月、長野師範学校男子部学生が「児童愛護研究会」を組織。両者一体となって長野市に本部を置き、以後、少年審判所の支援を受けたという記述もある）。そのいずれがルーツであるかはともかくとして、公的な記述によれば、この BBS 運動は、「京都少年保護学生連盟」を嚆矢とするようであるから、2013 年の時点で、その結成以来 66 周年を迎えたことになる。

2．アメリカ BBS 運動の日本への紹介

我が国の BBS 運動の起源が、1947 年の「京都少年保護学生連盟」にあるのか、それとも、1946 年の長野県の松本女子師範学校の学生による「朋友制度」にあるのか、はたまた、それよりも半年早い、1946 年 6 月 1 日、松江少年審

判所の後援の下に結成せられた「山陰少年保護学生連盟」にあるのかの争いは
ともかくとして、アメリカの BBS 運動そのものは、1913 年には、我が国に紹
介されていたようである。まず、私立感化院「家庭学校」の創設者として名高
い留岡幸助の主宰する雑誌『人道』 1 巻 2 号 (1913 年) において、基督教青年
会の山本五郎が「ビッグ・ブラザー・ソサイアティの素養ある青年が指導者と
なり、個々の不良少年を善導する事業について、大体の説明を試みた」という
事実が報じられている。そして、その時の山本五郎の報告が、当時監獄学者と
して知られ、現在の民生委員制度の創始者としても名高い小河滋次郎の主宰に
なる雑誌『救済研究』 1 巻 2 号 (1913 年) に、「大兄 (あにさん)」と題して、
研究論文として掲載されている。この論文では、BBS 運動を社会と個人の合
致というニュー・デモクラシーの思想を実現せんとするものであるとした上
で、「大兄」の趣旨として、「大兄の目的は少年の感化であって、殊に不良少年
を感化するのが目的であるが、併し普通の少年をも善い方に感化し悪しきに防
衛してやる必要があるから、必ずしも不良なるものに限らない」として、少年
の感化のためには大兄自らの陶冶も大切であるとするほか、運動の着眼点、活
動方法等をも紹介している。

　こうした論文のほかにも、例えば、『法律新聞』1049 号 (1915 年)、『社会事
業』 6 巻 4 号 (1922 年)、『輔成会々報』 7 巻 4 号 (1923 年) 等にも BBS 運動が
紹介されている。また、筆者の専門である刑事法学の分野で、客観主義刑法学
の泰斗であり、仏教学者としても著名な小野清一郎が、関東大震災の頃に、
BBS 運動を起こそうとしていたとも言われている。BBS 運動は、意外と早く
我が国に伝えられていたことが分かるのである。

3．京都少年保護学生連盟の創設

　しかしながら、我が国の BBS 運動が本格的に組織化されたのは戦後のこと
であり、実質的な生みの親は、同運動発足の当時、京都少年審判所長であった
宇田川潤四郎である。終戦直後の京都には、戦災孤児が巷に溢れており、こう
した少年たちが大人に唆されて非行をするという事態がしばしば見られたとい

う。満州から引き揚げてきた宇田川はこうした事態を憂えると同時に、たまた
ま引き揚げの途中で立ち寄った神田神保町の本屋で購入した、アメリカの裁判
所に関する本のなかに紹介されていた BBS 運動に興味を持ち、京都少年審判
所長に就任した折りに、この BBS 運動の構想を実現したいと考えていた。

　はからずも、その頃、同じく京都の戦災孤児たちの惨状を憂え、なんとかし
たいと思っていた立命館大学の学生であった永田弘利は、ふと手にした京都新
聞の「少年関係諸団体の代表者が京都府庁に集まり、心のよりどころを失った
子どもたちを何とかしようと協議した」という趣旨の記事を読み、「荒みきっ
た社会の中で頻発する少年非行は、少年たちの生活環境や友人の影響が一番大
きな原因であることから、年齢的にも心情的にも少年に近いところにいる青年
が温かい手を差し伸べることによって、何かできるのではないか」という思い
を綴った手紙を京都府庁社会教育課長に宛てて送った。

　このことを知った宇田川は、永田を京都少年審判所に招き、京都少年保護学
生連盟の結成を依頼する一方で、少年審判所側の責任者として、当時京都で保
護司をしていた徳武義を指名した。徳武義は、少年保護の専門家であるのみな
らず、アメリカ留学の経験もあることから、宇田川も満幅の信頼を置いていた
ようである。

　こうして、宇田川、徳、永田の 3 人の奔走によって、我が国 BBS 団体の嚆
矢たる京都少年保護学生連盟の結成を見るに至るのである。そして、1947 年
2 月 22 日には、京都少年保護学生連盟発会式ならびに記念講演会が、京都女
子大学（当時の龍谷学園京都女子専門学校）において開催されている。ちなみに、
当日の参加者は約 400 人であったということである。

　この学生連盟の結成に至るまでの経緯が、当時の京都少年審判所によって作
成された文書に、次のように記録されている。

　「少年保護運動の一翼に学生を参加せしめ、新しい力を以て事業を推進しよ
うとする企ては開庁以来の宿案であって、予てから菊地審判官、徳保護司等は
各学校当局と懇談、或いは、課外講座等に出席し学校の理解と学生の関心を深
める為の努力を続けて来たのである。而して学生の斯業に対する関心は大いに

昂まって、夙に少年不良化問題の研究、収容少年に対する慰問激励、保護思想の普及、さらに進んでは保護少年の指導に真摯な動きを示して来たのである。宇田川所長着任以来、開庁式記念事業として、この学生の斯業に対する個々の情熱と協力活動を組織して1つの大きな学生運動として展開せしむるやうアメリカに於ける大兄姉運動を参考として本運動の研究に着手し之が実現への準備を進めた。」

　この文書で見るかぎり、BBS運動も本来はボランティア活動であるとはいえ、官主導で始まったことが分かるのである。

4．各地におけるBBS運動の展開

　この京都少年保護学生連盟の発足以来、BBS運動は全国に普及していくことになる。しかし、アメリカのBBS運動の存在を意識していたかどうかは定かではないが、前述のごとく、戦災孤児などの救済のために、学生が中心となって何らかの援助を行うことの必要性を認識し活動していた事例は、全国に数多く存在していたようである。例えば、静岡県では、1946年4月29日に青少年純叫社が結成され、青少年の純真なる叫びによって、終戦後の混沌たる社会の不純を浄化し、健全なる青少年の世界を打ち建てるという意気込みに溢れていたし、その後は、静岡県少年保護観察所内に本部を置いて、青少年愛護同盟燈心会という名称で活動している。

　また、島根県では、1946年6月1日松江少年審判所の後援で山陰少年保護学生連盟が結成せられ、旧松江高校、島根師範、女子専門学校の3校24人により運動が開始されたとあるが、松江に少年審判所が設置されたのが連盟結成と同じ日の1946年6月1日であることから、この間の事情がどうなっているのか、あまりはっきりしないところがあるようにも思われる。

　長野県においては、1946年11月に、長野少年審判所が保護処分を受けた少年の事後補導の重要性に鑑み、従来の観察保護のやり方を再検討し、管内専門学校以上の学生の奉仕による「朋友制度」を作ったとある。その名称や内容からみてもBBS運動の最初のものとみることができるかもしれない。その後、

長野師範に児童愛護研究会が組織され、1948年には児童心理研究会と改称している。また、1950年には、信州大学教育学部と長野師範の学生及び卒業生有志を正会員として、長野児童研究会が組織され、1952年7月には、長野県BBS連盟の設立総会が開催されている。

このように、京都少年保護学生連盟の創設以前にも、各地の少年審判所の主導によって、BBS学生連盟の結成が相次いでいたようであるが、このほかにも、我が国のBBS運動の先駆けとして知られているものに、大阪と東京におけるBBS運動がある。大阪におけるBBS運動の沿革は、京都少年保護学生連盟の呼び掛けにより、1947年12月7日、少年愛護学生同盟が結成されたところに始まる。一方、東京におけるBBS運動は、東京少年保護司会青年部会の名で始まった。1948年5月、東京少年審判所長が立正大学において行った講演に感動した学生8名が中心となって結成されたものである。この東京少年保護司会青年部会の場合は、京都の場合のように、保護観察官が保護観察の担当を保護司又はBBS会員のいずれかに択一的に委嘱するという方式（いわゆる「京都方式」）とは異なり、保護観察官が主任の保護司に加えてBBS会員にも委嘱するという方式を採用したため、「東京方式」と呼ばれている。

5．BBS 運動の現状

いずれにせよ、このBBS運動は、初期の頃においては、戦災孤児や非行少年の善導等を目的とするもので目立たない存在であったが、その後、先駆者たちの熱意は急速に広まり、1950年11月には「全国BBS運動連絡協議会」が結成され、1952年には、「日本BBS連盟」と改称され、現在に至っている。

現在では、BBS会員には、この運動の趣旨に賛同し、積極的に参加協力しようとする熱意をもった健全な青年であれば誰でもなることができるが、一応、入会の資格として、① おおむね20歳代の青年男女であること、② 社会奉仕の精神があること、③ 非行少年の更生に関心をよせ、少年や子どもに愛情を持って接し得ること、④ 性格に偏りがなく、幅広い教養を持っていること、⑤ 活動に必要な余暇があること等が考えられているようであり、学歴や職業

は問わないものとされている。

　会員数は、1966年の1万1,831人をピークとして、その後減少傾向にあり、1978年には7,741人にまで減少したが、同年に策定された5か年計画に基づく会員5割増強の努力が現われ、1979年からはやや増加傾向に転じた。しかし、その後再び減少し、2013年4月1日現在4,740人となっている。また、BBSの組織には、市町村等の地域（例外として職域がある）を単位に結成されている地区BBS会、保護観察所単位の都府県BBS連盟、地方委員会単位の地方BBS連盟および全国組織としての日本BBS連盟がある。これらの組織のうち、実践活動の基盤として最も重要な役割を果たしているのは、地区BBS会であり、2013年4月1日現在481を数えている。また、「BBS運動基本原則」によれば、組織の性格として、①組織運営については、更生保護機関の育成指導を受けること、②関連機関、団体への協力は、すべて組織として協力することが明記されており、ボランティア活動としてのBBS運動が、組織体として整理され、統制ある運用がなされるべきであること、また、ボランティア活動の本質から、組織は主体性をもったものでなければならないことは言うまでもないが、BBS運動の目的からして、更生保護機関との連携を特に重視し、その育成指導を受けて運動の発展を図ることを原則としているのである。

　BBS運動の中心となる活動には、①ともだち運動、②非行防止活動、③研さん活動があるが、1955年頃からは、ケースワーク的要素の導入が図られ、ともだち活動に重点が置かれているようである。もちろん、BBS会員は、非行防止活動として、自ら非行防止のための活動を行うとともに、毎年7月に行われる、法務省の主唱する「社会を明るくする運動」にも協力しているが、もともと、BBS運動そのものが、「ワンマン・ワンボーイ」をスローガンとして始まったことを考えれば、ともだち活動に重点を置くことは当然のことであると言えよう。1967年に採択された「BBS運動基本原則」にも、この「ワンマン・ワンボーイ」の原則は明記されているのである。

6．BBS 運動の課題

　最近の BBS 運動の新しい動きとして、組織形態としては学域 BBS 会の拡大（2013 年 4 月 1 日現在、全国の短大や大学に 44 の組織がある）があり、活動形態としては、保護観察所の行う社会参加活動への協力が挙げられるであろう。特に、この後者の「社会参加活動」は、1994 年 9 月から短期保護観察における課題指導の課題例の 1 つとして導入されたもので、社会奉仕活動等の社会的に有益な諸活動を、対象少年に直接体験させることによって社会性を育み、社会適応を促進することを目的としたもので、今後、BBS 会員の積極的な参加が期待される分野である。

　しかしまた、一方、最近において、現在の BBS 運動には、保護観察官、保護司および BBS 会員の三者の間に理解不足あるいは相互不信があるとか、BBS 運動の現在の目標が必ずしも明確でないという批判が見られることも事実である。BBS 運動発足以来 66 年の歳月が経過していることを考えるとき、こうした批判を真摯に受けとめて、次の 70 周年へ向けて BBS 運動をどうするかという課題、そしてまた、将来のあるべき姿を展望するとともに、BBS 運動発足の頃の初心に返り、今一度、BBS 運動の原点が何処にあったかということを考えながら、新しい施策を展開してもらいたいと思う。

　「非行少年のよい『ともだち』となり、

　　兄・姉のような立場に立って、

　　その立ち直りを助ける活動を行う

　　青年によるボランティア活動」

という BBS 運動の原点に立ち返って考えてみることが、今何よりも大切なのではあるまいか。

参考文献

　平成 10 年度「ふれあい・ふれんどしっぷ・プロジェクト活動事例集『BBS for all boys & girls 少年たちの明日へ』日本 BBS 連盟（1999 年）。

　日本 BBS 連盟事務局編『BBS 運動 50 年の回顧』日本 BBS 連盟 OB 会（1997 年）。

　BBS 運動発足 50 周年記念誌編集委員会編『BBS 運動発足 50 周年記念誌』更生保護法人・日本更生保護協会（1997 年）。

10 協力雇用主って知ってますか

1．はじめに

「世界一安全な国、日本」の復活を目指し、2003年に発足した政府の犯罪対策閣僚会議は、2012年7月、刑務所等出所者が2年以内に入所する割合を今後10年間で2割以上削減することを数値目標とする「再犯防止に向けた総合対策」を策定した。

再犯防止のために肝要なのは、刑事施設や少年院と更生保護の連携、つまり、施設内処遇と社会内処遇の連携である。以下においては、社会内処遇である更生保護において、民間協力組織の1つとして、BBS会や更生保護女性会と並んで重要な協力雇用主の制度について紹介したいと思う。

2．協力雇用主とは

協力雇用主とは、犯罪・非行の前歴等のために定職に就くことが容易でない保護観察または更生緊急保護の対象者を、その事情を理解した上で雇用し、改善更生に協力する民間の事業主のことである。つまり、協力雇用主は、保護観察対象者等のために、職場を提供する民間の篤志事業家であり、その前歴をあらかじめ承知して、犯罪や非行をした者を積極的に雇用し、待遇や稼働上の差別をせずに一般の労働者と同様に取り扱ってくれるのである。

この協力雇用主の制度は、保護観察等の対象者を担当した保護司または更生保護施設が、処遇上の必要から自らの知人や縁故先の事業主等に対象者の就職について協力を求めたことに始まったと言われている。したがって、協力雇用主は、対象者に職場を提供するという面ばかりでなく、生活指導の面からも、その更生の援助に大きな役割を果たしていると言えるのである。そうした意味合いからは、協力雇用主は、対象者を雇用する者だけでなく、対象者の雇用に

協力する者、対象者の更生に協力する雇用者、対象者の更生に協力する事業主などをも含まれるとする指摘もある。

　もちろん、更生保護における対象者の就労に関する援助としては、対象者を雇用することのみではなく、就職先の紹介や求人情報の提供、職業訓練の実施など多様な形態が考えられる。それゆえに、協力雇用主を、対象者の雇用という側面のみではなく、対象者の更生に関する多様な援助を提供する主体と捉えることにより、更生保護に対するサポート組織の拡大を展望してみることにも意義があるであろう。

　それはそれとして、ここで、注意しなければならないのは、協力雇用主と類似した制度として、「職親」や「個人委託先」の制度があるということである。「職親」は、職業上の親の役割を果たすものであり、就労する者を自分の家庭にあずかり、職業生活上の独立に必要な指導をするものである。「個人委託先」は、委託費を支給して保護観察対象者に対する応急の救護の委託を引き受ける者であり、必ずしも自分のところで就労させることを目的としてはいないので、協力雇用主とは異なるということである。

　「職親」として最近注目されるものに、2013 年 2 月、関西が拠点の民間企業 7 社と日本財団によって結成された「職親プロジェクト」がある。これは、再犯を防ぐために企業が働く場所を提供するもので、生活面も指導し、社会復帰を支援するものである。企業は、刑務所や少年院で面接をし、出所や出院と同時に約半年間の就労体験を提供する。その間、正規雇用につながる指導をしていくのである。社員寮や更生保護施設などから通勤でき、職場での悩みも各社が定期的に情報交換をすることになっている。日本財団は 1 人につき毎月支援金 8 万円を企業に支払うことにより財政的補助を行うのである。将来的に、こうした制度が日本全国に波及すれば、再犯防止の要である、「居場所」と「出番」を確保することが可能になるであろうと思われる。職親制度の今後の発展に期待したい。

3．協力雇用主の現況

ところで、協力雇用主の現況であるが、刑務所出所者等総合的就労支援対策が開始された 2006 年以降、協力雇用主数は一貫して増加しており、2007 年 4 月 1 日、5,778 であった協力雇用主は、2012 年 4 月 1 日現在、個人・法人合わせて 11,044、被雇用者数は 879 人となっている。

作表はしていないが、業種別にみると、協力雇用主数は、建設業、サービス業、製造業の順で多く、この 3 業種で約 80％を占めている。『犯罪白書』（平成 24 年版）によれば、2008 年には建設業が過半数を占めていたが、最近はこれ以外の業種の協力雇用主数も増加しており、2012 年の協力雇用主数を 2008 年と比較すると、特に農林漁業（3.0 倍）、およびサービス業（2.3 倍）の増加が顕著であり、鉱業を除くいずれの業種でも受け入れ幅が拡大している様子がうかがえるとのことである。また、被雇用者数は建設業が 70％以上を占めている。規模別にみると、従業員 29 人以下のものが、協力雇用主数で約 70％、被雇用者数で約 60 ～ 70％を占めている。

また、『犯罪白書』（平成 25 年版）では、保護観察官と協力雇用主が緊密に連携し、協力雇用主のもとに雇用された者の職場定着を促進するとともに、協力雇用主の不安等の軽減を図ることにより、協力雇用主による雇用を拡大する方策の 1 つとして、2013 年 5 月から、更生保護施設又は自立準備ホームに委託されている仮釈放者又は更生緊急保護対象者を雇用し、職場定着のための働き掛けを行った協力雇用主に対して、職場定着協力者謝金を支給する取組が始まっている。

4．全国就労支援事業者機構

こうした協力雇用主数の拡大は、2008 年 9 月に設立された「全国就労支援事業者機構」と無縁ではない。社団法人日本経済団体連合会、日本商工会議所、全国商工会連合会、全国中小企業団体中央会の経済諸団体と、新日本製鐵株式会社、トヨタ自動車株式会社等の企業関係者が発起人となり、犯罪をした人や非行のある少年の雇用の拡大を支援する「全国就労支援事業者機構」が設

立され、2009 年 1 月、東京都知事の特定非営利活動法人（NPO 法人）の設立認証を得て、活動を開始したのである。ちなみに、2010 年 6 月には、認定特定非営利活動法人となっている。この認定 NPO 法人全国就労支援事業者機構の目的を明らかにするために、設立趣意書の一部を紹介しておきたいと思う。

「前略……。ところで、犯罪者や非行少年が、善良な社会の一員として更生するためには、就職の機会を得て経済的に自立することが、極めて重要であります。家庭や親戚から遠ざけられている彼らが、経済的に自立できなければ、再び犯罪や非行に走らざるを得なくなることは容易に想定されることであります。そのような観点から、犯罪者や非行少年であることを承知した上で、善意の篤志家として彼らの雇用に協力する事業者が、全国に約 5,800 いると言われております。しかし、職を求める犯罪者等の数に比しその数は絶対的に不足しているのみならず、地域や周囲の人の理解と協力が欠けている中でそれらの雇用を継続することは、多くの苦労と困難を伴うものと推察されます。

翻って考えると、治安の確保による恩恵は、社会全体にもたらされるものであり、犯罪者や非行少年の就労の確保についても、本来、ごく一部の善意の篤志家の手によってではなく、経済界全体の協力と支援によって支えられるべきものと思われます。そうであるとすれば、事業者団体は、犯罪者等の就労支援が重要であるとの考えを傘下の事業者に浸透させることに協力するとともに、自らは犯罪者等を雇用できない大企業その他の企業は、資金面で協力することとし、その資金を利用して実際に犯罪者等の雇用に協力する事業者の数を増やすとともに、それら事業者が犯罪者等へ支払う給与等について助成するなどのスキームが必要であると考えます。そのようなスキームを可能にする組織として、我々は、NPO 法人全国就労支援事業者機構を設立しようとするものであります。……後略。」

このように述べた後で、「治安が社会の発展の基礎であることから、企業としてそのために応分の協力をすることは、企業が果たすべき社会的責任（CSR）の基本でもある」としているのである。

現在、全国就労支援事業者機構の働き掛け等により、地方単位の就労支援事

業者機構（都道府県就労支援事業者機構）が全国50か所に設立され、2010年7月までに、50か所すべてが特定非営利活動法人となっている。

　主な事業内容は、① 刑務所出所者等の雇用に協力する事業者の増加を図る事業、② 求職情報の把握、求人情報の開拓・把握を行って個別の就労を支援する事業、③ 刑務所出所者等を雇用した場合の協力雇用主への給与支払いの助成事業、④ 刑務所出所者等の職場体験学習、セミナー・事業所見学会等への協力事業、⑤ 犯罪予防を図るための世論の啓発および広報事業等を行っている。

　筆者も理事を務める全国就労支援事業者機構では、これらの事業について資金助成を行うなどの支援を行っているのである。

5．協力雇用主の果たすべき役割

　保護観察官が協力雇用主に対象者の雇用を依頼する場合としては、対象者が公共職業安定所等を通して求職活動をしているが、なかなか適当な職が見つからない場合や、対象者を働かせること自体に教育的効果を期待するような場合、つまり、対象者に社会性を身に着けさせることが必要であり、他者との共存の必要性を認識させるような場合には、保護観察官は協力雇用主に雇用を依頼することになるのである。

　対象者の中には、せっかく協力雇用主のもとで働くことができるようになっても、長続きせずに仕事に行かなくなったり、やめてしまう場合も多く、協力雇用主や周りの人に迷惑をかけてしまう場合もあるようであるが、そのようなリスクを承知した上で、対象者を雇用してくれているのが協力雇用主であり、協力雇用主は、職場の提供のみではなく、保護観察処遇の場としての機能、さらには地域社会における更生保護思想の普及といった観点からも、更生保護制度にとってなくてはならない存在であると言えよう。

　ここで実際の協力雇用主がどのような役割を果たしているかを鹿児島で製茶業を営んでいる「協力雇用主へのインタビュー記事」から紹介してみよう。

　「彼が私を訪ねてきたとき、確か少年院を出てきたばかりでした。私は自分

の会社で彼を雇うことを決めたわけですが、農作業中心のきつい仕事にたえられるだろうかという不安がありました。また、彼の母親にも会いましたが、息子に対するしつけの問題があるなあと思ったものです。実際、働きはじめてから2～3か月の間、彼が何度私に嘘をついたことでしょう。以前の不良仲間との交友も再熱し、誘いに逆らえず深夜徘徊をするようになりました。無断欠勤も2～3回あったでしょうか。そのうちついに、警察に事情を聴かれるという事態にまでなってしまったのです。私が彼に愛想を尽かし、解雇することは簡単でしたが、生活は乱れていたものの、仕事に対する姿勢は大変真面目で、人がいやがる仕事も一生懸命にこなします。私の度々の説教も、じっとこらえて聞いています。私はこの子を信じてみようかと思いました。

　ある日、彼を誉めたことがあります。『一生懸命やってくれるなあ。』というと、彼から『少年院で教えてもらいました。』と予期せぬ答えが返ってきました。それまで、『少年院出身で不安だ。』と正直思っていましたが、『彼は少年院で大切な事を学んできたのだ。』と私は初めて気づきました。

　指導する際のコツですか？そんなものはありません。まっとうな常識のある社会人になってほしいだけです。私は彼の良いところを求めつつも、親のような気持ちで『自分の行動が将来引き起こす結果を考えるようにしなさい。』と繰り返し教えました。彼に自分を制する心が育ってくれればという一心です。……中略。」

　説明は要らないであろう。ここに、協力雇用主の真の姿があるのである。

6．おわりに

　最近、都道府県就労支援事業者機構の立ち上げと並行して、地方自治体としての就労支援に向けた動きがみられるようになった。たとえば、山形県においては、2009年度から、栃木県においては2010年7月から、保護観察対象者等に対する就労支援を地域貢献実績として評価する方式が導入された。

　建設工事の入札総合評価において、山形県では、保護観察所に協力雇用主として登録し、過去2年間に、「事業所見学会や職場体験講習を実施した場合」

および「保護観察または更生緊急保護（刑終了者や起訴猶予者等）の対象者を雇用している場合」を加点対象とし、栃木県では、NPO法人栃木県就労支援事業者機構へ会員登録している者が、「評価基準日1年以内に保護観察対象者または更生緊急保護対象者を3か月以上継続して雇用した実績」を加点対象としている。

　同様の制度は、岩手県、宮城県、群馬県、兵庫県、広島県、山口県、宮崎県、鹿児島県等においても実現され、全国的な広がりを見せているのである。また、大阪府の吹田市においては、保護観察対象者とその終了者を最大2人臨時職員として採用する制度を実施している。15歳以上の住民を6か月から1年間、事務作業の補助職員として雇用し、無断欠席などがなければ「勤勉証明書」を交付するなどしてその後の就労を後押しする政策を展開している。静岡県の掛川市や大阪市等（東大阪市、枚方市、八尾市、松原市）の市においても、同様の制度がある。

　法務省も2013年5月、保護観察中の未成年者1人を非常勤職員として採用したのをはじめ、2014年度からは、刑務所の出所者を雇った建設業者を公共事業の入札で優遇する制度を開始する。刑務所職員宿舎や地方の法務局庁舎の建設工事（3億円未満）で、入札時からさかのぼって1年以内に、3か月以上続けて出所者を雇用した企業を優遇する制度である。入札価格や工事の受注実績、施行技術などを総合的に考慮して落札企業を決める「総合評価落札方式」の入札が対象で、雇用実績に応じてポイントを加算して有利に扱うことになるのである。

　現在の刑事政策の最重要課題が再犯防止にあり、再犯防止の最善策が就労支援にあることを念頭に置いた施策である。協力雇用主だけでなく、国民一人ひとりが犯罪者の再社会化、すなわち、再挑戦可能な社会の実現のために、意識変革をしてほしいと思うのは、筆者一人であろうか。

参考文献

法務省保護局観察課「協力雇用主と更生保護」『更生保護』49巻9号（1998年）

6-12 頁。

NPO 法人全国就労支援事業者機構「NPO 法人全国就労支援事業者機構の設立と今後の展開」『更生保護』60 巻 5 号（2009 年）22-25 頁。

「全国就労支援事業者機構ニュース」4 号（2010 年 10 月）、6 号（2012 年 7 月）、7 号（2012 年 10 月）。

11　更生保護女性会って知ってますか

1．更生保護女性会の歴史的推移

　ここで紹介する更生保護女性会とは、女性の立場から、地域社会の犯罪や非行の未然防止のための啓発活動を行うとともに、青少年の健全な育成に努め、犯罪者や非行少年の更生に協力することを目的とする女性の民間団体である。そして、その主な活動としては、更生保護思想の普及、犯罪予防、保護観察対象者等に対する援助・激励、保護司・BBS 会等に対する協力等が挙げられる。

　この更生保護女性会は、戦前、少年保護婦人会等の名称で少年保護の活動を行うものとして、婦人少年保護司等により組織されていた団体である。1949年に犯罪者予防更生法が施行された後、更生保護機関、保護司会等の支援の下に更生保護女性会の名称で組織化が行われ、漸次、市町村等の地域を単位に地区会が組織されるとともに、県単位、地方ブロック単位の組織化が進み、1964年には、その全国組織である全国更生保護婦人協議会が結成され、1969 年に「全国更生保護婦人連盟」と改称され、さらに 2003 年の「第 40 回記念全国更生保護婦人の集い」において、全国更生保護婦人連盟が「日本更生保護女性連盟」と改称された。

　このように、女性の民間ボランティア団体である更生保護女性会は、戦後急速に組織化が進められたわけであるが、歴史を繙いてみれば、女性の視点による更生保護への参加ということが、それ以前にはまったく行われていなかったというわけではないようである。

　明治の初期、福祉的な視点から少年保護の問題に取り組んだ女性の先駆者として、1883 年に我が国最初の感化院（不良少年の保護・教化を目的として設けられた施設、現在の児童自立支援施設の前身）を大阪に独力で創設し、不良少年等に対する精神修養・授産事業を熱心に進めたとされる池上雪枝、日本 YWCA の初

代総幹事を勤め、その後、1920 年からは出獄人保護事業等を行い、受刑者の教誨とその出獄後の保護に尽力されたキャロライン・マクドナルド（A. Caroline Macdonald）、婦人釈放者保護のために設立された富山養得園婦人部の幹事長を務め、婦人釈放者を保護するとともに、更生保護施設の後援にも尽力した浅田ウタ、及び 1912 年に自坊内に保護場を設立し免囚保護事業を行った東京興仁会の梅本龍海師の夫人で、35 歳の若さでこの世を去った梅本たけ等更生保護史にその名を残す女性はいるようであり、いずれも更生保護女性会活動の源流とみなすことができそうである。

　そしてまた、こうした女性たちの先駆的活動のほかにも、女性たちによって結成された先駆的組織として、東京女囚携帯乳児保育会、少年保護婦人協会等のボランティア組織が存在する。

　東京女囚携帯乳児保育会は、女囚（女性受刑者）に対して満 1 歳になるまで「携帯」という名目で刑務所内で乳児を養育することを許していた「携帯乳児」を保護することを目的として、1902 年に創設された組織であり、当時、板垣退助らを顧問に、また、板垣絹子（板垣退助夫人）を会長として迎えていた。当時の監獄則には「在監ノ婦女其子ヲ乳養セント請フトキハ其齢一歳ニ至ル迄之ヲ許スコトヲ得（旧字体を新字体に改めた）」と規定していたが、この保育会は、当時の東京監獄及び八王子分監の女囚携帯乳児を引き取り、女囚が刑期を終了するまで、あるいは児童が満 7 歳に達するまで養育をしたとのことである。

　初期の頃は保育者として保母を雇い入れるという方法を用い、後には里預けの方法により、東京及び神奈川の農家に託し、医師を巡回させて周到な保育を心がけていたと伝えられている。東京女囚携帯乳児保育会は、1917 年に貧困家庭の子女の教育・保護等を目的として設立された財団法人大日本婦人慈善会に、1919 年に合併され、同慈善会の女囚携帯乳児保育部として活動するようになったということである。

　以前、日本更生保護協会に所属していた安形静男によれば、東京女囚携帯乳児保育会は、犯罪対策の分野において、女性によって福祉の視点から組織され

た最初のボランティア活動の団体であり、基本的には行刑に関わる組織とみなされるであろうが、その活動は施設外において行われ、その基本的精神等からも、今日の更生保護女性会の源流をなすものであると位置付けている。

少年保護又は更生保護の名を冠した、女性による活動組織の嚆矢は、1925年に創設され、1937年に財団法人となった少年保護婦人協会である。1923年1月に旧少年法が施行され、非行をした少年を審判し、その保護処分を行う機関として、東京少年審判所が九段に設置された。当時の有識階層に属する女性がこの少年審判所を見学したのがきっかけとなり、非行に陥った少年のための少年保護事業の後援を計画したのがその始まりとされている。事業としては、少年相談所を開設し、講演会や研修会等を開催し、施設見学や少年保護団体の訪問を行い、さらには非行をした女子少年を直接収容保護する少年保護団体「娘の家」を設立したことが挙げられる。

この「娘の家」は、第二次世界大戦の末期に事業を休止していたが、戦後、「ボランティアは犯罪者の更生保護という重要な責任ある任務を果たすべきではない」というGHQの方針により、解散させられることとなり、女子少年院に転換した。この女子少年院こそが、現在、東京都狛江市にある愛光女子学園の前身である。

少年保護婦人協会の設立以降、神戸少年保護婦人後援会、明石少年保護婦人後援会、京都少年保護婦人協会、姫路少年保護婦人後援会、福岡少年保護婦人会等が、1930年代から1940年代の中期にかけて相次いで設立されている。この他、女性の少年保護司の会として、1935年には、東京に白菊会、1938年には、大阪に竹蘭会がそれぞれ設立されているが、これらは親睦会的なものであったようである。

戦後に至り、1949年に犯罪者予防更生法が制定されると、県組織の結成が相次ぐようになった。1954年には全国更生保護女性会代表者会議が開催されるとともに、1960年代中葉までに、県単位の組織、地方連盟組織が結成されることとなり、全国更生保護婦人連盟へと発展していくことになるのである。

2．更生保護女性会の活動の現状

　このような歴史的発展を遂げてきた更生保護女性会は、その趣旨に賛同する女性であれば誰でも参加できることになっている。特別な資格はなく、求められるのはボランティアとしての自主性・自立性であり、地域に開かれた組織である。更生保護女性会の地区会数は、1958年には428であったが、その後増加傾向にあり、1978年には1,000を超える地区会が組織されている。会員数については、1958年には30万4,747人を数え、1966年には59万人（地域婦人会の会員がそのまま更生保護女性会員を兼ねていた地方があったことによる）を突破してピークを迎えるが、その後減少傾向を示し（1973年に連盟の会費が会員1人あたり1円であったものが10円に値上げされたことによる）、一時は17万人程度にまで減少していた。その後、再び増加に転じたが、2003年以降減少を続け、2012年4月現在では、地区会数は1,313、会員数は17万9,575人となっている。

　更生保護女性会の活動としては、更生保護への協力を目標に掲げており、その内容は、①地域から犯罪や非行をなくすための活動、②矯正・更生保護施設への協力・支援活動、③保護司活動に対する協力活動の3分野に大別される。そして、その具体的方法としては、①研究協議活動、②更生保護思想の普及活動、③犯罪予防活動、④矯正保護関係の施設や団体に対する協力・援助活動の4つが挙げられるが、実際には、毎年7月に行われる「社会を明るくする運動」に参加することが、その活動の主たるものである。また、矯正施設や更生保護施設への慰問、物質的援助活動（更生保護施設への給食奉仕活動）等も行われている。

　こうした更生保護女性会の活動の特色としては、①犯罪者や非行者の更生保護を、直接的・間接的に図ることを主要な活動としていること、②女性の立場、特に母親としての立場から行う活動であること、③活動は、会員が単独で行う更生保護活動もあるが、団体として組織力を生かした活動を行うことが多いこと、④会員の活動を通じて犯罪や非行の防止に関する地域住民の関心を高める機能を果たすこと、⑤自発的な奉仕活動として、会員は、この活

動のために時間や労力、特技、金品を無償で提供すること等であると言われている。

また、① 地域活動を活動の基盤に据えていること、② 地域特性に沿った柔軟性のある活動であること、③ 活動と研修・自己研鑽が常に平行していること、④ 活動資金の造成が必須であること等もその活動の特性と考えられている。

こうした従来の活動に加えて、近年では、非行防止活動の一環として、地域で少人数の集会を持ち、非行や有害環境の浄化等について話し合う「ミニ集会」が実施され、また、育児ノイローゼによる無理心中や児童虐待を防止するために、若い母親の子育てを支援する「子育て支援活動」等も実施されている。また、最近では、短期保護観察中の少年に対する課題指導の1つとして、1994年9月に導入された「社会参加活動」に、保護司、BBS会員らとともに参加する等の協力活動が行われている。そして、「おふくろの味」を届けたいという思いから出発した「更生保護施設サポート活動」が、お花を定期的に挿しに行く等の活動に拡大した現在でも、地道に行われていることは言うまでもない。

3．更生保護女性会の将来の課題

更生保護女性会の活動は、その対象となる少年、家庭、地域社会の問題が多様化すればするほど、それだけまた、そのニーズが広がるという側面を持つ。そうしたことも関係してか、最近では、更生保護女性会は、本来の目的である更生保護行政の協力者として、その守備範囲を限定すべきであるとか、活動目標と実践との間に幾分かの離齬が見られることから、更生保護女性会の地域社会における存在意義そのものを問い直す時期にきているのではないか、との問題点の指摘が見られる。

もちろん、これは言わずもがなのことではあるが、「更生保護」女性会であるから、「更生保護」に基軸を据えるのは当然であり、犯罪や非行の予防活動に従事するのが本来の姿であると言えよう。更生保護女性会綱領の中に、「私

たちは、更生保護の心を広め、次代を担う青少年の健全な育成に努めるとともに、関係団体と連携しつつ、過ちに陥った人たちの更生のための支えとなります」と定められているのも、その趣旨からであろうと思う。

　しかしながら、更生保護女性会が、地域に根ざした組織として、地域の支援を受けながら活動を進めていくためには、地域の他の関係機関・団体の活動にも参加し、地域ネットワークの中に自らを位置付け、積極的に関わっていくことが必要であろう。金平輝子元会長が「真に更生保護の土壌を地域に根づかせるためには、やはり地域の諸課題に積極的にかかわっていかなければならないのである。もちろん、地域にかかわるとは、問題解決に止まらず、地域創造に参画することである。すでに、地区で積極的取り組みもはじまっているが、私は、地域社会への貢献を今後の更婦の課題と考えている」とするのも、そうした意味合いからの発言であろう。

　いずれにせよ、更生保護女性会の今後の課題は、現有する約18万人の人材をどう活用するかということであろう。地域社会の多様なニーズに対応して活動を展開していくためには、創意と工夫が必要であることは言うまでもない。地域社会の教育力を高めるためにも、更生保護女性会に期待されるところは大である。まずは組織としての運営の充実を図り、会員の役割と責任の分担をはっきりさせることが肝要であろう。会員の一人ひとりが、自分にできることを、社会奉仕の精神でもって、肩膝をはらずに地道に実行することが求められるであろう。更生保護法が施行されてから5年という節目の現時点において、もう一度こうした原点に返って考えてみることも必要なのではなかろうか。

参考文献

特集　更生保護婦人会活動『更生保護』49巻5号（1998年）。

全国更生保護婦人連盟編『子育て支援地域活動事例集 広がる子育て交流』全国更生保護婦人連盟（1999年）。

更生保護60年史編集委員会『更生保護60年史 地域社会に生きる更生保護』共同印刷（2010年）97-102頁。

12 更生保護における犯罪被害者等施策

1. はじめに

　更生保護は、犯罪者処遇の流れである、警察段階、検察段階、裁判段階、矯正段階、更生保護段階という刑事司法プロセスの一翼を担うものであり、実社会の中で通常の生活を営ませながら犯罪者の処遇が行われることから、矯正段階、つまり、刑事施設における処遇を「施設内処遇」と呼ぶこととの対比において、「社会内処遇」と呼ばれている。

　したがって、これまでの更生保護は、保護観察者等に対する社会復帰に力を注ぎ、加害者の生活基盤の確保や生活設計に重点が置かれ、被害者への対応は必ずしも充分でなかったところがある。そうかといって、被害者への対応を無視してきたわけではない。たとえば、仮釈放審理及び恩赦上申において、被害者等調査を実施しており、また、被害者等（犯罪被害者やその家族・遺族）からの要望があった場合には、処遇を担当する保護観察官が個別に対応しており、被害弁償の意思を有する加害者に対しては、贖罪指導プログラムが実施されていたのである。しかしながら、更生保護は、本来、犯罪者処遇をその任務とするところから、被害者の話を聞くことによって、加害者への対応に変化をもたらすおそれがあるのではないかという懸念が存在していたことも確かである。

2. 犯罪被害者等施策実施までの歩み

　ところで、犯罪被害者等に対する施策の歩みであるが、1974 年 8 月に発生した三菱重工ビル爆破事件を契機として、我が国の犯罪被害者等施策がその第一歩を踏み出すことになる。1980 年には「犯罪被害者等給付金支給法」が制定され、1981 年 1 月 1 日に施行された。その後、犯罪被害者のおかれた悲惨な状況が広く社会に認識されるようになり、警察においても、1996 年に、「被

害者対策要綱」及び「被害者連絡実施要綱」が制定され、検察においては、1999年、「被害者等通知制度」が実施されることとなった。また、2000年には、「犯罪被害者保護二法」も制定されている。

しかしながら、刑事政策の進展により、加害者への処遇が充実されるに従い、被害者は、自分に何ら落ち度がないにもかかわらず被害に遭い、加害者よりも過酷な状況におかれていることが認識されるに及び、被害者支援の動きが徐々に高まっていった。

2003年から翌2004年にかけて、犯罪被害者団体が、犯罪被害者等のための刑事司法、訴訟参加等の実現を目指して街頭署名活動を行い、合計55万7,215名の署名を集めるに至った。こうした結果を受けて、2004年には、犯罪被害者等に対する施策の基本理念を明らかにし、官民が連携して施策を総合的かつ計画的に推進することを定めた「犯罪被害者等基本法」が成立し、同法に基づき、2005年には、国及び地方公共団体等が検討・実施すべき具体的な施策を盛り込んだ「犯罪被害者等基本計画」が閣議決定されたのである。

3．更生保護における犯罪被害者等施策

2004年に制定された「犯罪被害者等基本法」においては、「犯罪被害者等のための施策は、犯罪被害者等が、被害を受けたときから再び平穏な生活を営むことができるようになるまでの間、必要な支援等を途切れることなく受けることができるよう、講ぜられるものとする」（基本法第3条第3項）といった基本理念が盛り込まれたほか、被害者等からも、仮釈放等審理における被害者等の意見の反映や保護観察処遇における情報の提供など、加害者の処遇段階における被害者等のための具体的な制度の創設を求める声が高まっていた。こうした事態を踏まえて、2005年に策定された「犯罪被害者等基本計画」の中に、意見等聴取制度や心情等伝達制度など更生保護において行う被害者等施策の骨格が明らかにされたのである。そして、2007年6月には、「更生保護法」が公布され、同年12月には、更生保護における犯罪被害者等施策が本格的に開始されるに至った。

更生保護における犯罪被害者等施策は、① 仮釈放・仮退院審理に対する意見等聴取、② 保護観察中の加害者に対する心情伝達、③ 加害者の処遇に関する情報の通知、④ 相談・支援の4つの施策からなっている。これらの4つの施策は、いずれも犯罪被害者等基本計画において検討・実施することとされていたものであることは言うまでもない。そして、これらの制度を実施するに当たり導入されたのが、「被害者担当官」と「被害者担当保護司」の制度である。

加害者を担当する保護観察官や保護司が被害者等の支援業務を行うことになれば、加害者の処遇と被害者の支援との間で役割葛藤を生じさせるおそれがあり、また、被害者を利用して加害者の改善更生を図ろうとしているという批判がでてくる可能性もあることから、加害者処遇と被害者支援の担当者を分けることにしたのである。これにより、被害者等を主体とする支援や権利擁護が実現可能となった。結果として、保護局では、各保護観察所の保護観察官のうち1名以上を「被害者担当官」に指名し、被害者等支援の業務に専従させ、「被害者担当保護司」も、各保護観察所に原則として男女1名ずつ配置することとし、保護観察等の事案は担当せず、心情等聴取等一部の業務を除く被害者等支援の業務を担当させることとしたのである。

(1) 意見等聴取制度

意見等聴取制度は、更生保護法第38条及び第42条に基づき、加害者の仮釈放等（少年院からの仮退院を含む。）の審理において、被害者等が、地方更生保護委員会に対して、仮釈放等に関する意見や被害に関する心情を述べる制度である。

被害者等が意見等を述べる方法には、地方更生保護委員会において口頭で述べる方法や、意見等を記入した書面を地方更生保護委員会に送付する方法がある。もちろん、被害者等が本制度を利用できる期間は、加害者の仮釈放等審理が行われている期間中である。聴取された意見等は、仮釈放等審理に反映されるほか、特別遵守事項の設定等の参考とされる。例えば、被害者等との接近禁止や専門的処遇プログラムを受講することなどが特別遵守事項の設定に当たって考慮されるほか、慰謝や被害弁償は、仮釈放等中の保護観察実施上の参考事

102 第1部　我が国における刑事政策

項として設定することができるのである。

　本制度は、被害者等が刑事司法手続に参加できるという意義のほか、その心情等を加害者に伝えたいという被害者等の希望に配慮することができるとともに、被害者等の心情を加害者に認識させることにより、加害者の改善更生、社会復帰に資することもできるのである。

　(2)　心情等伝達制度

　心情等伝達制度は、更生保護法第65条の規定により、被害者等が、保護観察所を介して、犯罪に関する心情等（被害に関する心情、被害者等のおかれている状況、保護観察中の加害者の生活・行動に関する意見等）を伝達できる制度である。

　本制度は、被害に関する心情等を加害者に伝えたいという被害者等の希望に配慮するとともに、保護観察中の加害者に、被害者等の心情等を認識させることにより、自分の犯した罪を直視させ、反省及び悔悟の情を深めさせるところに意義があるとされている。

　心情等を述べる方法には、保護観察所において口頭で述べる方法や、心情等を記入した書面を保護観察所に送付する方法等がある。心情等を聴取するのは、加害者の保護観察を行っている保護観察所又は被害者等が居住する地域の保護観察所である。

　加害者への伝達は、加害者に対する保護観察を行っている保護観察所の保護観察官が、保護観察対象者に対し、心情等が記載された書面を読み上げることによって行われる。

　この施策により、間接的にではあるが、被害者と加害者との対話の機会が与えられたことを考えると、現在、その導入可能性が議論されている「修復的司法」（Restorative Justice）への筋道が見えてきたようにも思われるのである。

　(3)　被害者等通知制度

　被害者等通知制度は、通知を希望する被害者等に対して、加害者に関する情報を通知する制度であり、検察庁、刑事施設、少年院、地方更生保護委員会、保護観察所等が協力して実施している。

　検察庁は、1999年から、事件の処分結果や刑事裁判の結果について、通知

を希望する被害者等に対して、全国統一基準の下で被害者等通知制度を実施しており、結果として、被害者は、捜査から裁判確定までの刑事手続の進捗状況や被疑者、被告人の処分等について、一定の範囲ではあるが情報が得られるようになったのである。

2007年には、これに加え、検察庁、刑事施設、少年院、地方更生保護委員会、保護観察所等が連携して、通知を希望する被害者等に対して、受刑中の処遇状況、少年院における教育状況、保護観察中の処遇状況、仮釈放審理に関する事項等を通知することになった。これは、1999年の「被害者等通知制度」を拡充したものである。

被害者への通知は、刑事施設及び矯正施設を除き、それぞれの情報を有している機関が被害者に直接通知するのであるが、概して、刑事裁判終了後に係るすべての情報は検察庁で、保護処分のうち少年院送致に係るものは少年鑑別所、保護観察決定に係るものは保護観察所で行っているようである。

また、被害者等が一度通知希望を申し出ると、通常、その時点以降の通知は申し出るまでもなく、順次通知がもたらされるようである。例えば、実刑の裁判が確定したときに通知希望を申し出た場合、刑の執行終了予定時期や受刑中の処遇状況に関する事項が通知され、仮釈放審理が始まると、仮釈放審理の開始及び結果に関する事項が通知され、その後、加害者が釈放されると、釈放に関する事項、保護観察の開始に関する事項、保護観察中の処遇状況に関する事項等が順次通知され、保護観察が終了すると、当該終了に関する事項等が通知される。

(4) 相談・支援

相談・支援とは、刑事裁判や少年審判終了後の被害者等からの相談に応じ、悩み、不安等を傾聴し、その軽減又は解消を図るとともに、各種機関・団体を紹介し、又は連絡若しくは相談を補助する制度である。第一義的には問い合わせに対応しているようであるが、被害者等からの相談は、更生保護官署への電話や来庁によることが多いようである。手続は不要で、他の制度のように被害者性の特定等も不要である。

制度の説明等は地方更生保護委員会、保護観察所のいずれもが対応するが、悩み等の聴取や関係機関の紹介等については、原則として、相談する犯罪被害者等の居住する地域の保護観察所が対応することになっている。そして、保護観察所においては、原則として、被害者担当官又は被害者担当保護司が対応しているようである。

また、関係機関への紹介等を適切に行うために、更生保護官署が行う施策の説明や関係機関が行う犯罪被害者等支援の内容に関する情報収集を積極的に行うなどして、犯罪被害者等支援に係る関係機関等との連携を密にすることに努めているようである。

この相談・支援の利点は、被害者等に対して、被害の程度や加害者の処分等で分け隔てなく対応する体制を敷いたという点と、加害者の状態に関係がないため、いつでも相談できるという点にあると言えるであろう。

4．今後の検討課題

2011年3月25日、政府は被害者等への支援をまとめた第2次犯罪被害者等基本計画を閣議決定した。これは2005年12月27日に閣議決定された「犯罪被害者等基本計画」（第1次基本計画）の計画期間が2010年末で終了したからである。第1次基本計画で掲げられた258施策は、すべて期間内に実現している。今回の第2次基本計画は、2011年度以降の5年間を期間とするものであり、第1次基本計画と同様、4つの基本方針と5つの重点課題が掲げられている。5つの重点課題は、(1)損害回復・経済的支援等への取組、(2)精神的・身体的被害の回復・防止への取組、(3)刑事手続への関与拡充への取組、(4)支援等のための体制整備への取組、(5)国民の理解の増進と配慮・協力の確保への取組である。

これら重点課題の中で、更生保護における犯罪被害者等施策に関するものとしては、(2)精神的・身体的被害の回復・防止への取組の中では、「安全の確保（基本法第15条関係）」に関して、① 加害者に関する情報提供の拡充、② 判決確定・保護処分決定後の加害者に関する情報提供拡充の検討及び施策の実施、

③ 被害者等に関する情報の保護、④ 再被害防止に資する教育の実施等がある。「保護・捜査・公判等の過程における配慮等（基本法第 19 条関係）」に関しては、関係機関職員等に対する研修が挙げられよう。

　⑶刑事手続への関与拡充への取組の中では、「刑事に関する手続への参加の機会を拡充するための制度の整備等（基本法第 18 条関係）」に関して、仮釈放等審理における意見陳述に資する情報提供の拡大についての検討及び施策の実施等がある。

　⑷支援等のための体制整備への取組に関しては、「相談及び情報の提供等（基本法第 11 条関係）」に関して、地方公共団体における総合的対策窓口の設置促進が挙げられる。

　これらが今後の検討課題であると言えよう。

参考文献

奥村正雄「視点　第 2 次犯罪被害者等基本計画の意義と課題」『ジュリスト』1424号（2011 年）2-7 頁。

全国社会福祉協議会、社会福祉学習双書編集委員会編『社会福祉士学習双書 2011第 13 巻　法学　権利擁護と成年後見制度、更生保護制度』全国社会福祉協議会（2011 年）233-235 頁。

法務省保護局編『わかりやすい更生保護　更生保護便覧 '09』日本更生保護協会（2009 年）104-110 頁。

日本更生保護協会編『被害者担当保護司　サポートブック』日本更生保護協会（2011 年）。

日本更生保護協会編『平成 21 年度犯罪被害者等への対応に関する保護司研修—被害者担当保護司研修—　資料集』日本更生保護協会（2010 年）。

法務省保護局編『更生保護における犯罪被害者等施策の事務の手引』法務省保護局（2009 年）。

松本勝編著『更生保護入門』成文堂（2009 年）158-166 頁。

第2部　アメリカにおける刑事政策

1 薬物使用と健康に関する全米調査

1. はじめに

　ここで紹介する薬物使用と健康に関する全米調査は、2009 年 9 月に行われたものであり、全体で 304 頁に及ぶ膨大な内容のものである。そこで、以下においては、青少年の薬物乱用に関する調査結果の一部だけではあるが、その主なものを拾い集めて紹介してみたいと思う。まず、本書の読者の方々には、アメリカの調査結果があまりにも深刻な内容のものであるがゆえに、我が国の現状と対比できないことに留意してほしいと思う。

2. 薬物使用と健康に関する全米調査の概要

　「薬物使用と健康に関する全米調査」(National Survey on Drug Use and Health : NSDUH) では、違法薬物の使用に関する 9 つのカテゴリー、すなわち、マリファナ、コカイン、ヘロイン、幻覚剤、吸入剤の使用、そして処方薬形態である鎮痛剤、精神安定剤、興奮剤、鎮静剤の非医療的な使用についての情報を入手している。これらのカテゴリーにおいて、ハシシはマリファナに包含され、クラックはコカインの一形態と考えられている。LSD、PCP、ペヨーテ、メスカリン、シロサイビン・マッシュルーム、エクスタシー (MDMA) を含むいくつかの薬物は、幻覚剤のカテゴリーのもとに分類されている。吸入剤は、亜酸化窒素、亜硝酸アミル、洗浄剤、ガソリン、塗料スプレー、その他のエアゾールスプレー、接着剤のような様々な物質を含んでいる。処方薬形態の薬物 (鎮痛剤、精神安定剤、興奮剤、鎮静剤) は、処方箋によって利用可能な多数の医薬品を含むものである。それらの薬物は、また、興奮剤のもとに分類されるメタンフェタミンのように、当初は処方箋医薬品であったが、現在では違法に製造され流通している可能性がある薬物を含んでいる。

110　第2部　アメリカにおける刑事政策

　回答者は、これらの薬物については、「処方箋なしで使用すること」と定義されている「非医療的な」使用のみを報告すること、また単に、その薬物がもたらした経験や感情を報告することが要求されている。処方箋なしで販売可能な薬物の使用や、処方箋薬物の合法的使用は含まれない。NSDUH は、4 つの処方薬形態の薬物グループを、「心理療法薬物」と呼んでいる。

　NSDUH によって報告された「違法薬物の使用」の統計は、上に列挙した 9 つの薬物カテゴリーのうちのいずれかの薬物の使用に関するものである。アルコールとたばこの使用は、青少年にとっては違法であるが、これらの統計には含まれていない。

　また、この全米調査においては、処方薬形態の心理療法薬物と処方薬の興奮剤の統計を包含しているが、その統計においては、2005 年に NSDUH で調査が開始され、その際に付け加えられた調査事項から得られた情報に基づく、メタンフェタミンの使用に関するデータも包含されている。そして、これらの事項についてはデータが集計されなかった初期の年代の薬物調査についての統計は、現在の統計と比較できるように調整されている。

　今回の全米調査によると、2008 年において、2,010 万人の 12 歳以上のアメリカ人が、ここ 1 か月の間において違法薬物を使用しており、それは、調査対象者が調査インタビュー前の 1 か月の間に、違法薬物を使用したことを意味するものである（図表 2）。ちなみに、この統計は 12 歳以上の人口の 8.0％であることを意味している。

　2008 年における 12 歳以上の者の間で違法薬物を使用している全体的な割合（8.0％）は、2007 年における割合と同様であり、2002 年（8.3％）から一定の数値を保っている（図表 3）。

　マリファナは、最も一般的に用いられている違法薬物である（ここ 1 か月の使用者は、1,500 万人である。）。2008 年では、マリファナは現時点で違法薬物を使用している者の 75.7％によって用いられており、それらのうちで 57.3％はマリファナを唯一の薬物として用いている。マリファナ以外の違法薬物は、12 歳以上の違法薬物使用者の 860 万人、すなわち 42.7％の者によって用いられて

図表 2　2008 年において 12 歳以上の者が、ここ 1 か月の間に、違法薬物を使用した人数

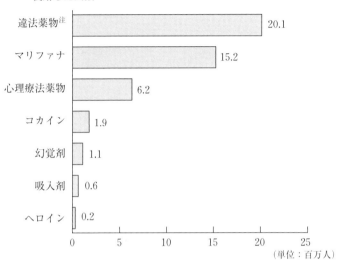

注：違法薬物には、マリファナ／ハシシ、コカイン（クラックを含む。）、幻覚剤、吸入剤、処方薬形態の心理療法薬物の非医療的使用を含む。

図表 3　2002 年から 2008 年までの間に 12 歳以上の者が、ここ 1 か月の間に、特定違法薬物を使用した割合

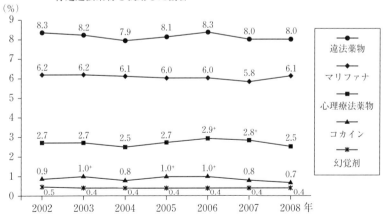

注：＋の付いているものは、この統計と 2008 年の統計との間に統計的に 0.5 レベルの有意差がある。

いる。マリファナ以外の他の薬物の現時点での使用は、違法薬物使用者の24.3％と報告されており、18.4％の者はマリファナとその他の薬物を両方使用している。

　12歳以上の者のうち、2008年に、ここ1か月の間にマリファナを使用した者の全体の割合（6.1％）は、2007年の割合やそれ以前の年代の割合と近似しており、2004年の数値に戻っている（図表3）。

　また、12歳以上の860万人（3.4％）が、2008年においてマリファナ以外の違法薬物を現時点で使用している者である。これらの大多数の者（620万人、すなわち人口の2.5％）は、心理療法薬物を非医療的に用いていた。また、470万人が、2008年に、ここ1か月の間に非医療的に鎮痛剤を用いており、180万人が精神安定剤を、90万4,000人が興奮剤を、23万4,000人が鎮静剤を用いている。

　2008年において、現時点で心理療法薬物を非医療的に使用している者の数と割合（620万人、2.5％）は、2007年における数と割合（690万人、2.8％）よりも低かった（図表3）。2007年（2.1％）から2008年（1.9％）にかけての鎮痛剤使用者の割合の減少は、統計的にそれほど多くはないが、一定程度、心理療法薬物を現時点で使用している者の低い割合に寄与している（図表4）。

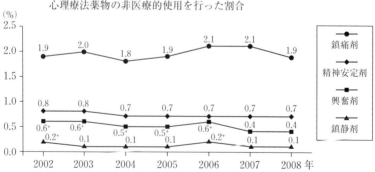

図表4　2002年から2008年までの間に12歳以上の者が、ここ1か月の間に、心理療法薬物の非医療的使用を行った割合

注：＋の付いているものは、この統計と2008年の統計との間に統計的に0.5レベルの有意差がある。

ここ 1 か月の間にメタンフェタミンを使用した者の数は、2006 年から 2008 年にかけて半数以上減少している。その数は、2006 年では 73 万 1,000 人、2007 年では 52 万 9,000 人、2008 年では 31 万 4,000 人であった。

2008 年に、ここ 1 か月の間にコカインを使用した 12 歳以上の者の数と割合の統計（190 万人、人口の 0.7％）は、2007 年の統計（210 万人、人口の 0.8％）と 2002 年の統計（200 万人、人口の 0.9％）と近似している。しかしながら、2008 年のここ 1 か月のクラックの使用者の数と割合（35 万 9,000 人、人口の 0.1％）は、2007 年のここ 1 か月のクラックの使用者の数と割合（61 万人、人口の 0.2％）よりも低く、2004 年を除くその他の年はすべて、2002 年の数値に戻っている。

幻覚剤は、2008 年では、12 歳以上の者の 110 万人（人口の 0.4％）によって、ここ 1 か月の間に使用されており、それにはエクスタシーを用いた 55 万 5,000 人（人口の 0.2％）が含まれている。これらの統計は、2007 年の数値と近似している。

2007 年から 2008 年にかけての現時点での LSD の使用は一定しているようであるが、LSD のここ 1 年の間の使用は、62 万人から 80 万 2,000 人まで増大しており、これは 2003 年、2004 年、2005 年、2007 年の数値よりも高いが、2002 年のここ 1 年間の使用者 99 万 9,000 人よりも低い数値である。

ここ 1 か月における違法薬物の使用の割合は、年齢によって変化している。2008 年における 12 歳から 17 歳までの青少年の間での現時点で違法薬物を使用している割合は、12 歳、13 歳の 3.3％から、14 歳、15 歳の 8.6％、16 歳、17 歳の 15.2％まで増大している（図表 5）。最も高い割合は 18 歳から 20 歳までの者であった（21.5％）。その他の割合は、21 歳から 25 歳については 18.4％、26 歳から 29 歳については 13.0％であった。65 歳以上の割合は 1.0％であった。

2008 年では、26 歳以上の成人は、12 歳から 17 歳までの青少年や 18 歳から 25 歳までの青年よりも、現時点での薬物の使用者となることが少ない傾向にある（それぞれ 5.9％対 9.3％、19.6％）。しかしながら、12 歳から 17 歳までのグループにおける薬物使用者（230 万人）と 18 歳から 25 歳までのグループ（650 万人）を合わせた数よりも、26 歳以上の者（1,130 万人）に多くの薬物使用者が

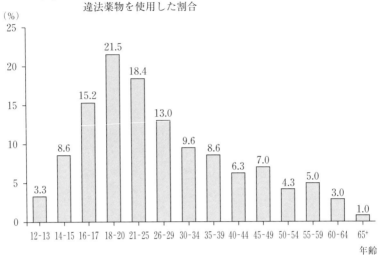

図表5　2008年において、12歳以上の者が、ここ1か月の間に違法薬物を使用した割合

存在しているようである。

　現時点での違法薬物の使用は、12歳から17歳までの青少年、18歳から25歳までの青年、26歳以上の成人の間では一定の数値を保っている。しかしながら、2002年から2008年まで、12歳から17歳までの間での現時点で違法薬物を使用している割合は、11.6％から9.3％まで減少しているのである（図表6）。

　2008年では、12歳から17歳までの青少年の9.3％が、現時点での違法薬物の使用者であった。6.7％がマリファナを、2.9％が処方薬形態の心理療法薬物の非医療的使用にかかわっており、1.1％が吸入剤を、1.0％が幻覚剤を、0.4％がコカインを使用していた。

　12歳から17歳までの青少年の間では、ここ1か月の間での薬物使用の形態は、年齢グループによって変化している。12歳から13歳までの間では、1.5％が処方薬の非医療的使用を、1.2％が吸入剤を、1.0％がマリファナを使用している。14歳から15歳までの間では、マリファナは最も一般的に使用されてい

図表6 2002年から2008年において、12歳から17歳までの青少年が、ここ1か月の間に特定の違法薬物を使用した割合

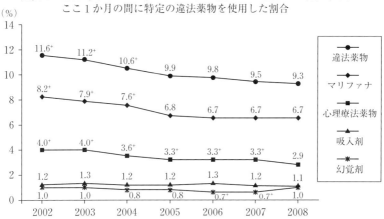

注：＋の付いているものは、この統計と2008年の統計との間に統計的に0.5レベルの有意差がある。

る薬物であり（5.7％）、次いで処方薬の非医療的使用（3.0％）、吸入剤（1.3％）、幻覚剤（1.0％）である。マリファナは、また、16歳から17歳までの青少年の間で最も一般的に使用されている薬物である（12.7％）。マリファナに次いで、処方薬の非医療的使用（4.0％）、幻覚剤（1.6％）、コカイン（0.7％）、吸入剤（0.7％）の順に多く使用されている。

現時点で違法薬物を使用している全体的な割合は、12歳から17歳までの青少年の間では、2007年から2008年にかけて一定しており、幻覚剤と心理療法薬物の非医療的使用を除く、大部分の特定の薬物の割合についても同様である。ここ1か月の間に幻覚剤を使用した割合においては増加がみられ、2007年の0.7％から2008年の1.0％となっており、それは一部分、エクスタシーの使用が0.3％から0.4％に増大したことによるものである。しかしながら、青少年の間の処方薬形態の心理療法薬物の非医療的使用の割合は、2007年の3.3％から2008年の2.9％と減少しており、その多くは鎮痛剤の乱用が2.7％から2.3％と減少したことによるものである。

2002年から2008年にかけて、12歳から17歳までの青少年の間において、

116 第 2 部 アメリカにおける刑事政策

現時点で違法薬物全体を使用している割合と、マリファナ（8.2％から 6.7％）、コカイン（0.6％から 0.4％）、処方薬の非医療的使用（4.0％から 2.9％）、鎮痛剤（3.2％から 2.3％）、興奮剤（0.8％から 0.5％）、メタンフェタミン（0.3％から 0.1％）を含むいくつかの特定の薬物を使用している割合が、かなり減少している（図表 6）。違法薬物全体についての割合は、2002 年では 11.6％、2003 年では 11.2％、2004 年では 10.6％、2005 年では 9.9％、2006 年では 9.8％、2007 年では 9.5％、2008 年では 9.3％である。

　12 歳から 17 歳までの間で、現時点でマリファナを使用している者の割合は、2002 年の 8.2％から 2006 年の 6.7％に減少しており、2007 年と 2008 年においても、同様のレベルにとどまっている。ここ 1 か月の間のマリファナの使用については、2002 年と 2008 年の間においてかなり減少している（20.6％から 16.5％）。

　2008 年において、12 歳から 17 歳までの青少年の間の男子と女子では、現時点での違法薬物（男子 9.5％、女子 9.1％）、コカイン（男子 0.5％、女子 0.3％）、幻覚剤（男子 1.1％、女子 0.8％）、吸入剤（男子 1.1％、女子 1.1％）の使用の割合が近似している。しかしながら、現時点でのマリファナの使用は、青少年女子（6.0％）よりも青少年男子（7.3％）の間でより多くみられる（図表 7）。他方で、12 歳から 17 歳の間の心理療法薬物の非医療的使用は、青少年男子（2.5％）よりも、青少年女子（3.3％）の方が多いようであり、鎮痛剤の非医療的使用についても同様である（男子 2.0％、女子 2.6％）。

　12 歳から 17 歳までの間で、ここ 1 か月の間マリファナを使用している青少年の割合は、2002 年の 9.1％から 2006 年の 6.8％まで減少している（図表 7）。2008 年では、その割合は 7.3％であり、それは 2006 年の割合とそれほど異なるものではないが、2002 年の割合よりも低いものとなっている。青少年女子の間での現時点でのマリファナの使用については、2002 年から 2004 年にかけてはわずかの変化しか生じていないが、その後、その割合は減少し、2008 年の割合（6.0％）は 2002 年の割合（7.2％）よりも低い。

　ここ 1 か月の間におけるパーティーでのアルコールの使用、たばこ、マリフ

1　薬物使用と健康に関する全米調査　117

図表7　2002年から2008年において、12歳から17歳までの青少年が、ここ1か月の間にマリファナを使用した割合（性別）

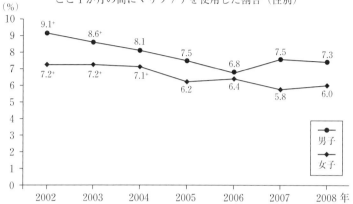

注：+の付いているものは、この統計と2008年の統計との間に統計的に0.5レベルの有意差がある。

ファナの使用を報告した青少年の割合は、これらの物質の使用の重大な危険性を認識していない青少年よりも、これらの物質の使用の重大な危険性を認識している青少年において、低い数値がみられた。たとえば、2008年では、「1週間に1、2回アルコール飲料を5杯以上飲むこと」は重大な危険性があると認識している12歳から17歳の青少年の5.0％が、ここ1か月の間においてパーティーでアルコールを使用（ここ30日の間に、少なくとも1日、アルコール飲料を5杯以上消費する）しており、それとは対照的に、ここ1か月の間にパーティーでのアルコールの使用を報告した11.5％の青少年は、1週間の間にアルコール飲料を5杯以上飲むことは、中程度の危険性、わずかな危険性、危険性がまったくないと認識しているようである（図表8）。ここ1か月の間のマリファナの使用は、1.5％の青少年によって報告されており、それらの青少年は月に一度マリファナを吸引することは重大な危険性があると認識しているが、それに対して、ここ1か月の間にマリファナを使用した9.4％の青少年は、月に一度マリファナを吸引することは中程度の危険性、わずかな危険性、危険性がまったくないと感じている。

図表 8　2008 年において、12 歳から 17 歳までの青少年がここ 1 か月の間にパーティーで飲酒やマリファナの吸引を行った割合

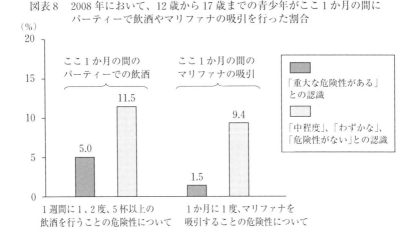

3．おわりに

　以上、アメリカにおける「薬物使用と健康に関する全米調査」の結果をごく簡単に概観したが、報告書そのものが膨大な資料から構成されているので、詳しくは英文資料を参照していただきたい。我が国においても、内閣府が実施している「青少年の薬物乱用に関する調査」等を継続することにより、アメリカと同様の時系列的な比較が可能になることを期待したいと思う。薬物乱用の実態を知ることが、有効な対策を樹立するための基本的要請事項であることを、われわれは、ここで改めて確認する必要があるのではあるまいか。

参考文献

U.S. Department of Health and Human Services, Substance Abuse and Mental Health Services Administration, Office of Applied Studies, *Results from the 2008 National Survey on Drug Use and Health : National Findings*. Substance Abuse and Mental Health Services Administration, Office of Applied Studies, Division of Population Surveys, 1 Choke Cherry Road, Room 7-1044, Rockville, MD 20857, September 2009, pp. 1-304.　http//www.sanhsa.gov/data/nsdah/2k8nsduh/2k8results.pdf　2013 年 12 月 25 日閲覧。

http://oas.samhsa.gov/nsduh/2k8Results.pdf

2　最近30年間のアメリカにおける死刑の実情

1．はじめに

1972年のファーマン判決（Furman v. Georgia）において、5対4という僅差で、連邦最高裁判所が死刑適用違憲判決を出した後、アメリカでは、その対応策として多くの州が死刑に関する新立法を制定した。そして、1976年のグレッグ判決（Gregg v. Georgia）において、7対2で死刑合憲判決が下されるという流れの中で、死刑は違憲から合憲へと、短期間で大きく動いたのである。そのためもあってか、1970年代のアメリカ国民にとって、死刑制度そのものが大いなる関心事となっていたのである。しかしながら、1990年代になってからは、死刑の合憲性の争いは、ほぼ決着がつけられたかに見えたのであるが、2002年のアトキンス判決（Atkins v. Virginia）において、知的障害者に対する死刑について、6対3で違憲という判断が連邦最高裁判所で下されるに及び、アメリカ国民の間では、再び、死刑は違憲か合憲かの判断に揺れ動いている。

そこで、以下においては、1973年から2003年までの30年間にわたるアメリカの死刑の実情について、検討してみることにしたいと思う。

2．アメリカでの死刑の適用状況について

アメリカ合衆国の「死刑情報センター」（Death Penalty Information Center）によれば、2003年1月から12月にかけての死刑は、近年の減少傾向を反映し、死刑執行数、死刑宣告数、及び死刑囚監房の人員数等、そのすべてにおいて、数年前よりも低い数値となっているという。また、死刑に対する国民の支持は、ここ25年間において、最も低いレベルにまで下がっているとのことである。それと同時に、最近において死刑囚監房からの解放が相次いだという事実が、死刑制度の立法的な改善を促進させることに役立ったと言われている。こ

120 第2部 アメリカにおける刑事政策

のように、アメリカにおける刑罰としての死刑の適用は、様々な尺度から見て減少したと言えそうである。

事実、図表9に見られるごとく、2003年の死刑執行件数は、前年の71件から8％減少して、65件であった。5年前の1999年における死刑執行件数98件と比較した場合には、34％減少したことになる。また、死刑囚監房の規模は、前年より5％縮小している。2003年10月1日の時点で、死刑宣告を受け服役している者の数は、3,504人である。2002年には3,697人であった。死刑

図表9　2003年における死刑

2003年における死刑執行数	65人
1976年以降の執行数	885人
2003年10月1日現在の死刑囚監房収容者数	3,504人
2003年における死刑囚監房からの無罪放免者数	10人
1973年以降の無罪放免者数	112人
2003年における減刑者数	117人
2003年における死刑執行上位3州	
テキサス州	24人
オクラホマ州	14人
ノース・カロライナ州	7人
2003年における死刑囚監房収容者上位3州	
カリフォルニア州	632人
テキサス州	451人
フロリダ州	381人
2003年における地域毎の死刑執行率	
南　　部	89％
中西部	11％
西　　部	0％
北東部	0％

資料源：Death Penalty Information Center, *The Death Penalty in 2003 : Year End Report,* December 2003, p. 1.

囚監房の規模は、死刑が復活した 1976 年以降、着実に増加してきたが、2001年以来、その数は減少し続けているのである。また、図表 10 において明らかなごとく、新たに下された死刑宣告数も減少している。2003 年 11 月、司法省統計局は、2002 年における死刑宣告の総数は、4 年間連続減少して、159 件であったことを報告し、2003 年における死刑宣告数は、139 件であり、さらに減少傾向を続けているとしている。1 年あたり平均の死刑宣告数が約 300 件であった 1990 年代後半と比較した場合、減少傾向は顕著である（約 50％の減少）と言えよう。

2003 年における死刑執行の実際も、より限定的になっている。2003 年においては、南部以外の諸州では、インディアナ州、ミズーリ州、及びオハイオ州のみが死刑執行を行っている。南部の 3 つの州、つまりテキサス州、オクラホマ州、及びノース・カロライナ州だけで、2003 年における全米の死刑執行総数の 69％を占めているのである。全体として見た場合、2003 年の死刑執行総数の 89％を南部諸州で占めている。ちなみに、2003 年に死刑を執行した州は、過去 10 年間で最も少ない 11 州であった。最も大規模な死刑囚監房を有する 5 つの州のうちの 2 つの州、すなわち、カリフォルニア州及びペンシルバニア州

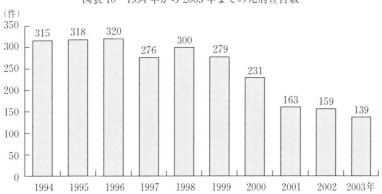

図表 10　1994 年から 2003 年までの死刑宣告数

資料源：Death Penalty Information Center, *The Death Penalty in 2003 : Year End Report*, December 2003, p. 2.

は、2003年において、死刑執行を行っていないのである。

　長年にわたりそうであったように、2003年に死刑に処せられた者は、専ら白人が被害者であったケースである。黒人を殺害して死刑に処せられた者は、わずか18%である。2003年に死刑が言い渡された殺人事件の約半数において、黒人が被害者であったという事実にもかかわらず、黒人を殺害した罪で死刑に処せられた白人は1人もいなかった。

　一方、死刑と関連する事項として特徴的なのは、無罪となった件数が、死刑の復活以来、最多となったことである。すなわち、2003年において、各州が新たに死刑法（death penalty law）を制定し始めた1973年以来、単年では、最多の無罪放免数であり、前年の約2倍以上（10人）の死刑囚が無罪放免とされ、死刑囚監房から自由の身となっている。ルイジアナ州、テネシー州、ノース・カロライナ州及びその他の州において、それを上回る数の訴訟が現在最終審理に付されており、まもなく追加的な無罪放免が行われる可能性もあるのである。

　ギャラップ世論調査によれば、死刑に対する国民の支持は、過去25年において最低のレベルに達したとのことである。メディアがバージニア州、メリーランド州において発生した連続殺人の罪で起訴された男性2名の公判や、テロリズムへの継続的な懸念に焦点を当てているにも拘わらず、死刑に対する支持率は、2002年10月の70%から、2003年10月における64%にまで低下しているのである。過去において、死刑に対する支持率が低かったのは、1978年の62%であった。

3. 最近の新しい動向

　死刑に関する最近の新しい動向として全米で注目されたのは、イリノイ州知事ジョージ・ライアン（George Ryan）が、2003年1月に、死刑囚監房にいる171人の死刑囚全員の死刑宣告を撤回したことである。4人の死刑囚は、その無実が証明されたとして完全に罪を許され、残りの死刑囚は、死刑判決が減刑された。一部の被害者の家族からは懸念が表明されたが、知事は、死刑制度に

大きな不備が見いだされたので、死刑宣告さえもが信頼に足る制度のもとでなされた結果とは言いがたいと結論付けたのである。ライアン知事の後で、新知事となったロッド・ブラゴジェヴィッチ（Rod Blagojevich）は、死刑執行の一時停止を継続すると約束し、また、州議会は、死刑制度改革案を圧倒的多数で可決し立法化したのである。

イリノイ州議会は、① 取調手続のビデオ録取の要求、② 専ら単独の目撃証人や刑務所内の情報提供者あるいは共犯者による証拠にのみ依拠する訴訟においては、死刑を求刑することを禁止すること、③ DNA データバンクをより利用しやすいものとすること、④ さらにまた、再審査への手続的な障害があったとしても、基本的に不公正な死刑判決を覆すための上訴裁判所への訴えを認めること等を含む、刑事司法手続の全面的な改革法案を可決させたのである。こうした一連の改革法案は、満場一致の賛成によってイリノイ州下院を通過したのである。

また、ノース・カロライナ州では、州制度が、誤り又は不公平を導きかねないような欠陥があるかどうかについて調査されるまで、州議会上院は、すべての死刑執行に対して、一時執行を停止することを、28 対 21 の票決で可決した。アメリカ全体では、ニューヨーク市やノース・カロライナ州の18 の市議会を含む 100 の自治体が、死刑執行の一時停止を要求する決議を通過させている。最も近時の決議としては、アラバマ州のユートウにおいて満場一致で議案が通過している。ちなみに、ノース・カロライナ州とアラバマ州の両州は、アメリカでも、死刑執行を率先して行う州であることに留意することが必要であろう。

連邦議会では、2000 年に導入された無罪者保護法（Innocence Protection Act）の修正案が、下院において、民主・共和両党の投票によって圧倒的多数で通過した結果、2004 年においての法案の全面通過への路が開けた。この法案は、DNA テストと死刑事件における法定代理権の改善のための資金提供を提案したものである。

「政府改革に関する下院委員会」（House Committee on Government Reform）は、

124 第2部 アメリカにおける刑事政策

2003年11月に出した報告書において、FBIが、故意に虚偽の証言に基づいて、6人の男性に対して殺人罪で有罪としたことを引き合いに出している。6人の男性のうち4人は、1968年に、マサチューセッツ州で死刑を言い渡されている。委員会の調査への公的な抗議は、つい最近まで続いていた。報告書は、政府の行動を「連邦法執行史上最大の過ちの1つ」と称し、150頁にわたる分析の中で、司法省の行動の「悲惨な結果」をはっきりと示しているのである。

　無実の罪で不当に有罪となった2人の男性は獄中で死亡し、残りの2人、ピータ・リモーネ（Peter Limone）とジョセフ・サルヤッティ（Joseph Salvati）は、30年の収監の後、無罪放免となった。彼らは、再審請求の結果として無罪となったのではなく、1972年のファーマン判決で、死刑が適用違憲であるとされた結果として、難を逃れたのである。以来、今日まで、虚偽の証言の結果有罪となり、死刑が宣告されたケースは存在しない。

4．少年犯罪者に対する死刑と再審無罪事件

　少年犯罪者に対する死刑執行の問題については、各州の対応は様々である。ミズーリ州では、州最高裁判所が、少年犯罪者の死刑執行は憲法違反であると明言し、ミズーリ州を死刑執行を禁止する17番目の州とした。ケンタッキー州では、ポール・パットン（Paul Patton）知事が、少年に対する死刑は行き過ぎであると宣言し、ケビン・スタンフォード（Kevin Stanford）少年の死刑を仮釈放なしの終身刑へと減刑した。偶然にも、連邦最高裁判所が、1989年に、最後に少年に対する死刑を支持した時に、スタンフォードの事例を含むミズーリ州とケンタッキー州の事例を調査し始めていたのである。これらの事例双方の死刑囚は、現在、死刑執行を免れている。少年犯罪者では1人だけ、スコット・ヘイン（Scott Hain）がオクラホマ州で、2003年に死刑を執行されている。

　2003年、世間の関心が、メリーランド州とバージニア州の両州で発生した一連の銃撃事件の犯人である、17歳の少年リー・マルボー（Lee Malvo）の公判に注がれた。公判はバージニア州で行われたが、このような事件の場合、死刑判決を言い渡す可能性が大である。

しかし、一方で、マスメディアや専門雑誌における多数の論文は、少年と成人との間にある発達上の相違を指摘するものや、また、成人に影響されやすい少年の感受性について強調する、近時の医学的・心理学的研究を紹介するものが多くみられた。こうした傾向からすると、連邦最高裁判所が、2002年に、知的障害者に対する死刑執行の際にノーという判断を下したように、少年に対する死刑執行の問題に対しても、近い将来、再検討することになるであろうと思われる。ちなみに、2002年と2003年における各州毎の死刑執行数は図表11のごとくである。

図表11　2002年と2003年における死刑執行数

州	2002年	2003年
テキサス	33	24
オクラホマ	7	14
ノースカロライナ	2	7
ジョージア	4	3
フロリダ	3	3
オハイオ	3	3
アラバマ	2	3
バージニア	4	2
ミズーリ	6	2
インディアナ	0	2
連邦政府	0	1
アーカンソー	0	1
サウスカロライナ	3	0
ミシシッピ	2	0
カリフォルニア	1	0
ルイジアナ	1	0
合　計	71	65

資料源：Death Penalty Information Center, *The Death Penalty in 2003 : Year End Report,* December 2003, p. 4.

5. お わ り に

以上において見たごとく、アメリカでは、あらゆる点において、死刑はその使用頻度と人気が低下している。死刑宣告数および執行数が少なくなっていること、死刑囚監房への被収容者数が縮小していること、そして死刑に対する国民の支持率の低下傾向は、死刑の正当性への懸念と疑いの証左であると言える。また、死刑囚監房からの数多くの死刑囚の無罪放免という現実は、死刑に対する国民の支持を徐々に失わせている。アメリカの多くの州では、死刑は極めて稀なものであるか、あるいは、まったく存在しないものかのどちらかとなっている。死刑の執行は、もっぱら南部において行われているのみであり、そのほとんどが、被害者が白人である殺人犯に対してである。

2003 年においては、今までになく、死刑に異議を唱える意見が数多く出された。その幾つかのものは、死刑制度の抜本的な改革を主張するものであり、その他の多くのものは、死刑は修復不可能刑であり、廃止すべきであると結論付けるものであった。

我が国と並んで、死刑制度を維持する最後の先進国といわれるアメリカにおいて、今、死刑廃止の動向が顕著である。2014 年には、死刑判決は 72 件、執行数も 35 件へと減少し、死刑廃止州も 19 州となり、死刑在置州のうち 4 州では知事が死刑執行停止を宣言しているため、約半数の 23 州で死刑が廃止ないしは執行停止となっている。我が国も、ここらあたりで、制度としての死刑をどうするか、真剣に議論する時期に来ていると言えるのではあるまいか。

参考文献

Bonczar, T.P. and T.L. Snell, "Capital Punishment, 2004," in U.S. Department of Justice, Office of Justice Programs, *Bureau of Statistics Bulletin*. November 2005, NCJ 211349.

Death Penalty Information Center, *Facts about the Death Penalty*. Updated : December 18, 2013.

3 アメリカにおける児童強姦死刑法制定の動き

1．はじめに

　1997 年の連邦最高裁判所の判決であるコーカー対ジョージア州（Coker v. Georgia）事件で、強姦罪に死刑を適用することは憲法違反であることが明らかにされたにもかかわらず、死刑を児童強姦罪に用いることを可能とする州法が、最近急激に増加している。多数の論文が、児童強姦罪に死刑を適用することが、コーカー事件の判旨に合致するかどうかを検証することを試みている。この「児童強姦死刑法」（Capital Child Rape Statute）は、3 つの運動に帰結することが可能である。それは、① 性犯罪者に恥をかかせ、恐怖を抱かしめ、孤立させる「民衆運動」、② 性的暴力、家庭内暴力に、より厳格な刑罰を求める「フェミニスト運動」、③ 脆弱な被害者に対する攻撃を、死刑でもって罰する「法的・政治的運動」である。

2．サラ・カシマノ強姦・殺人未遂事件とその反応

　ビリー・ピットマン（Billy Pittman）によるサラ・カシマノ（Sara Cusimano）の強姦・殺人未遂事件は、児童強姦死刑法の社会政治的な背景について論じる場合において、きわめて教訓的なものである。1994 年 7 月 12 日、ビリー・ピットマンは精神医学的支援を求めていた。彼は事件直前に恋人と別れ、即席料理専門のコックとして働いていた職場から解雇され、気分を抑制できなくなっていた。彼が自分の感情をコントロールできなくなることは、今回が初めてではなかった。ある心理学者によると、7 歳もしくは 8 歳に始まった物質乱用に加えて、児童期の身体的・心理的虐待は、「熱狂、怒り、暴力、他者との交流ができなくなることによってもたらされる様々な問題で埋め尽くされた生活」の一因となるとのことであり、これらの問題の中には 2 つの重罪判決とその他

数多くの逮捕歴が含まれていたのである。ピットマンは、ニューオリンズ州近郊にある、ルイジアナ州メタリーの「イースト・ジェファソン精神医療センター」に入院する予定であった。しかしながら、利用可能なベッドがないために、精神医療センターの職員は、ピットマンのケースは緊急事態ではないと結論づけたのである。

　8月18日、コカインの影響下にあったピットマンは、車を盗む目的で、ケナーにあるタイムセーバー・コンビニエンス・ストアに行っている。彼は約1週間前にも他のコンビニエンス・ストアで車窃盗事件を起こしていたようである。ちょうど同じ頃、ジェファソン・パリッシュ校の教師であるアンドレー・ダイグア（Andree Daigre）は、彼女の13歳の娘であるサラ・カシマノを友人の家に迎えに行き、車のガソリンを入れるためにタイムセーバー・コンビニエンス・ストアに立ち寄った。カシマノは、母親がお金を支払うために店内に入っている間、車の中に座っていた。そのとき、突然にピットマンが車に乗り込み、携帯用自動拳銃を振り回し、カシマノを連れて逃走したのである。どれぐらいの時間が経ったかは定かではないが、ピットマンは遠く離れた場所まで車で行き、そこでカシマノを強姦し、彼女の額の中央を拳銃で一撃したのである。彼女は、翌朝、人里離れた道端の傍らに積まれていた雑草の中から発見された。カシマノは、奇跡的にも、まだ生きていたのである。それというのも、弾丸が脳に入る前に、粉々に砕け散っていたからである。

　ケナーの地域社会の反応は、素早く、力強いものであった。人々はカシマノとその両親の支援のために参集し、医療費を賄えるよう援助する「ケナー被害信託基金」を設立したのである。ジェファソン・パリッシュ校地区の教員一同は、まだ使っていないそれぞれの有給休暇をダイグアに寄付したのである。地域社会の憤慨は、激しいものであった。警察署長であるニック・コンゲミ（Nick Congemi）は、この事件を「ケナーの歴史上最も恐ろしいエピソードの1つ」と呼び、ピットマンを「これまでにこの地上を歩いた最も卑劣な人間の1人」と評したのである。

　ピットマンは、精神異常を理由に、第1級謀殺未遂、加重強姦、第2級誘

拐、カージャックについて、無罪の抗弁をした。彼がすべての訴因について有罪を宣告された後、事件に密着した幾人かの者は、「ピットマンの刑罰はもっと厳格なものであるべきであった」と失望の念を明らかにしている。カシマノ本人は「彼は人間の屑であり、どんなに悪い奴であるか分かってほしい」という非難の言葉を投げかけながら、「私は、彼が刑務所で処刑されたという知らせを受けたいだけ」と述べている。メルビン・ゼーノ（Melvin Zeno）裁判官は、ピットマンに対して終身刑に加えて 160 年の拘禁刑を宣告し、「（ピットマンが）刑務所を出所する唯一の方法は『遺体袋』の中に入ることだけである」という意見を表明している。検察官であるウォルター・ロスチャイルド（Walter Rothchild）は、もっと直接的であり、「この男が 13 歳の少女にしでかしたことを考えれば、刑罰は死刑であるべきだ」と述べている。銃撃によってカシマノが殺害されていれば、ピットマンは、ほぼ確実に、死刑に処せられていたであろうと思われる。カシマノとピットマンの 2 人は、ある意味で、幸運であったとも言えるのである。

　ルイジアナ州は、より厳格な刑罰を求める抗議運動の影響を受けて、1995 年に、死刑に値する加重児童強姦条項を可決し、本児童強姦事件はセンセーショナルなものとなった。そして、ルイジアナ州では、現在、殺人ではない罪で、犯罪者が死刑囚監房に収容されているのである。同様の法律は、他の州にも現れてきている。フロリダ州とミシシッピ州は児童強姦死刑法を持っていたが、それぞれの州最高裁判所が 1980 年代に無効としている。

　しかし、現在では、フロリダ州を始め、ジョージア、ルイジアナ、サウス・カロライナ、オクラホマ、モンタナの 6 州が、児童強姦に対して死刑を適用することを可能とする法律をもっているのである。テキサス、テネシー、アラバマの 3 州は、現在、児童強姦死刑法を検討中である。また、ミシシッピ州の他、ユタ、カリフォルニア、マサチューセッツ、ペンシルベニアを含むいくつかの州と他の州でも、児童強姦死刑法の制定を審議中であるが、未だに可決するに至っていない。これらの児童強姦死刑法が、合衆国憲法修正第 8 条の精査に耐え得るかどうかは、現在のところ不明である。

3. 児童強姦死刑法の法的歴史

以上のように、児童強姦死刑法は、サラ・カシマノ事件とその結果として生じた地域社会の怒りによって拍車がかかったものであるが、しかし、実は、児童強姦死刑法は、より微妙なニュアンスのある法的歴史に基づく成果なのである。以下においては、「強姦死刑法」(Capital Rape Statutes) を禁じた1977年の連邦最高裁判所の事例である、コーカー対ジョージア州事件の検討を通して、児童強姦死刑法の法的歴史を素描してみたいと思う。そしてその後で、州裁判所や法律家が、コーカー判決をどのように解釈してきたかを検討することにしたい。

1977年のコーカー対ジョージア州事件では、連邦最高裁判所は、死刑を成人女性の強姦の罪に適用するジョージア州法を廃止し、その刑罰を「甚だしく不均衡で、かつ過度なもの」とし、それゆえに、合衆国憲法修正第8条違反であると裁定した。上訴人であるエールリッヒ・アンソニー・コーカー (Erlich Anthony Coker) は、強姦、殺人、誘拐、加重暴行の罪で刑期をつとめていた。ところが、コーカーは、刑務所を脱走し、アレン・カーター (Allen Carter) とエルニータ・カーター (Elnita Carter) の家に進入し、そこでアレンを縛って強盗に及び、エルニータを強姦し誘拐した。正式事実審理の事実認定の段階では、陪審員はコーカーの精神異常の抗弁を却下し、逃亡、持凶器強盗、自動車窃盗、誘拐、強姦の罪で有罪の評決を下した。量刑段階においては、陪審員は、コーカーに「注釈付ジョージア州法典」(Georgia Code Annotated) 26-2001条の下で死刑を言い渡したのであるが、この法典は「強姦の罪で有罪を宣告された者は、死刑又は終身刑若しくは1年以上20年以下の拘禁刑に処せられる」と規定している。陪審員は、責任加重事由として、死刑を科し得る重罪の前科と、強姦がもう1つの死刑を科し得る重罪である持凶器強盗の最中に行われたという事実を考慮した上で、上訴人は、「成人女性」に対する強姦を行ったとして死刑が宣告されたのである。

4．合衆国憲法修正第8条と各裁判官の意見

　連邦最高裁判所の合衆国憲法修正第8条の分析は、ウィームス対合衆国（Weems v. United States）事件の「司法規範」に起源を有する「罪刑均衡の法理」に集中し、犯罪に対する刑罰は、その犯罪に対して等級づけられ、均衡が保たれるべきであるとした。ホワイト（Byron R. White）、スチュワート（Potter Stewart）、ブラックマン（Harry A. Blackmun）、スティーブンス（John Paul Stevens）裁判官らによる裁判所の多数意見は、強姦に適用可能な死刑判決に対する州の伝統的な取組み、量刑陪審員の行動、あるいは強姦に死刑を認めている州の数といったような、歴史的かつ国家の現在の判断基準といった客観的な証拠から指針を導き出しているのである。同時に、ジョージア州は、死刑を強姦罪に適用可能とした唯一の州であり、大多数の州が強姦に対して死刑を許したことは、歴史上どの時点でも存在しなかったと判示した。その上さらに、量刑陪審員は、強姦罪に対して稀にしか死刑を科さず、死刑を宣告したケースは、州最高裁判所レベルの63事件のうち、たったの6事件であったとしたのである。

　ジョージア州最高裁判所は、結局のところ、6事件のうち1つを破棄し、強姦事件における死刑判決は稀なケースであることを強調している。ジョージア州最高裁判所は、また、その審査においての主観的な構成要素である、強姦を抑止するための死刑の有効性についても検討しているのである。

　連邦最高裁判所のブレナン（William J. Brennan, Jr.）とマーシャル（Thurgood Marshall）裁判官は、死刑そのものに対して全面的に反対するという点で意見の一致をみている。パウエル（Lewis F. Powell, Jr.）裁判官は、一部に同意して、一部に反対し、裁判所が、死刑はこの事件において不均衡な刑罰であるとする点においては正しいとする一方で、裁判所は、死刑が成人強姦事件において不均衡な刑罰であるとの結論づけを広げ過ぎていると論じた。もちろん、パウエル裁判官は、死刑は加重強姦に対してまでも不均衡な刑罰であると結論づけてはいないようである。最終的に、首席裁判官であるバーガー（Warren E. Burger）と、レーンキスト（William H. Rehnquist）裁判官は、いくつかの根拠で

132 第2部 アメリカにおける刑事政策

もって異議を唱えている。第1に、これは連邦主義の問題であり、首席裁判官は、この規則が累犯者を処罰する議会の権限を侵害していると主張した。第2に、首席裁判官は、強姦は死刑が正当化され得るに足る十分な損害をもたらす極悪な犯罪であると論じた。第3に、首席裁判官は、強姦事件における死刑の抑止効果に関する多数意見の評価に同意しなかったのである。

コーカー判決の注釈者は、コーカー判決が児童強姦に対して死刑を用いることを妨げるものかどうかについては、意見の一致をみていないとする。また、一般的な知見においても、死刑は殺人事件以外のすべての事件では禁じられているが、その点については、語句の上でも意見の形勢においても、実は、決定的なものではないのである。専門家が、「多数意見は、殺人事件ではない事件に対するすべての死刑判決は、憲法違反であることを意味する」と、推察して述べることで、多数意見は、いささか乱雑に取り扱われている嫌いがあるとするのである。ところが、多数意見は、実は、かなり率直に以下のように述べているのである。

「死刑の宣告は、強姦罪に対しては、はなはだしく不均衡で過度な刑罰であり、それゆえに、残虐かつ異常な刑罰として合衆国憲法修正第8条によって許されないと、われわれは結論づけるのである」と。

5．コーカー判決の「成人女性への強姦」の意味するもの

より明確に表現すれば、パウエル裁判官の同意意見は、判決が全強姦事件に適用することにあると推察して、以下の根拠により、一部に反対しているのである。

「強姦の残忍性の程度もしくは被害者への影響如何にかかわらず、多数意見は、謀殺とすべての強姦との間に明らかな線を引いている。」

しかしながら、それに対抗する意見は、連邦最高裁判所の「成人女性への強姦」という言い回しの度重なる使用は、「判示を限定する試み」ではなかったかとするのである。たとえ法律の規定そのものにはなかったとしても、上訴人の上訴趣意書ではこの用語を持ち出し、連邦最高裁判所は、この年齢に基づく

区別を受け入れたとするのである。それゆえに、多数意見は、判示事項の抜け道を広げ、児童強姦や他の加重強姦のような、より「残虐な」強姦に対する死刑は、合衆国憲法修正第8条に違反しないかもしれないとして、死刑適用の可能性を残したのである。1994年に拡大された連邦の死刑法は、反逆罪、スパイ行為、大規模の薬物不正取引といった殺人ではない事件と、もしくは「継続的犯罪事業」に関する事件（例えばマフィア）に関係した陪審員、証人、もしくはその他の役人の殺人未遂への関与のような事件において、死刑を認めているのである。1990年代に可決した連邦法は、連邦最高裁判所が1970年代に判示したことを不毛にするものであるかもしれないが、この連邦法を通じての死刑適用可能性によって、コーカー判決は、死刑は事実上すべての非殺人事件において残虐で異常であるということを意味しているとは考えない人々の議論を高めるかもしれないのである。法律家や他の注釈者は、コーカー判決で残された、「成人女性」という用語の抜け道を特定してきているようである。

6．おわりに

　以上において、アメリカの児童強姦死刑法に関する新しい立法動向を紹介したが、こうしたアメリカの児童強姦死刑法制定の動きが、我が国の幼児に対する性犯罪や死刑制度の在り方そのものに与える影響のほどは定かではないが、我が国においても、13歳未満の児童に対する性犯罪の問題点とその対策、そして刑罰の在り方そのものを真剣に検討するべき時期にきていることだけは確かであると言えるのではあるまいか。

参考文献

Bell, M.C., "Grassroots Death Sentences?: The Social Movement for Capital Child Rape Law," *The Journal of Criminal Law & Criminology,* Vol. 98, No. 1, Fall 2007, pp. 1-29.

4 アメリカにおける触法精神障害者対策の新動向

1．はじめに

2012 年 7 月に公表された犯罪対策閣僚会議の『再犯防止に向けた総合対策』によれば、再犯防止の視点から検討されるべき犯罪類型の 1 つとして、触法精神障害者対策が取り上げられている。そこでは、「一般刑法犯の検挙人員のうち、知的障害者を含む精神障害者及び精神障害の疑いのある者の割合は 1 ％で推移しているところ、入所受刑者及び少年院入院者のうち精神障害を有する者の占める割合は、入所受刑者については 8 ％、少年院入院者については 9 ％と、年々増加している」ことが指摘されている。

再犯防止という意味で、矯正施設に収容されてから後の出所後あるいは出院後の再犯防止対策もさることながら、刑事司法制度の入り口で触法精神障害者に対応する施策が欧米では実践されている。再犯防止を出口で考えるか入口で考えるかの違いに過ぎないとも言えるが、経費削減効果と犯罪者あるいは非行少年というレッテル貼りを避けることにより社会復帰を有効ならしめるという観点からは、入口での再犯防止を検討することも重要である。そこで、ここでは、刑事司法制度の最初の段階に位置する、警察の段階で触法精神障害者に対応しているアメリカの実情を紹介してみることにしたいと思う。

2．3つの戦略

ニューヨーク市においては、警察局は、6.5 分に 1 回の割合で、精神病者に関係する要請に対応しており、また、フロリダ州の警察機関職員は、1 年単位で 4 万回以上も、精神病者の強制的診断のための移送を行っており、それは、フロリダ州の加重暴行もしくは不法目的侵入の逮捕数をはるかに超えるものであるとされている。

このように、警察官の精神病者との接触は、かなりの時間数を費やすものとなっているのが現実である。それにもかかわらず、警察官にはわずかな選択肢しかないことが多いため、警察官は、精神病者を、結局は、ジェイルに連行することになるという事実も指摘されているのである。そのため、近年、全米の警察機関が、精神病者に対する警察実務に挑戦し、精神病者への対応を改善するために、地域社会の精神保健機関との革新的な提携を結ぶことを軸に政策を展開し始めているのである。

このことに関して、ディーン（M.W. Deane）とその同僚は、精神病者への特別対応を、3つのタイプの戦略に分けて考察している。第1の戦略は、「警察官基盤の特別警察対応」であり、そこでは、警察官は危機介入サービスを提供し、精神保健制度との連携を行うために、特別な精神保健訓練を受けることになる。第2の戦略は、「警察官基盤の特別精神保健対応」である。このタイプは、警察局が、警察官に現場での相談や電話相談を提供するために、精神保健コンサルタントを雇用するものである。第3の戦略は、「精神保健基盤の特別精神保健対応」と呼ばれるタイプであり、場合によっては、「現場出動危機介入チーム」（Mobile Crisis Team）がこのモデルに含められることもある。

以下においては、アメリカにおける上記の3つの戦略に基づいた、精神病者に対する警察段階での対応について紹介してみたいと思う。

3．警察官の特別対応の広まり

「警察行政研究フォーラム」（Police Executive Research Forum：PERF）は、近年、文献において精神病者の特別対応を行っているとして特定された80の警察機関の調査を行った。特に、PERFのスタッフは、上記のタイプの基準を満たす特別対応を行っている33の警察機関に電話でのインタビューを行ったのであるが、そのうち、警察官基盤の対応を採用している28の警察機関についての分析を試みている。

それによると、「警察官基盤の特別警察対応」として、主として「メンフィス危機介入チームモデル」（Memphis's Crisis Intervention Team Model、以下、メン

フィス CIT モデルとする。）を用いている警察機関が 22、「警察官基盤の特別精神保健対応」を用いている警察機関が 6 であった。「現場出動危機介入チーム」のみを用いている警察機関については、本分析には含めていない。その理由は、このタイプは、結果として、警察訓練や警察手続に重大な変化を生じさせなかったからということである。

4. 警察官基盤の特別警察対応モデル

(1) 特別対応モデルの中核となる要素

　警察機関は、1970 年代より、精神病者に、より効果的に対応する方法についての経験をもつが、メンフィス警察署が CIT（Crisis Intervention Team）モデルを計画するまでは、警察機関においては何等のモデルも存在しなかった。精神病者を巻き込む惨事を経験したり、あるいは警察官の間で要請に費やす時間量についての欲求不満がたまることなどの問題が生じていた警察機関は、より一層メンフィス CIT モデルを採用する状況となっていたのである。他の警察機関は、精神保健専門家と協働することを組み込んだ警察官基盤のモデルを採用しており、それ以外の警察機関は、この 2 つの取組みを結合させているのである。

　現在、公表されている「刑事司法・精神保健合意プロジェクト報告書」(Criminal Justice/Mental Health Consensus Project Report) においては、モデルの本質的な要素を概略化して論じている。モデルの中核となる要素は、用いられる警察対応の有効性を高めるものであると考えられており、それは、以下に述べる通りである。

(i) 訓　練

　メンフィス CIT プログラムは、「単なる訓練以上」の訓練をモットーとしているが、訓練は、プログラムの有効性の鍵となる要素である。メンフィス CIT プログラムは、CIT 警察官のために 40 時間の訓練カリキュラムを開発している。通信司令官もまた、訓練を受けている。そのカリキュラムには、精神病、刑事司法制度に関わった精神病者の見解、危機介入技術についての情報が組み

込まれている。訓練者には、地方の精神保健のサービス提供者、精神病者とその家族、警察署職員、弁護士が含まれる。ロール・プレイの実施、精神保健施設の訪問、精神病者との対話のような実用的な経験は、CIT 訓練の取組みの基礎である。

　警察と精神保健専門家との協働モデルには、それらに加えて、訓練に実際に関与することが組み込まれている。例えば、サンディエゴ・カウンティにおいては、「精神科緊急対応チーム」（Psychiatric Emergency Response Team : PERT）は、40 時間の訓練に加えて、毎月 7 時間の発展訓練を受けている。その訓練には、精神病のアセスメント、ネットワーク資源、臨床医の役割についての学習単元が組み込まれているのである。訓練チームには、精神保健専門家と警察職員が含まれている。

　(ii)　精神保健専門家との提携

　各モデルは、警察官が、毎日 24 時間、すぐにアクセスすることができるという、地域社会の精神保健資源の利用可能性に依存している。スティードマン（H.J. Steadman）とその同僚は、特別警察対応に利用可能な精神保健サービスの決定的な特徴として、個々の精神病者の受け入れ時に受け入れ拒否をしない政策と、警察官の受け入れの合理化を特定した。合意プロジェクト報告書も、同様の決定的な特徴について言及している。スティードマンが述べているように、これらの特徴は、精神保健サービスを「警察の役に立つ」ようにすることに加えて、精神病者に対する精神保健サービスを改善し、それにより、より良い結果をもたらすためのものである。メンフィス警察は、テネシー大学精神科サービスと提携を結び、緊急診断を必要とする者のための集中化した受け入れ施設を整備することに貢献している。

　危機的状況にあるが、緊急診断の基準を満たさない者に刑事司法制度ではない選択肢を警察官に提供するためには、補助的サービスにアクセスすることも必要とされる。メンフィスとサンティエゴ・カウンティにおいては、特別訓練を受けた警察官とチームが、危機安定化ユニット、現場出動危機介入チーム、ホームレス・シェルター、中毒治療施設のような地域社会内の資源との必要不

可欠な連結を創設しているのである。

(ⅲ)　警察の役割

CITモデルは、警察官の役割についての新たな概念を組み込むものである。警察官は、CIT警察官となることを志願し、特別に任命される。それに加えて、警察機関は、CITに関与しているとして、特別な記章の使用、儀式、賞、報酬、時には金銭上の報酬を通じて、CIT警察官が特別チームと感じさせるための努力を行っている。

警察官基盤の対応モデルは、精神保健基盤のモデルと異なるものであり、精神保健基盤のモデルにおける現場出動危機介入チームは、警察官の対応に次ぐ2番目の対応となっており、それは、警察官が10分から15分で現場に到着することができる、唯一の危機対応者であることを理由としている。素早い現場での対応を提供する警察官の能力は、すべての関係当事者の安全を保障するための決定的事項である。警察官は精神保健専門家ではないが、CIT警察官は、現場での最初の精神保健アセスメントを行う。これは、警察官独特の職務である。

(2)　中核となる要素を実務に移行させること

これは言うまでもないことであるが、上述の中核となる要素は、個々の警察機関によって、地方の関心に取り組む特別手続や特別実務に移行されなければならない。最も効果的であるとされる手続の領域は、通信司令官や現場での対応である。

(ⅰ)　通信司令官

通信司令官に関係する幾つかの鍵となる手続的要素は、モデル対応を効果的に機能させることを保証するために必要とされる。PERFの近年の研究においては、以下の重要となる手続や実務を特定している。

(a)　要請の性質についてのアセスメント

PERFのインタビューを受けた警察機関は、精神病者に関係した要請が通信司令官によってどれぐらい容易に特定されることができるのかについて、意見を異にした。「たいていの場合、精神病に関係した要請はかなり明確である」

と述べた警察機関の代表者もいる一方で、「たいていの場合、警察官が現場に到着するまで、誰も精神病に関連した要請であることを認識することはできない」と述べる警察機関も存在した。このように複雑化している要素の1つとしては、精神病者の要請においては、頻繁に、危機的状況にある精神障害者の事案であると明確に述べられずに、むしろ治安紊乱行為あるいはドメスティック・バイオレンスの事案として、911（nine-one-one：警察・救急車・消防への緊急電話番号）システムに連絡がつながっているという事実がある。

　幾つかの警察機関は、精神病者を特定することの困難さについて言及している。これらの問題について、通信司令官に訓練を提供している機関は、要請を受けた段階でアセスメントを行うことはそれほど難しくないとしている。調査を受けた約13の警察機関が、4時間から40時間までの訓練を提供しているのである。長年の勤務経験をもち、特別な質問事項のプロトコルにアクセスする通信司令官に対しては、適切な情報を収集するためのより良い準備が行われることもある。PERFのインタビューを受けた幾つかの警察機関は、精神病者に対して、より良い関与を行うために定型的な質問事項を提供している。例えば、一部の警察機関においては、医薬の使用、精神病の罹患歴、武器の利用可能性、危険性があった過去について尋ねることを要求しているのである。

　また、幾つかの警察機関は、精神保健危機施設と協働してプロトコルを展開し、そのような要請に対しては、ホットラインやケースワーカーを通じて、精神保健サービス提供者から直接的に連絡がつながることを可能にしている。例えば、メリーランド州ボルティモア・カウンティにおいては、そのような要請の30％は、「ボルティモア・カウンティ危機対応システム」（Baltimore County Crisis Response System）からの連絡要請であり、そのシステムは、危機的状況にある精神病者のための24時間体制のホットラインとして機能しているのである。

(b)　警察要請データの追跡

　精神病者に関係する警察要請を促進するもう1つの方法は、繰り返しそのような事件が起きる現場を追跡することである。CAD（Computer Aided Dispatch）

システムでこのような情報を追跡する利点は、２つ存在する。まず第１点は、通信司令官は、警察官が精神病者の状況に取り組むにあたって、より良い準備がなされた状態で現場に到着することができるように、警察官に対応する際に精神病者についての重要な過去の情報を提供することができるということである。第２点は、時折、警察資源の最大の濫用ともなる、繰り返し警察要請が行われている場所の中心部に対して、特別警察対応がどれぐらいうまく取り組んでいるかを、警察機関はCADシステムで評価することができるということである。繰り返し一定の場所に警察要請がなされるということは、パトロール要請を超えた補助的な要請が必要とされ得る、強固な問題を抱えていることを表しているからである。

PERFの調査では、警察機関が精神病者の警察要請をCADシステムで追跡するために用いている一定の戦略の範囲を特定している。多くの警察機関は、危険性があるとして問題視している全地域をしばしば「危険」地域として、旗印でマークを付けている。フロリダ州セミノール・カウンティで言及されているように、危険地域もしくは「特別な必要性がある」地域には、時折、精神病と関係がある危険地域もしくは特別な必要性がある地域が組み込まれている。ジョージア州アテネクラーク・カウンティやアラバマ州フローレンスを含む一部の地域は、精神病に関係するすべての警察要請の場所を旗印でマークを付けている。また、その他の地域では、精神保健サービス提供者あるいは民事拘禁の入院患者を受け入れている精神保健サービス提供者のみを旗印でマークを付けているようである。

⒞　特別チームあるいは特別警察官の派遣

大部分の事案において、通信司令官が精神病者に関係する警察要請であると確信する場合には、通信司令官は、CITや警察官・精神保健チームを直接派遣することとなる。ほとんどの警察機関には、通信司令官に利用可能な勤務名簿があり、通信司令官は、パトロール中のCIT警察官をいつでも特定することができる。精神病者に関係している警察要請であるかどうか不確実な場合には、通信司令官は通常の手続に従い、利用可能なパトロール警察官を派遣する

ことになる。仮にパトロール警察官が、精神病者に関係する状況を特定することができる場合には、パトロール警察官は通信司令官に連絡を取り、2番目の対応として、CIT警察官あるいは特別チームを要請する。カリフォルニア州サンノゼのような一部の地域においては、常に、持ち場の警察官を派遣し、その後、一定の状況が満たされる場合には、警察官がCIT警察官を要請するのである。

　精神病者とその家族にとって重要な関心事は、通信司令官が、警察要請について、精神病者やその家族と意思疎通を図る際に用いられる言語についてである。警察機関は、精神病者の行為を描写するにあたって、非差別的な言語を用いることに気を遣っており、通信司令官は、軽蔑的な言語を避けるように注意を払っている。

（ii）　現場での対応

　3つの課題が、精神病者に対する現場での警察機関の対応にとって重要なものとなっている。それらは、精神病であるかどうかのアセスメント、精神保健サービスの利用可能性・アクセス可能性、精神保健施設への移送である。

（a）　精神病であるかどうかのアセスメント

　大部分の警察機関、とりわけCITモデルを用いている警察機関は、現場で精神病であるかどうかのアセスメントを行うための訓練を警察官に行っている。しかしながら、精神病であるかどうかのアセスメントを行う前に、現場は、警察官によって安定化されなければならない。CIT警察官は、危機レベルを減少させ、より平穏な環境を促進するための技術について、注意深く訓練されなければならない。そして、警察官は精神病を診断するのではなく、その代わりに、多くの精神病の共通形態であるサインと徴候、使用されている医薬品等を認識するために、訓練されるのである。また、警察官は、その者の行動や経歴を明らかにするヒントとするため、家族構成員、友人、近隣から情報を求めるように訓練される。

　チーム対応としての役割を担う精神保健専門家を含む警察官基盤のモデル——このモデルは、ごく頻繁に、伝統的なパトロール対応の後の2番目の対応

として現れる——は、現場での精神保健専門技術よりも利点がある。そのようなチームは、時折、ソーシャルワーカーあるいは危機対応ワーカーを含んでおり、それらの者は、精神保健アセスメントに加えて、危機介入カウンセリングを行うのである。精神保健専門家は、時には、過去の精神保健情報にアクセスし、それは現在の状況を明らかにする手助けとなっているのである。

カリフォルニア州ロングビーチにおいては、「精神評価チーム」（Mental Evaluation Team: MET）が、現場対応を行っている警察官からの要請あるいは無線で要請を耳にした場合、制服パトロール警察官とカウンティの精神保健専門家がペアとなって要請に協働対応している。チームは、警察のマークのない車に乗ることで威圧的にならないこと、会話式の穏やかな取組みを用いることに焦点を当てている。チームの経験では、危機的状況にある精神病者に対しては、時折、少なくともチームの1人が好意的な関係を作り、そのチームのメンバーが、その後、先導を行うこととなる。

一部の地域社会では、精神保健サービス提供者は、緊急対応として、警察官と電話で話すことを実行している。CITと精神保健基盤対応を結合させている管轄においては、精神保健看護の専門家が、CIT警察官による要請がある場合には、現場に来ることも可能である。これらの専門家は、その者の精神病についての秘匿情報にアクセスすることができる。許容範囲の秘匿情報にアクセスする場合には、これらの専門家は、その者に最善の手法で精神病者に取り組むための情報を提供することがあるようである。

(b) 精神保健資源へのアクセス

いったん現場の警察官によって、精神病であるとの決定がなされると、警察官は、精神病者を特別のサービス機関に委託あるいは移送することができる。それを行うためには、警察官は、どの精神保健サービスが利用可能であるか、どのサービスがその患者にとって適切であるかを認識していなければならず、また、施設が合理的な時間内でその者を診断することを確信しなければならない。

その者が緊急診断の基準を満たす場合には、警察官はその者を拘禁する。ス

ティードマン等は、警察基盤のダイバージョンプログラムとしての「特別危機対応現場」の重要性を指摘している。PERF の調査は、多くの地域社会において、警察官は、診断を行うための１つ以上の「精神科緊急救命室」（Psychiatric Emergency Room）に関与することについての同意があることを見いだした。例えば、テキサス州アーリントンやアラバマ州フローレンスにおいては、近隣の病院に集中型の精神科緊急救命室があることにより、スムーズな受け入れができる手続を採用している。オハイオ州アクロンのような一部の管轄では、警察官は、ベッドが充分に利用可能である２，３の病院の精神科緊急サービスにアクセスすることができる。ミズーリ州リーズサミットにおいては、２つの病院施設が利用可能である。警察官は、強制入院が求められるか、任意入院が求められるのかに基づいて、いずれかの選択を行うのである。

その者が緊急診断の基準を満たさない場合には、警察機関は多様な戦略を用いることとなる。CIT 警察官は、その者の送致を行うか、あるいは地方の精神保健サービスについての情報を提供する。一部の地域社会では、危機対応ワーカーが現場にやって来て、カウンセリングを提供したり、その者をシェルターやカウンセリング・センターへ連れて行く。例えば、フロリダ州デルレイビーチやメリーランド州モントゴメリー・カウンティにおいては、現場出動危機対応チームが現場に来て、精神保健アセスメントの手助けを行っている。他の地域社会では、警察官がその者に必要とされるサービスやシェルターに連れて行くことや（例：アテネクラーク・カウンティ、ボルティモア・カウンティ、ミズーリ州カンザス市）、CIT 警察官がサービスを必要とする者と接触したことを精神保健サービス提供者に知らせることを行っている（例：アラバマ州フローレンス）。

　(c)　移　送

危機的状況にある者がわずかな資源しかない場合において、精神保健サービスにアクセスすることの大きな障壁とは、精神保健施設への移送を獲得することである。一部の警察機関は、一定の状況の下で、治療施設への移送を行うことが可能である。警察機関が、移送を行うかどうかの決定をするにあたって考慮する要素には、その者の医療状況、暴力行動やその潜在性、移送を希望して

いること等が含まれる。警察機関は、緊急診断のための精神保健施設への移送のために、その者に保護拘束（protective custody）を行うことがある。

　一部の管轄区域では、現場出動危機介入チームもしくはその他の精神保健サービス提供者と提携を結んでおり、その提携内容として、危機的状況にある者を必要とされるサービスに移送することについてのサービス提供者との間での取り決めがなされている。その他の管轄区域では、タクシー券の提供や、サービスへの移送のために救急車の要請を行っている。

(3)　CIT モデルを選択することの合理性

　PERF は、CIT モデルを行っている警察機関に対して、CIT モデルを選択した理由を尋ねている。多くの警察機関は、CIT モデルは、効果的かつ現実的なモデルであることについて言及している。ヒューストン警察署からの回答者は、以下のように述べている。「最初に精神病者に対応する者に焦点を当てることが道理にかなっている。警察機関と精神病者の接触の最初の 2、3 分で、悪い状況となるか、良い状況となるかどうかが決定される。接触の最初の時点で、危機的状況を減少化させる方が良い。すべての警察署や勤務班の者に訓練が提供されることによって、われわれはあらゆる場所にサービスを提供することができる。特別の中央チームを呼ぶにあたっては、時間がかかりすぎることがあり、集中型ユニットに関しては、多くの非稼働時間がある。」

　警察機関が、現場出動危機介入チームよりも CIT モデルあるいは他の警察基盤対応モデルを選択する理由の 1 つは、暴力的状況を潜在的に統制する警察の役割の重要性にある。その合理性については、ロサンゼルス警察署からの回答者によって言及されている。「警察機関は、絶えず、現場での最初の対応者である。10 分以下で済ませられる精神保健対応など存在しないであろう。われわれは、暴力の潜在的状況を減少させなければならない。警察機関は、常に、危険な状況に位置している。そのような分野に対応することは、当然の如く、非臨床的なこととなる。CIT モデルは、そのようなシナリオに取り組む唯一のモデルである。警察官は、現場で最初の対応を行う唯一の者であり、臨床医にとって危険な状況において、精神保健危機の専門技術を得る唯一の方法な

のである。」

コネティカット州ニューロンドンからの回答者は、警察機関の選択の理由を要約しており、以下のように述べている。「制服警察官に基づくモデルが道理にかなっている。例えば、日曜日の午前3時でも、われわれは勤務しているからである。」

5. ま と め

以上がアメリカにおける警察段階での触法精神障害者に対するダイバージョンの概要である。そのほとんどが精神病者に対する警察官基盤のダイバージョンプログラムを実施する過程に着手している諸外国の警察機関の指針となるものであり、我が国での対応と比べれば格段の相違があることが分かるであろう。我が国での今後の触法精神障害者に対する再犯防止対策、特に警察での対応の参考となれば幸いである。

参考文献

Reuland, M., *A Guide to Implementing Police-Based Diversion Programs for People with Mental Illness*. U.S.A : TAPA Center for Jail Diversion and A Branch of the National GAINS Center, 2004.

Abram, K and L. Teplin, "Co-occuring Disorders among Mentally Ill Jail Detainees : Implications for Public Policy," *American Psychologist*, Vol. 46, 1991, pp. 1036-1045.

Borum, R., Diane, M.W., Steadman, H.J., and J. Morrissey, "Police Perspectives on Responding to Mentally Ill People in Crisis : Perceptions of Program Effectiveness," *Behavioral Science and the Law*, Vol. 16, 1998, pp. 393-405.

Council of State Governments, *Criminal Justice/Mental Health Consensus Project Report*. New York, 2002.

Deane, M.W., Steadman, H.J., Borum, R., Veysey, B., and J. Morrissey, "Emerging Partnerships between Mental Health and Law Enforcement," *Psychiatric Services*, Vol. 50, 1999, pp. 99-101.

DeCuir, Jr., W., and R. Lamb, "Police Response to the Dangerous Mentally Ill," *The Police Chief*, October, 1996, pp. 99-106.

Ditton, P.M., *Mental Health and Treatment of Inmates and Probationers : Special Report*. Washington, D.C. : Bureau of Justice Statistics, 1999.

5　アメリカにおける累犯研究

1．はじめに

　性犯罪者の再犯率が高いというマスメディアの論調に影響を受けてか、最近の我が国においても、累犯研究の必要性が叫ばれるようになった。かつて、我が国の刑事政策においては、累犯問題の解明は、「刑事政策の喜望峰」であると言われ、「常習犯は刑事政策の月の世界」であると言われた。つまり、それは、人類の歴史において、世界一周の通路が開かれるかどうかの境目が喜望峰であり、誰もが月を見ることができ、月の存在を目の当たりにしながら、その実態を摑み得ないのと同様に、常習犯という存在があるという現実に直面しながらも、われわれ刑事政策学者は、いまだにその実態を把握できないでいる、ということを言い表したものである。

　アメリカにおいては、この累犯問題を、① 拘禁刑による施設収容そのものとその刑期の長さに関連付けて、施設拘禁は、結果として、累犯率を減少させるという見解と、② 施設拘禁は、かえって、累犯率を増加させるという見解が対立しており、また、① 刑期の長い方が累犯率を減少させるという学説と、② 刑期の短い方が累犯率を減少させるという学説が、対立している。

　以下においては、こうしたアメリカの実証的研究の成果について概観してみることにしたい。

2．実証的研究の概観

　累犯に対して刑期の長さがもたらす影響を分析するにあたっては、犯罪者の年齢、犯罪歴、犯罪類型といった他の基本的な変数をも考慮に入れなければならないことは言うまでもない。より長期の刑をつとめた犯罪者は、釈放時には高齢化しており、したがって収容歴に拘わらず、再犯を行うことが少ない傾向

にあると言われている。また、前科を持つ犯罪者は、事実として、初犯者より
も再犯を行うことが多いようである。不法目的侵入や強盗といった一部の犯罪
者類型においては、他の犯罪者類型におけるよりも高い累犯率を示している。
つまり、これらの個別的変数は、累犯に対する刑期の長さの真の効果を測定す
ることを覆い隠す要因ともなり得るのである。したがって、研究結果を分析す
るにあたっては、刑期の長さの純粋な効果を測定する前に、これらの変数を考
慮に入れなければならないということになるのである。

　実験的な研究計画を立てれば、累犯に対する刑期の影響を最小化することは
可能かもしれない。しかし、そのような研究計画においては、同一の犯罪類型
で有罪とされた犯罪者の大量な標本が必要となり、その上、異なる刑期で無作
為に拘禁されることが必要となるのである。そして、それらの犯罪者は、その
後、再犯率を測定するために、釈放後何年もの長きにわたって、追跡調査がな
されることになるのである。

　しかしながら、現実には、犯罪者を異なる拘禁の長さに無作為に割り当てる
ことは、人権侵害の恐れがあり、不可能である。それゆえに、この問題に関す
る研究は、一定の識別された因子を統制した統計技術に頼らざるを得ないので
ある。

　以下においては、次の3つの命題からなる個別の問題に取り組んだ実証研
究、(1)施設収容は累犯を減少させるか、(2)刑期の長さは累犯に影響を与える
か、(3)早期釈放は累犯に影響を与えるか、について概観してみることにした
いと思う。

3. 施設収容は累犯を減少させるか

　この命題に関しては、次の4つの研究がある。まず、バーテル（T. Bartell）＝
ウィンフリー・ジュニア（L.T. Winfree, Jr.）は、ニューメキシコ州で、1971年
に、不法目的侵入で有罪とされた100人の犯罪者の累犯率を分析している。
100人の犯罪者のうち、34人は拘禁刑を言い渡され、45人はプロベーション
に付され、21人はその他の量刑（罰金刑、薬物・アルコール治療処分、社会奉仕命

令など）が言い渡された。年齢、犯罪歴、不法目的侵入類型等の差を統計的に統制した後、結果を比べてみると、プロベーションに付された犯罪者は、拘禁刑を言い渡された犯罪者よりも、累犯を行うことが少ないということを見いだしている。

また、ウォーカー（N. Walker）＝ファーリントン（D.P. Farrington）＝タッカー（G. Tucker）は、それぞれ異なる量刑を受けた犯罪者の累犯率を分析するために、イングランドにおける 2,069 人の男性犯罪者の標本から得られたデータを使用している。これらの量刑には、釈放、罰金、プロベーション、執行猶予、刑務所収容等が含まれている。研究者が、犯罪類型、犯罪歴、年齢、刑期の効果を統計的に統制した後、累犯率は、犯罪者の犯罪歴に応じて異なるものであることを見いだしている。5 回以上の犯罪歴を有する犯罪者に関しては、累犯率がすべての量刑において高かった。プロベーションは、初犯者の累犯率を減少させるという点では、拘禁刑よりも効果的ではない。しかし、1 回から 4 回の犯罪歴を有する犯罪者には、効果的であることが示されている。

ウィーラー（G.R. Wheeler）＝ヒソング（R.V. Hissong）は、テキサス州ヒューストンで、罰金、プロベーション、ジェイルの量刑を受けた軽罪犯罪者（酒酔い運転を除いたA級もしくはB級の軽罪）の累犯率を比較している。そこでは、累犯とは、何らかのA級もしくはB級の軽罪あるいは重罪犯罪の反復と定義されている。3 年にわたる追跡調査と犯罪者の犯罪歴、人口統計学的因子を考慮することによって、研究者は、累犯という側面からみると、プロベーションが罰金刑やジェイル収容よりも優れていることを見いだしているのである。研究結果は、犯罪者の自主的選別に加えて、起訴に影響を与えたかもしれない潜在的制御不可能な因子によって、決定的なものではなかったけれども、研究者は、プロベーションによって科される処分決定後の監督手続が、相対的に短期であるジェイルの量刑よりも、次の新たな犯罪に対して優れた抑止力となるとの説明を試みている。

さらに、コーエン（B. Cohen）＝エデン（R. Eden）＝レイザー（A. Lazar）は、イスラエルにおいて、1978 年と 1979 年に重罪で有罪とされた、202 人の犯罪

者に関する追跡調査を実行している。これらの犯罪者のすべての者が、調査を担当したプロベーション・オフィサーによって、プロベーションを勧告されている。そのうちの48%の犯罪者はプロベーションに付され、52%の犯罪者は刑務所に収容された。5年にわたる追跡調査の結果、プロベーションの終了者あるいは刑務所からの釈放者のそれぞれの累犯率は、プロベーション・グループに関しては、55.7%、刑務所釈放者グループに関しては、60%であった。年齢、教育歴、犯罪歴の結果を統制した後、研究者は、犯罪者が拘禁刑を受けたか若しくはプロベーションを受けたかという事実自体は、累犯率とは無関係であることを見いだしている。すなわち、両グループにおいて累犯率が高かったために、研究者は、刑務所収容もプロベーションも、累犯を減少させるための優れた手段ではないと結論付けているのである。

4．刑期の長さは累犯に影響を与えるか

　この点に関しても、次のような4つの研究がある。まず、ゴットフレッドソン（D.M. Gottfredson）他は、1965年から1970年の間に初めてパロールに付された、アメリカにおける14の犯罪カテゴリーに該当する104,182人の男性受刑者に関する研究を行っている。追跡調査期間は1年であり、累犯に関しては、刑務所への再入と定義されている。刑期の中央値は、小切手詐欺ではない詐欺犯罪者の12.2か月から、殺人犯罪者の58.6か月に及んでいる。この研究においては、犯罪類型、犯罪歴、年齢の効果を統計的に統制する試みがなされている。研究結果は、より長期の刑を受けた犯罪者は、一般に、より短期の刑を受けた犯罪者よりも、パロールの間においては、高い累犯率を示したことを報告している。刑期と累犯率の関係の有意差は、異なる犯罪カテゴリーの間でばらつきがあった。財産犯罪者に関しては、より長期の刑を受けたすべてのサブグループ（自動車盗、小切手犯罪、不法目的侵入、窃盗、詐欺）が、より短期の刑を受けたサブグループよりも高い累犯率を示していた。しかしながら、持凶器強盗や薬物犯罪に関しては、より長期の刑を受けた犯罪者は、より短期の刑を受けた犯罪者よりも、少し低い累犯率を示しているのである。

次に、ベック（J.L. Beck）＝ホフマン（P.B. Hoffman）は、アメリカにおける
1,546 人の成人連邦犯罪受刑者を、釈放後 2 年間追跡している。犯罪者は、犯
罪歴、年齢、教育歴、職業歴、結婚歴を考慮した特徴的な因子評価に応じて分
類されている。犯罪者は、最初にこれらの評価によって分類され、次に刑期に
応じて更に分類が施されている。研究結果は、刑期と累犯率の間には、実質的
な相関関係が存在しないことを示している。

ゴットフレッドソン（D.M. Gottfredson）＝ゴットフレッドソン（M.R.
Gottfredson）＝ガロファロ（J. Garofalo）は、単一管轄区域における刑期とパロー
ルの結果の関係を調査している。この研究は、オハイオ州で 1965 年から 1972
年の間にパロールに付された 5,349 人の男性受刑者を 1 年の期間でもって追跡
調査したものである。犯罪者は、年齢、犯罪類型、犯罪歴、アルコール・薬物
使用の有無、パロールの有無に従って、再犯の危険性に関する 9 つのカテゴリ
ーに分類されている。研究結果は、異なる危険性カテゴリーにおいて、幾分入
り組んだ相関関係を、刑期と累犯率の間で示しているのである。しかしなが
ら、彼らは、全般的にみて、刑期の長さは必ずしも累犯を減少させるものでは
ないと結論付けている。累犯率は、刑期の長さに応じて幾分かの上昇率を示す
か、変わらないかのどちらかであったからである。

オーサ（T. Orsagh）＝チェン（J.R. Chen）は、累犯率を最小限にする最適条件
の刑期が存在するという仮説を検証した。彼らは、1980 年にノース・カロラ
イナ刑務所から釈放された 1,425 人の犯罪者を調査した。全標本のうち、40％
が強盗もしくは不法目的侵入で拘禁された者であった。これらの犯罪者は 2 年
間追跡調査され、本調査では、累犯とは釈放後の逮捕として定義された。年
齢、人種、結婚歴、職業、犯罪歴等の潜在的な影響を統制した結果、明らかと
なった事実は以下のようなものである。

① 窃盗犯罪者に関しては、再犯率は刑期の長さにともなって上昇している。
② 不法目的侵入犯罪者に関しては、算定された適正刑期は、中間年齢よりは
若い年少犯罪者では 1.3 年、年長犯罪者では 1.8 年であった。言い換えれば、
他の可能な解釈と照らし合わせると、年少犯罪者に関しては、1.3 年を超える

と累犯率が高くなる。同様に、年長犯罪者に関しては、1.8年を超えると、累犯率が高くなるということを示している。③窃盗、不法目的侵入を含む何らかの犯罪で有罪とされたすべての犯罪者グループに関しては、算定された適正刑期は1.2年であった。刑期が1.2年よりも短い場合、その範囲内で長期化された拘禁刑は、累犯率の減少と関連性を持つ。しかしながら、刑期が1.2年を超えると、より長期の刑期をつとめた犯罪者は、累犯の危険性が増大している。

オーサ゠チェンは、このことから以下のような結論を導き出している。

① 刑期は累犯率に影響を与える。

② その影響は、犯罪類型によってばらつきがある。

③ 一部の犯罪類型に関しては、累犯率は拘禁期間を短縮することによって下げることができる。

5．早期釈放は累犯に影響を与えるか

1980年代から1990年代にかけて、アメリカの多くの州は、刑務所の過剰収容を解消する手段として、早期釈放プログラムに依存してきた。この早期釈放プログラムは、刑期を短縮したことによって、刑罰の確実性と厳格性に関する犯罪者の認識を変化させたかもしれないのである。

ベレコッチィ（J. Berecochea）゠ジャーマン（D. Jarman）は、早期釈放と累犯率の関係を検証する実証研究を行っている。標本は、1970年3月から8月までにパロール適格者となったカリフォルニア州の男性重罪犯罪者を含むものであった。標本の平均刑期は3年である。これらの犯罪者は、以下の2グループのうちの1つに無作為に割り当てられた。すなわち、①6か月の減刑を受けた実験グループ（平均して16％の減刑）、②通常の刑期をつとめた対照グループの2グループである。12か月の追跡調査の時点で、早期釈放グループは、対照グループの28.2％と比べると、34.4％のパロール失敗率を示している。釈放後24か月時点では、パロール失敗率は、早期釈放グループが47.4％、対照グループは39.5％であった。しかしながら、累犯率におけるこれらの相違は、統計

的に有意差がみられなかった。すなわち、その差は偶然に生じる可能性がある範囲のものであったのである。結局のところ、彼らは、刑務所における刑期は、釈放後の累犯に影響を与えることなく、累犯を減少させることができるとの結論を導き出している。

シムズ（B. Sims）＝オコーネル（J. OConnell）は、早期釈放プログラムで1979年から1984年の間に早期のパロールを受けたワシントン州における1,674人の受刑者の、早期釈放プログラムの効果についての研究を試みている。平均して、これらの犯罪者は、予定よりも4.6か月早く釈放されている。そして、本研究においては、最初の早期釈放プログラム以前に12か月で釈放された1,867人の犯罪者グループが、対照グループとして用いられているのである。ここでは、累犯は、刑務所への再入として定義付けられた。調査結果は、一般に、1年、2年、3年の追跡調査時点での早期釈放犯罪者の累犯率は、対照グループの累犯率よりも低いか、ほぼ同等であった。また、早期釈放犯罪者によって犯された新たな犯罪類型は、対照グループによって犯された犯罪類型とほぼ類似したものであった。それにも拘わらず、3年目の追跡調査時点での早期釈放プログラムにおける犯罪者は、対照グループよりもかなり高い累犯率を示していた。彼らは、3年目の追跡調査時点での早期釈放プログラムの高い累犯率は、おそらく常習犯罪者の比率が高いことに帰するものであろうと推測している。この研究においても、犯罪者の累犯に対する早期釈放の独自の効果は、結局のところ見いだすことができなかったのである。

オースティン（J. Austin）は、1980年から1983年までの間にイリノイ刑務所から早期釈放を受けた1,428人の受刑者の標本における累犯率を評価している。この標本は、総数21,000人の早期釈放受刑者を代表するものである。累犯率は、同一期間における満期釈放受刑者と比較された。平均して、これら研究対象となった犯罪者は、満期釈放者よりも3.5か月早く釈放されている。調査結果は、1年の追跡調査の時点で、早期釈放を受けた犯罪者の再逮捕率（42%）は、満期釈放受刑者の再逮捕率（49%）よりも低いものであった。しかしながら、年齢、犯罪歴、現犯罪の重大さ、行刑施設での行状等に照らし合わせる

154 第2部 アメリカにおける刑事政策

と、低い累犯率は、早期釈放に起因するものではなかったのである。彼らは、早期釈放は一般的に言って累犯率に影響を及ぼすものではないと結論付けている。

6．お わ り に

以上において紹介したような累犯に対する施設拘禁と刑期の長短による効果研究は、我が国においてのみならず、世界的にもあまり多くの文献を見いだすことができない分野である。ここで紹介した論文は、ワシントン州公共政策研究所（Washington State Institute for Public Policy）のリン・ソング（Lin Song）＝ロクサンヌ・リーブ（Rxannne Lieb）による累犯研究（Recidivism: The Effect of Incarceration and Length of Time Served）である。この論文が重要な意味を持つと思われるのは、研究そのものがワシントン州公共政策研究所でなされたものであるということである。このワシントン州公共政策研究所は、ワシントン州議会が1983年に創設したものである。州議会、州知事、そして州立大学の代表者からなる評議員は、研究所を運営し、所長を任命し、研究所全体の活動を推進することが義務付けられている。我が国においても同様の研究機関を設立することができればすばらしいことだと思うが、現時点において、その可能性は、皆無と言ってよいであろう。しかし、同様の研究を展開することは可能である。我が国においても、近い将来、同様の累犯研究が進展することを期待したいものである。

参考文献

Song, L. and Lieb, R., *Recidivism: The Effect of Incarceration and Length of Time Served*. Olympia, WA.: Washington State Institute for Public Policy, September 1993, pp. 1-11.

6 アメリカの高齢者に対する犯罪予防プログラム

1. はじめに

『平成22年版高齢社会白書』によれば、2009年10月1日現在、65歳以上の高齢者の人口は、過去最高の2,901万人となり、総人口に占める高齢者の割合（高齢化率）は、22.7％にまで上昇している。そして、いわゆる団塊の世代（1947年～1949年に生まれた者）に該当する年齢層全員が高齢者となる2015年には、高齢者は3,000万人を超え、その後も増加を続け、我が国は世界のどの国も経験したことのない超高齢社会になる。

このような状況下にあって、高齢者に対する犯罪予防プログラムを考えておくことは、今後の刑事政策において重要なことであろうと思われる。そこで、以下においては、アメリカにおける初期の高齢者に対する犯罪予防プログラムを紹介し、犯罪対策先進国といわれるアメリカが、当時実行した実際の犯罪予防プログラムを紹介することによって、我が国の将来の高齢者犯罪予防対策の指針として、採用可能であるかどうかについて検討してみることにしたいと思う。

2. アメリカにおける犯罪予防活動

アメリカにおける高齢者に対する犯罪予防活動は、1960年代後期から1970年代初頭において開始された。法執行援助局（Law Enforcement Assistance Administration：LEAA）の資金源と結びついた伝統的な犯罪予防業務に対する不満の増加が、2つのラインに沿った活動を生み出した。

犯罪予防活動における1つ目の取り組みは、犯罪を減少させるための革新的な技術の開発と実施についてのものであった。たとえば、ハンドルを一定の場所に固定する自動車イグニッション・ロック等のようなハードウェアが、被害

化の可能性を減少させるために生み出された。2つ目の取り組みは、隣人社会のような、自然発生的な社会集団に対して、彼ら個々の構成員の安全に関して関心を持たせるよう奨励することを企図したものであった。町内防犯プログラム（Block Watch Program）は、このアプローチの代表的なものである。1975年に、オスカー・ニューマン（Oscar Newman）は、「まもりやすい住空間」（defensible space）という概念の創出によって、彼独自の理論を展開することにより、これら2つの取り組みを関連付けたのである。この考えは、人間は、自身の領域に対する固有の保護意識（protectiveness）を有しており、彼らの住環境を物理的に再設計することにより、犯罪の機会を減少させることが可能であり、領域を確保し、ことによると、拡大することができると主張するものである。それゆえ、まもりやすい住空間を創出するためには、以下の2つの構成要素が必要不可欠である。すなわち、環境の建築上の変化と、自身および他者の領域を保護することにおいて重要人物としての役割を採択する居住者の自発的意思である。「まもりやすい住空間は、……社会物理的な事象である」と、ニューマンは指摘する。ニューマンは、まもりやすい環境を促進するために、個別に、あるいは組み合わせて用いることが可能な、以下の5つの設計メカニズムを列挙しているのである。

(1) 年齢、生活様式、社会的傾向、背景、収入および家族構成によって決定されたような、それぞれの居住集団に対する、彼らが最大限に利用し管理することができる特定の環境の割り当て。

(2) 特定の居住者の影響力のおよぶエリアを反映している団地内空間の領域的画定。このことは、居住環境を、隣接する住居の居住者が所有権意識にもとづいた態度をとるゾーンに分割することで可能となる。

(3) 居住者が、彼らの生活環境の外部および内部の公共エリアを自然に見渡すことができるような位置に住居の窓や外部空間を伴う居住内部を配置すること。

(4) 居住環境の影響の範囲内に道路が含まれるために、街路に面した居住部——その入り口および生活利便施設——を配置すること。

(5) 他の者が、居住者の弱みや孤立を知ることができるような欠陥を避け得る建物の形態と手法を採用すること。

よりまもりやすい環境を生み出す、これらの考えの実現可能性は、もちろん、特定の近隣社会あるいは地域社会において、利用可能な資源に依存している。ニューマンの環境設計は、環境のマクロ的およびミクロ的な変化双方を提案するものである。マクロ的な変化は、まもりやすい住空間基準を満たすような、都市部の高層建築物の全体的な再構築の形態をとるであろう。しかしながら、ミクロ的な変化は、より良いドアロックや窓のガードの設置といった、既存の環境に対する比較的簡単な修正によって可能である。ミクロ的な変化は、マクロ的な変化に比べ、金銭的にも時間的にも明らかに実施することが容易であり、われわれが見たように、より良き自宅の安全装置といったミクロ的な変化は、教育を通じての集団の結束や被害化の回避を強調するプログラムとのパートナーシップにおいて、高齢者に対する犯罪予防プログラムの大多数を占めるに至っているのである。

高齢者に対する犯罪予防計画は、若年の一般市民に対する犯罪予防計画の文脈において理解されなければならない。家屋の安全性を増加させ、犯罪予防における一般市民の参加に着手する行動プログラム（action program）が、10年余りの間、実施中である。初期の取り組みのほとんどは、若年者、高齢者を問わず、すべての一般国民に向けられたものであった。高齢者の特別な必要性を満たすための犯罪予防プログラムが、極めて新しい事象であったとしても驚くべきことではない。高齢者の被害化を減少させるための方法を開発すべきであるという高齢者地域社会の主張は、15、6年前までは言及されてこなかった。高齢者のための特別な犯罪予防プログラムは、すべての一般市民に適応させられる類似のプログラムの派生物であった。たとえば、高齢者のための近隣住民監視プログラム（Neighborhood Watch Program）は、それ以前のすべての一般市民のための町内防犯プログラム（Block Watch Program）とほぼ同様な形において実施されたのである。

3．犯罪予防計画に関する独自の取り組み

　ほとんどの高齢者に対する犯罪予防プログラムは、以下の3つのアプローチに従うことにより犯罪の発生を減少させようと試みるものである。

　1つ目のアプローチは、犯罪予防訓練である。この取り組みは、高齢者に対して犯罪および被害者としての潜在性について教育することから成り立っている。この知識を伝達することについての主要な手段は、グループ・セミナーを通じてである。そこでは、高齢者に対して、ひったくりを回避するための助言や、自宅の安全性に関する助言、散歩の際に用心すべきこと、余暇に出かける際に行うべき行動、護身術等に関する情報が与えられる。現実に参加し、視聴覚教材を用いるセミナーが、従来的な講義形式よりもうまくいくことが証明されている。議論を促進し、高齢の市民により行われるプレゼンテーション等が持たれることにより、「構成員内における安全」に関する感覚へと導く、相互参加の感覚が生まれ得るのである。

　2つ目のアプローチは、彼ら自身の福利のための相互参加の感覚を生み出すことにおいて、密接に1つ目のアプローチの後に続くものであるが、このアプローチは、高齢者が実際に、警察のための補助的な「目・耳」となるよう、法執行手続において要請されるという点において幾分異なるのである。しばしば高齢者には、自分自身を防御する意思を持たせ、多くの視線が集まるように、身分証明書や窓用ステッカー、またはポータブル・ラジオが与えられる。

　3つ目のアプローチは、一般的に「対象物の強化」（target hardening）に関する犯罪予防支援と呼ばれるものである。これらの流れに沿った活動には、自宅安全性調査（home security survey）やハードウェアの設置、および所有物への刻印（property engraving）等が含まれる。高齢者の自宅の安全調査は、通常、警察職員により行われる。目的は、被害者となる可能性と関連する潜在的な脆弱性の原因を確かめることにある。仮に弱点が確認された場合、ハードウェアの設置が行われる。安全錠（deadbolts）、掛け金（hasps）、水平型ボルト（horizontal bolts）、縦型ボルト（vertical bolts）、蝶番のついた窓（hinged windows）、格子あるいは金網のついた窓（barred or meshed windows）および覗

き穴等の設置は、すべてごく一般的なものである。同様に貴重品への刻印は、そのようにする必要性が認められた場合、即座に行われる。安全調査はこのような必要性を確立するためのものである。

　ほとんどの犯罪予防プログラムが、同時に 3 つのすべてのアプローチに従うことが期待されているが、そのようにすることは、財政上、実行不可能かもしれない。単に安全調査によって、高齢者の自宅の潜在的な弱点部分すべてを識別することが、警察署にできることであるかもしれない。安全錠や金網のついた窓を設置することは高齢者次第であるかもしれないが、不運なことに、多くの高齢者は年金生活者であり、そのような出費を捻出する余裕はないのである。住宅都市開発省（Department of Housing and Urban Development：HUD）や高齢者庁（State Agency on Aging）のような機関が最適な援助機関であり得るのはこの点においてである。

　それゆえに、高齢者に対する犯罪予防において用いられている、 3 つのアプローチそれぞれの事例を提示することは、有意義なことであろうと思う。

⑴　高齢者安全セキュリティプログラム（Senior Safety and Security Program）

　犯罪に関して高齢者を教育することを目的とした最も初期のプログラムの 1 つは、オハイオ州のカイヤホガ（Cuyahoga）郡における、高齢者安全セキュリティプログラムである。当該プログラムは、もともと、高齢女性に対して、犯罪被害を受けにくくさせる方法や警察が犯人を逮捕することを手助けする方法などに関して教えることを手助けするために 1974 年に開発されたものであった。プログラムの関係職員は、貧困に満ちたスラム街近隣地域や労働者階級、および中間所得層の暮らす郊外の町から、比較的裕福な地域社会までの、全米中の地域を飛び回った。彼らの紹介する教育的セミナーは 9 つのステップから構成されている。

①　犯罪問題に関する議論

②　施錠や貴重品に対して印を付ける方法の実演

③　スライドショー：「泥棒を阻止する方法――第 1 部：最初の防衛ライン」

160 第2部 アメリカにおける刑事政策

④ スライドショー：「泥棒を阻止する方法——第2部：行動」

⑤ スライドショー：「泥棒を阻止する方法——第3部：対決」

⑥ スライドショー：「路上での攻撃を回避する方法」

⑦ スライドショー：「詐欺師の撃退方法」

⑧ スライドショー：「銀行業務」

⑨ 犯罪に関するクイズおよび回答に関する議論

プログラムは限られた財源で実施されており、プレゼンテーションを行うために、可能な場合はいつでもボランティアを利用して行われている。当該プログラムが実際に参加者の安全性を増進させているかどうかは知られていないが、カイヤホガ郡の高齢者間の安全性に関する感覚が向上していることをデータは示唆しているのである。

(2)　高齢者パワー近隣監視プログラム（Senior Power Neighborhood Watch Program）

1976年、オハイオ州警察署は、犯罪及び疑わしい行動に対する意識的な隣人の監視を目的として、高齢の一般市民の募集を開始した。プログラム関係者は、本来予期していた人数のおよそ4倍近くの高齢者が採用されたことから、マンスフィールドの高齢者の反応に圧倒されてしまったとのことである。これら高齢者は、本質的には、疑わしい事象に関する情報を伝達することによる、警察に対する「情報提供者」となるのである。さらには、高齢者は、このプログラムを通じて、自分自身が被害者となる可能性についてより良く認識し、それに応じて自分自身の生活様式を変えることを期待されるのである。マンスフィールドの高齢者パワー近隣監視プログラムの目標は、以下のとおりである。

① 高齢者の市民参加の拡大及び高齢者の被害化率25％の削減。

② 1,000人の高齢者と200の地方の警察に対する犯罪予防に関する特別なワークショップを提供すること。

③ 全米法執行週間（national law enforcement week）のときに、高齢者に対する犯罪予防フェアを主催すること。

④ 高齢者に対して自宅の安全立ち入り検査を提供すること。

⑤　潜在的な価値を伴う商品を推薦し、犯罪の被害者に対して犯罪予防に関する無料の印刷物を提供すること。

⑥　マンスフィールド警察署内において危険性のない職務を遂行することによって、警察を支援するためのボランティアとして高齢者を募集すること。

⑦　個別的に支援を必要とする高齢者グループと共に働くこと。

⑧　犯罪および犯罪防止技術に関する意識を国民に植え付けることによる犯罪の減少。

　マンスフィールド・プログラムの結果は、励みとなるものであった。1977年 10 月の時点において、入手可能なデータによれば、犯罪は顕著に減少しているのである。しかし、被害化に対する高齢者の態度の変化は、外見上は測定されていないようである。

(3)　高齢者自宅安全プログラム（Senior Home Security Program）

　1976 年 3 月、ミズーリ州セントルイスにおいて高齢者自宅安全プログラムが開始された。全米高齢者協議会（National Council on Aging）からの補助金により資金提供を受けた当該プログラムは、地方の高齢者の自宅における安全性を改善するよう責任を負っていた。さらに、改善は基金協定のガイドラインを満たす高齢者を雇用することにより達成されることになっていた。ドアロックやドアの覗き部分および窓部分のピン止め等といった窃盗防犯装置を設置するために低所得の高齢者が雇用され訓練された。

　また、同様にプログラムは、安全性を確認するために、毎日およそ 1,000 人の高齢者を呼び出す責任を有していた「電話安心プログラム」（telephone reassurance program）を開発したのである。高齢者ホームセキュリティ・プログラムにおいて、高齢者には設置費用は無料であるが、材料費は支払うことになっていた。1976 年 4 月の時点までに、セントルイスにおける 1,000 件以上の家がプログラムによってハードウェアを取り付けたが、これらの家のうちの一軒も、盗みに入られた家はないのである。

4．おわりに

　我が国においては、ここで紹介したアメリカのような高齢者に特化した犯罪予防プログラムは未だ策定されていないが、今後、我が国の高齢化が今以上に進行することは明らかな事実であり、そのような社会での犯罪予防策について、われわれ刑事政策の専門家も、アメリカのような具体的な犯罪予防プログラムを策定し検討する時期にきているということを認識しておく必要があるであろう。

　2011 年 3 月 11 日に発生した東日本大震災のような想定外の災害に対処する方策が事前に準備されていたならば、これほどの規模の災害とはならなかった可能性があるように、われわれ専門家は、絶えずあらゆる可能性を想定した上で、政策を立案する必要があるのではないだろうか。「想定外である」と言えば、すべてが許されることにはならないのである。

参考文献

内閣府編『平成 22 年版高齢社会白書』佐伯印刷（2010 年）2 頁。

Corrigan, R.S.,"Crime Prevention Progarams for the Elderly," in Lester, D. (ed.), *The Elderly Victim of Crime.* Springfled, ILL: Charles C Thomas Publisher, 1981. pp. 83-96.

Newman, O., *Design Guidelines for Creative, Defensible Space.* Washington, DC: U.S. Department of Justice, 1975.

Center, L.J., *Anti-Crime Programs for the Elderly.* Washington, DC: National Council of Senior Citizens, 1979.

7 アメリカにおける PFI 刑務所

1. アメリカの PFI 刑務所の現状

アメリカは PFI（Private Finance Initiative）手法を活用して刑務所の整備等を行っている先進国の 1 つであり、図表 12 に示されているごとく、連邦 30 州及びコロンビア特別区において、2010 年現在、約 12 万 8,195 人が民営刑務所に収容されており、これは州刑務所及び連邦刑務所に収容されている被収容者の8％の割合である。1999 年から 2010 年にかけて、民営刑務所に収容されている被収容者の数は 80％増大しており、とりわけ連邦刑務所の民営化の割合は、劇的に増大している状況にある。すなわち、州の民営刑務所の被収容者数は、1999 年から 2010 年にかけて、67,380 人から 94,365 人となっており、40％増大しているのに対して、連邦の民営刑務所の被収容者数は、3,828 人から 33,830人となっており、784％増大しているのである。

図表 12　アメリカにおける民営刑務所の被収容者数

	1999 年	2010 年	1999 年から 2010 年までの割合の変化
全刑務所	1,366,721	1,612,395	＋　18％
全民営刑務所	71,208	128,195	＋　80％
民営刑務所（連邦刑務所）	3,828	33,830	＋ 784％
民営刑務所（州刑務所）	67,380	94,365	＋　40％

資料源：Mason, C., *Too Good to be True Private Prisons in America*. Washington, D.C.：The Sentencing Project, 2012, p. 1.

そして、1999 年時点では、31 州が民営刑務所の契約を締結しており、2004年には 33 州へと若干の増大を示したのであるが、2010 年現在においては 30

州へと減少している。具体的には、1999年から2010年までの間に、バーモント州、アラバマ州、オハイオ州、コネティカット州、ペンシルバニア州、サウスカロライナ州の6州は、新たに民営刑務所を用い始めている。しかしながら、アーカンソー州、メイン州、ミシガン州、ミネソタ州、ネヴァダ州、ユタ州、ワシントン特別区の6州及び特別区は、民営刑務所に依存することを完全に止めた。一方、デラウェア州、イリノイ州、アイオワ州、カンザス州、マサチューセッツ州、ミズーリ州、ネブラスカ州、ニューハンプシャー州、ニューヨーク州、ノースダコタ州、オレゴン州、ロードアイランド州、ウエストヴァージニア州の13州は、この期間、民営刑務所がまったく存在していない状況にある。

　また、民営刑務所が存在している30州のうち、被収容者数が一番少ないのはサウスダコタ州の5人であり、一番多いのはテキサス州の19,155人である。各州の民営刑務所の被収容者数の現状は、図表13の通りである。

　アメリカは、特にレーガン政権以降の厳罰化政策により、連邦及び州の刑務所に収容されている被収容者の数が20年で約4倍となり、爆発的に増加するなどしたことにより、財政負担が著しく増加し、施設の整備を民間資本等に頼らざるを得なかった事情があったのである。特に、いわゆる三振法（Three Strikes and You're Out Law：野球量刑とも呼ばれ、重罪で1回あるいはそれ以上の有罪判決を受けた犯罪者に重罰化された刑罰を科すものである。カリフォルニア州では2回目の重罪は刑期が2倍となり、3回目の重罪は三振アウトとなり、25年間仮釈放なしの無期拘禁刑が科される。）が連邦及び各州で制定されて以降、過剰収容の傾向が強まることとなった。

　諸外国のPFI刑務所では、様々な形で民間のノウハウが活用されているが、アメリカの大手民営刑務所運営会社による施設整備の例をみると、プレキャスト法（工場でパネルを作成して現場に持ち込んで組み立てる工法）を活用しており、約1,000人収容する刑務所が約12か月で整備可能であるとのことである。

　また、アメリカにおける二大矯正施設民営企業は、アメリカ矯正会社とワッケンハット矯正会社であるが、この2社だけでアメリカにおける全民営刑務所

図表13　1999年から2010年までの民営刑務所の被収容者数の変化

管　　轄	民営刑務所における被収容者数		1999年から2010年までの割合の変化
	1999年	2010年	
アラバマ	0	1,024	－
アラスカ	1,387	1,873	＋　35％
アリゾナ	1,392	5,356	＋ 285％
アーカンソー	1,224	0	－ 100％
カリフォルニア	4,621	2,170	－　53％
コロラド	＊	4,498	－
コネティカット	0	883	－
デラウェア	0	0	－
フロリダ	3,773	11,796	＋ 213％
ジョージア	3,001	5,223	＋　74％
ハワイ	1,168	1,931	＋　65％
アイダホ	400	2,236	＋ 459％
イリノイ	0	0	－
インディアナ	936	2,817	＋ 201％
アイオワ	0	0	－
カンザス	0	0	－
ケンタッキー	1,700	2,127	＋　25％
ルイジアナ	3,080	2,921	－　5％
メイン	22	0	－ 100％
メリーランド	131	70	－　47％
マサチューセッツ	0	0	－
ミシガン	301	0	－ 100％
ミネソタ	80	0	－ 100％
ミシシッピ	3,429	5,241	＋　53％
ミズーリ	0	0	－
モンタナ	726	1,502	＋ 107％
ネブラスカ	0	0	－
ネヴァダ	561	0	－ 100％
ニューハンプシャー	0	0	－

166 第2部 アメリカにおける刑事政策

（図表13つづき）

ニュージャージー	2,517	2,841	＋　13%
ニューメキシコ	1,873	2,905	＋　55%
ニューヨーク	0	0	－
ノースカロライナ	1,395	208	－　85%
ノースダコタ	0	0	－
オハイオ	0	3,038	－
オクラホマ	6,228	6,019	3%
オレゴン	0	0	－
ペンシルバニア	0	1,015	－
ロードアイランド	0	0	－
サウスカロライナ	0	17	－
サウスダコタ	46	5	－　89%
テネシー	3,476	5,120	＋　47%
テキサス	11,653	19,155	＋　64%
ユタ	248	0	－ 100%
バーモント	0	562	－
ヴァージニア	1,542	1,560	＋　1%
ワシントン	331	0	－ 100%
ウエストヴァージニア	0	0	－
ウィスコンシン	3,421	25	－　99%
ワイオミング	281	217	－　23%
連　　邦	3,828	33,830	＋ 784%
州	67,380	94,365	＋　40%
合　　計	71,208	128,195	＋　80%

資料源：Mason, C., *Too Good to be True Private Prisons in America.* Washington, D.C.：The
　　　Sentencing Project, 2012, pp. 4-5 に筆者が修正を加えた。

の80%の被収容者を管理するまでに急成長を遂げているのである。

　民営刑務所の運営の内容については、各州によって異なるが、例えばテキサ
ス州やフロリダ州では、州法上、民間企業との契約締結は、州政府の管理運営
する同等の施設より、7％から10％の経費削減を条件としており、州の施設

と同等以上の待遇や処遇を行う責務も定めているのである。

2．民営刑務所の効果

政府や矯正機関が、民営刑務所の設立に向けて突き動かされる要因のうち、最も強力な要因は、刑務所人口の問題であることは前述した通りであり、民営刑務所の実現により、過剰収容と老朽化した居室内に居住する受刑者を管理することの問題性を解消することができるとされている。

また、それと同時に、民間事業者との契約は、政府による直接的なサービスの供与よりも、あまりコストがかからず、効率的な刑務所運営が実現可能であるといったことも、民営刑務所の設立の重大な動機である。これらは、まさに民間事業者のノウハウによって実現されることであり、このような形で民間事業者との契約を行うのであれば、刑務所建設のための公的負債が増大することを、選挙民に要求し説明することもなくなると考えられる。

さらには、民営刑務所が競争市場を提供することによって、公的セクターがこれまで打ち建ててきた労働規則について再考させられることとなり、変革を迫られることで、公務員のインセンティブが増大することも指摘されているところである。

しかしながら、このような民営刑務所のメリットに対しては、問題点が示されていることも否めない事実である。例えば、民営刑務所の運営企業は、適切な警備の実施といった側面において問題があることが指摘されている。アメリカにおいては、1999 年に、アメリカ矯正会社が運営する成人刑務所において、4 人の受刑者が外囲いを壊して警備の厳重な施設から逃亡するという事件が 3 件起こっており、また、アメリカ矯正会社とその子会社であるトランスコー社 (TransCor America) においても、同様に、被収容者を医療処置のために病院へ移送しているとき、あるいは刑務所に移送しているときに、逃走事故が起きているのである。さらには、施設によっては、暴動事件が発生したケースもあるようであり、それらの施設では、被収容者の制圧のために化学薬品を用いざるを得なかったがために、職員に負傷を負わせる結果となった事例も報告されて

いる。

　また、民営刑務所における拘禁担当職員の離職率は、官営刑務所よりも高いことも指摘されており、アメリカにおける官営刑務所の6か月間の平均離職率は4.4％であり、9％を超える官営刑務所は存在しなかったのに対して、95％の民営刑務所では、10％かあるいはそれ以上の離職率であったことが報告されている。

　この他にも、民間事業者は刑務所運営によって利益を上げるために、収容人口を増大させるのではないか、あるいは、利潤のために、被収容者の権利を侵害するおそれがあるのではないかといった懸念も存在するようである。

　前者の問題は、利潤を追求することは資本主義の原理からもたらされる当然の摂理であると言ってしまえばそれまでのことであるが、過剰収容を避けるための民営化が、新たな過剰収容を招く結果となったとしたら、これほど皮肉なことはない。

　しかしながら、現在までのところ、これらの事実を裏付ける統一的なデータは存在していないのであり、また、将来的に、民営刑務所の創設により、被収容者数が劇的に増大することはないであろうと推測されている。そして、後者の問題についても、民営刑務所においては、官営刑務所が行っている初歩的な小火器訓練や小火器についての補充訓練、さらには集団統制の訓練や拘禁に関する初歩的な訓練、拘禁の方法や基準等についても官営刑務所と同一のものを用いて運用がなされているとのことであり、また、諸外国で展開されている民営刑務所においては、被収容者の処遇状況を監視するために何らかの監視システムが整備されているために、人権侵害の事態が発生した場合には、契約違反として契約を取り消されることになっていることにも留意すべきであろう。

　さらには、受刑者に対して良質な民営刑務所システムを創設する一方で、官営刑務所のシステム基準が民営刑務所の基準とかけ離れてしまうことで、結果として、官営刑務所の衰退を招いてしまうのではないかという懸念も表明されている。こうした論旨の主張者は、とりわけ、人種的な少数者集団、精神的に不安定な者、暴力犯罪者、薬物依存者、エイズのような伝染病患者等に対する

民営刑務所と官営刑務所のサービスの格差を懸念しているようである。しかしながら、それとは反対に、むしろ、民営刑務所の創設により、官営刑務所の改善を促進させているとする見解も存在するのであり、この見解の主張者によると、民営刑務所で生じている問題点を喚起することで、戦略的に、官営刑務所システムに改善する手段を提供している側面があると評価するのである。

このように、民営刑務所に対しては賛否両論、様々な見解が存在しているが、一般的には、官営刑務所と民営刑務所を相互補完的な関係で捉える見解が妥当なのではないかと考えられる。そして、いずれの国かを問わず、それぞれの国の民営刑務所が、現在抱えている問題点を真摯に受け止めており、それを解消するための施策に苦心惨憺しているというのが、諸外国のPFI民営刑務所の実情ではなかろうかと思われるのである。

3. おわりに

我が国のPFI刑務所は、ドイツ・フランス方式の官民協働運営型を採用しており、アメリカ、イギリス、オーストラリア等のような完全民営化型を採用したものではないため、上述のような諸問題が、我が国でも発生する可能性があるとは考えられないであろう。しかしながら、今後のPFI刑務所の運営を考える上で他国の実情を参考にすることは重要である。本稿がそうした意味において、何らかの示唆を与える契機となれば、これに過ぎる喜びはない。

参考文献

Mason, C., *Too Good to be True Private Prisons in America*. Washington, D.C.: The Sentencing Project, 2012.
藤本哲也『犯罪学研究』中央大学出版部（2006年）95頁以下参照。

8 アメリカにおける警備業と民間ポリーシング

1. はじめに

アメリカにおけるテロリズムとの闘いは、これまで我が国ではあまり議論されてこなかった問題であるが、民間警備保障に対して、新たな緊急課題を創出しているようである。最終的に、運輸安全管理局（Transportation Security Administration）となった当該機関にテロ対策を委任すべきかどうかを議論していたとき、当時の合衆国上下両院議員たちは、最初は、ポリーシングの本質についての基本的な問題——ポリーシングは本質的に政府の役割なのであろうかという問題——を検討することを余儀なくされたようである。信じられないことであるが、空港で手荷物検査を行っている何千もの民間の検査官は、公務員であるべきか、民間人であるべきかについて、これまで誰も問題とはしなかったのである。同様に、アブグレイブ刑務所での受刑者虐待のスキャンダルは、民間契約の審問官を雇うことの妥当性についての関心を新たにした。連邦政府は、個人の権利を尊重することに関して、民兵を信頼することができるのであろうか。刑務所での虐待者が民間部門の職員である場合、虐待された受刑者は、何らかの援助を受けることができるのであろうか。これらの議論には、共通した問題点がある。すなわち、国家と民間ポリーシングとの適切な関係とは何なのか、ということである。以下においては、少し難しいかもしれないが、こうした問題について検討してみることにしよう。

2. 民間ポリーシングの意味するもの

まず、「民間ポリーシング」という言葉には、組織化された営利目標の人的サービスの様々な法律的形態と、その初期の目標が、犯罪の統制、財産と生命の保護、秩序維持を含んでいることに注意しなければならない。このような定

172 第2部 アメリカにおける刑事政策

義付けが可能であるとするならば、民間ポリーシングは、犯罪予防活動に参加しているグループや人物を意味しないことになる。アメリカの歴史を通じて、民間人は自分たち自身の法解釈を行うためにいろいろな組織を形成してきたが、自警行為は、無法状態における民間ポリーシングとは異なるのである。近隣区域の監視と市民パトロール等のボランティア活動は、自警行為よりは遵法的ではあるが、監視とパトロールに従事する者にとって、ポリーシングにかかわること自体はボランティア活動で、職業ではないのである。同じく、犯罪統制は、保険金支払額査定者、駐車場の係員、守衛のような者にとっては二次的な関心に過ぎないのであり、それらの者は、義務の一部として、警察と同様の活動に従事するのである。民兵についても、国際平和維持の任務と闘争における多くの民間職員の配置が、準軍事的な業務として、より明確に規定されているが、それは公共ポリーシングと結び付けて考えられるような活動ではないのである。

　しかしながら、このように狭く定義した場合でさえも、民間警備保障は、膨大な職業グループを含む概念である。アメリカでは、1970年には、民間警備員1人に対して約1.4人の割合の警察官がいたが、今日では、最近の資料（Hallcrest Report：ホールクレスト報告）によると、警察官1人に対して約3人の民間警備員（1990年で、私設（社内）警備員52万8,000人、契約警備員52万人）がいるとのことである（2000年現在で約200万人とも言われている。）。労働統計局（Bureau of Labor Statistics）は、警備員の雇用は、2010年までにすべての職業の平均的な割合よりも、急成長するであろうと予測している。その上さらに、民間ポリーシングには、広いバリエーションがあることは言うまでもない。一般的には、民間警備員に焦点を当てているが、私立探偵、保険金詐欺調査官、民間監視者のような他の多くの種類の職業も、民間ポリーシングに含まれるのである。

3．民間ポリーシングの形態

⑴　保護的警備ポリーシング（Protective Policing）

　保護的警備ポリーシングは、窃盗、不法侵入もしくは損害に対して、一般市民の財産を保護することに焦点を当てるものである。そのようなポリーシング活動は、予防的もしくは反作用的である。予防活動は、視覚的（カメラ）、音声的（通信傍受）、動力的（電子万引きタグ）手段の使用によって高められた民間警備による監視に重きを置いている。反作用的ポリーシングで用いられる手段は、守られる財産の性質によって異なる。装甲車の運転手は、委託された商品を守るために暴力手段に頼るかもしれない。財産所有者の代理人としての遊園地の警備員は、客の締め出しに頼りがちである。警備の管轄は、守るように命じられている財産の形態、それが不動産であるか、動産であるかによって制限されている。

　言うまでもなく、警備請負業務の大部分は、財産を守ることに向けられている。これらの警備員——通常、彼らにはすべての警備員の中でも最低賃金が支払われている——は、いつも職場組織の一員として参加しているわけではない。多くの顧客は、商業財産の所有者であるが、これらのサービスは、住宅所有者団体とともに、ますます一般的なものとなってきており、この住宅所有者団体は、近隣地域のパトロールを行うために民間警備業者を雇用するのである。

⑵　情報収集ポリーシング（Intelligence Policing）

　情報収集ポリーシングは、犯人の特定や逮捕よりも、むしろ、情報検索に力を入れる。調査員は、市民としての法的権限のみに基づき、調査範囲は、特定の管轄領域に限定されないのである。情報収集活動の性質は、目標が特定される度合い、あるいは、情報が既に行われた過去のものか、それとも将来的に予期される問題か、どこに焦点を当てているか等によって異なるのである。民間の調査員が、たとえば配偶者の不貞行為の疑いに関する情報を探し求める場合には、そこには特別な目標と特定された問題が存在するのである。他の民間組織は、未知の目標とまだ特定されていない事例を探し求めるかもしれない。保

険産業における詐欺事件に取り組むことを専門とする民間機関である全米保険犯罪局（National Insurance Crime Bureau）は、2つの戦術を兼ね備えている。すなわち、その300人の従業員は、保険請求についての疑わしい事例を調査し、医療保険詐欺と自動車窃盗の疑わしい事例を追跡するのである。

　情報収集において、特別な法的権限に頼ることは、調査員の費やす時間と注意力に比べれば比較的に少ないといえる。石炭会社が1930年代にスパイ労働者に頼ったのと同様に、企業は今日、調査活動を行うために民間警備保障を利用するのである。1980年代に、マクドナルド社（McDonald,s Corporation）は、環境活動団体であるロンドン・グリンピース（London Greenpeace）の構成員が、自社を批判しているパンフレットを配布していることを知った。マクドナルド社は、民間の調査員を雇ってグリンピースの団体の会合に潜入させた。しかしながら、この情報収集活動は、また、調査員が公共部門にいた間に獲得した技術や、公共部門にいる元同僚との接触から利益を得た可能性が大きいのである。

　一部の民間組織は、情報を収集するための特別な法的権限を有している。民間による監視事業である政府保護事業は、その典型的な事例である。多くの民間の監視者は、以下のようにして、職を見いだすのである。

　民間人によるゆすりたかり、もしくは、犯罪となる共謀罪について和解を求める企業は、政府との間でなされた同意判決（当事者間の合意による判決、すなわち、裁判上の和解である）の条件内容についてのコンプライアンスを監視するために、民間の監視員に賃金を支払うことに同意する。クロール社のような企業は、全米で最大の調査会社の1つであるが、会社の会計実務を監査し、従業員にインタビューを行い、従うべき会社の倫理ガイドラインを確立することによって、そのような同意判決を監視するのである。これらの監視員の一部の者は、証人を法廷に召喚し、完全雇用を行うという誓約の下で証言をとることが認められている。一例として、1994年の事業への犯罪組織等の浸透の取締まりに関する法律（Racketeer Influenced and Corrupt Organizations：RICO）、いわゆるRICO法違反事件がニューヨーク州の連邦検察官によって提起され、裁判長

は同意判決を是認し、その同意判決で、8人の被告は、検察官によって組織犯罪で占められていると主張された、ロングアイランドの生ごみ運搬産業の活動を監視するために、クロール社に雇われることに同意したのである。

(3)　公務請負ポリーシング（Publicly Contracted Policing）

　公務請負ポリーシングでは、民間警備機関は、たまたま政府によって提供される民間市場サービスでの単なるサービス提供というよりも、むしろ、かつて政府によって行われた特殊サービスを、取って代わって行うのである。このような業務配置で、公共機関は、そのサービスへの資金援助や監督をする役割を減らすのである。民間会社は、特別な機能、たとえば、違法駐車された車のレッカー移動や保管、発送サービスの準備を、警察署に長く提供してきたが、犯罪統制機能の部分的もしくは大部分の転換は、「警察の民営化」に関する民衆の考えに最もふさわしいものであると言えるのである。もちろん、公共機関と民間警備保障会社との間の公務請負業務は、民間に引き渡されるサービスの性質と範囲を指定している。

　公務請負を行う民間の力が、警察に取って代わって全体的に組織化されればされるほど、完全な公共の法的権限と補足的な物質的資源が、より利用可能となるのである。警察業務のために民間機関を雇った最初の地方政府は、おそらくミシガン州のカラマズー市であろう。宣誓した全権限を持った保安官（sheriff）として、チャールズ・サービス（Charles Services）社の従業員は、カラマズー市で雇われ、1950年代に、3年以上にわたって、街路パトロールと交通に関する法執行を行ったのである。業務の最終的な終焉は、訴訟で会社の混乱が度重なったことによって、民衆の批判にさらされたことに原因があるとされている。アリゾナ州オロバリー、フロリダ州インディアンリバー、オハイオ州リマインダービル、ウェスト・ヴァージニア州バッファロー・クリークのような他の市のポリーシングでは、公務請負が実験的に行われている。公務請負業務が、現存の警察の補足代行の意図で行われているところでは、これらの民間機関が特別な法的権限あるいは法的義務をもっていることは少ないようである。警察が、例えば核兵器施設周辺を警備するための契約従業員を雇うところで

は、警備員は、単に財産を守り、市民として、そしてまた財産を取り扱う者としての法的権限に頼ることが期待されているのである。同様に、全米の多くの場所の連邦裁判所は、法廷警備員と契約を結んでいる。

ジョージ・リガコス（George Rigakos）が述べているように、「一部の民間警備業が公共の顧客をもつという事実は、それらの民間警備業に、あまり『民間的』でないことを強制する」ということを意味するのである。彼が論じているように、公務請負会社は、人目に分かるほどの「市場論理」を追及する。すなわち、それらの会社は、競合する利益サービスを提供することによって、顧客に執着するのである。

⑷　企業内ポリーシング（Corporate Policing）

仮に公務請負業務が、公共部門内に民間の代理人を置くようなものであるとするならば、企業警備は、民間組織内に警察署の特徴に似たものを設置するものであるとも言える。多くの警察署のように、企業警備は、多様な目標を追及する。多くの企業警備業は、財産やその財産をもつ者の生活を守り、最初に問題を解決する者として、あらゆる種類の危険性——街路犯罪、暴動、テロリズム、自然災害など——の対策を計画し、一般的な評価を獲得することを試みるのである。典型的には、企業警備は、「警備保障部門」として企業組織内に取り込まれており、それは監視機器のような物質的技術に頼るだけでなく、状況的犯罪予防のような社会技術を用いることもあるのである。

企業組織が大きいほど、企業警備部門は大きなものとなる。業務次第で、一部の企業警備部門は数州（ときには数か国）に及ぶこともあり、その結果として、その企業警備部門は、多様な管轄区域内で競い合わなければならないのである。

4．民間警備保障の規制原理

「民間ポリーシング」という用語は、警察、民兵、ボランティアと対照をなすものとして、便利で手短な言葉として役に立つものである。とは言え、その分析や議論には、民間ポリーシングに、より広いカテゴリーを提供する取組み

よりも、民間ポリーシングに、より脈絡化された取組みを必要とするように思われる。民間警備業に特別な法的地位が認められているかどうかは、きわめて重要であるかもしれないが、民間警備業を評価するにあたっては、単独の基準が用いられるべきではない。ここで展開されている法社会学的取組みは、他の手段よりも優れているといったような実質的な結果を擁護するものではないのである。むしろ、その価値は、法政策決定者や法律学者に対して、制定法であれ、憲法であれ、コモンローであれ、その枠組内で民間警備の適切な規制枠組を展開するための分析手段を提供する指導的なものなのである。

　もちろん、民間警備は、単一なものではない。民間警備活動を規制するための一般原則を作る場合において、以下の2つの関連事項を検討することが要請される。

　第1に、様々な民間警備の形態は、様々な種類の危険性を現出する。一部の民間警備業者による不当な（違法な）暴力の行使は、乏しい訓練あるいはそもそも訓練をしていないことに原因があるとされている。多くの事例において、保護的警備ポリーシングは、基準が維持されにくい場所では、低賃金で、配置転換が多いようである。他方で、企業内の警備保障部門の責任者は、警察を退職した者が多く、彼らは同様の問題を抱えていない。このカテゴリーでは、裁判所や立法者は、過去の警察経験や現在の警察との継続的関係が、いかに民間業務に利益を与えているかを考慮することが重要になる。

　第2に、他者の行動にほとんど影響を与えないかもしれないが、いくつかの提案された規則が、一部の民間警備の行動を改めるかもしれない。例えば、民間警備組織の事件を訴追するための準備に力点が置かれれば置かれるほど、「州の行為」に関する教義の拡大が、ますます考慮に値することになるのである。民間組織内の制度で事件を解決する場合には、そのような拡大は、民間警備活動に全く影響を与えないのである。

5.おわりに

　以上のような分析的取組みの展開は、民間ポリーシングについてのわれわれ

の理解をより改善することができるであろう。法律学者、裁判官、立法者は、通常、他の社会現象と同様に、ある一定の距離をもって、民間ポリーシングを評価する傾向がある。それらの者は、学問的成果、メディア、公的報告書、その他の情報源から収集される利用可能な知識に依存し、言及すべき論題の詳細を肉付けして述べるのである。そのような戦術が、誤解や単純化した民間ポリーシングの理解に随伴している原因であるとも言える。

　アメリカにおいては、より多くのポリーシング研究を求める声が出てから約30年以上が経過したが、民間ポリーシング研究は、今でもその必要性があまり認識されていないようであり、いまだ未発達な状態にある。研究者による個々別々な特徴付けは、基本的な定義についての不特定性あるいは不一致に原因があると言うことができるかもしれない。今日の民間警備の先駆者は、ノルマン人のイングランド征服より以前に遡ることが、歴史的視座によって証明されている。しかしながら、これらの歴史的先例と今日の事例との直接的な比較を行う場合には、慎重な配慮が必要である。社会学者は、民間ポリーシングを特徴付けることがいかに重要であるかについて、他とは違った見解を提示している。社会学者の研究モデルは、民間ポリーシングは、公共ポリーシングと正反対のものでもなければ、単なる「民営化」バージョンでもないことを証明しているのである。法律学者は、民間ポリーシングを研究することの重要性と、規制に関する法的枠組みが必要であることを、やっと理解し始めたところである。

　本稿で指摘したごとく、警察と民間警備業の質的な相違点はもちろんのこと、それらの類似点をも認める多元的な取組みが、今後とも、最も有益ではないかと思われる。そのような取組みは、警察と民間警備業の法的な違いだけでなく、いかにそれらの違いが、思いがけない戦略的機会を提供するかをも考慮しなければならないことを、われわれに暗示しているようである。

　また、裁判官や法律学者は、民間警備に存在する実証的なバリエーションと、それと同時に、ほぼすべての民間警備業が共有する基本的特徴を認識するべきである。テロリズムとの闘いによって拍車がかけられた警察に対する増大

された圧力が、民間警備業に、警察のパートナーとして振る舞うことの重大性と信頼性をもたらしているようである。「民間」とか「公共」とかいったような抽象的概念は、警察の関心を引くものではない。そしてまた、そうした抽象的概念によって、われわれは、われわれのポリーシング研究を混乱させるべきではないのである。

我が国において、民間警備業研究の必要性を訴え、全国警備業協会に「警備業法勉強会」を立ち上げたのは、慶應義塾大学名誉教授の宮澤浩一先生である。筆者もその勉強会のメンバーであるが、我が国の民間警備保障の研究は、まさにその緒に就いたばかりである。「民間警備保障の概念化」などの研究は、いまだ存在しないのではあるまいか。近い将来において、民間警備業が、法律学者の研究の一分野となることを期待したいと思う。

参考文献

Joh, E.E., "Conceptualizing the Private Police," *Utah Law Review,* Vol. 2005, No. 2, 2005, pp. 573-617.

全国警備業協会編『安全・安心な社会の実現に向けて』全国警備業協会（2010 年）。

9 ハワード・ゼアの『修復的司法の手引き』

1. は じ め に

　最近、我が国においても、修復的司法に関する文献が、数多く見られるようになった。この修復的司法の分野において、筆者が最初に注目したのは、世界で初めて修復的司法を法制化したといわれるニュージーランドの「児童、青少年及び家族法」（Children Young Persons and Their Family Act 1989）であった。2003年7月には、ニュージーランドを訪問して、修復的司法の実態調査を行った。そのときにお世話になったのが、ニュージーランドの修復的司法の指導者、マッカレー（F. W. M. McElrea）裁判官である。研究成果は『諸外国の修復的司法』（中央大学出版部・2004年）として公刊している。

　また、2007年1月から3か月間、超短期在外研究でオーストラリア国立大学に滞在した折に、オーストラリアの修復的司法について意見交換をしたのは、オーストラリアの修復的司法の指導者ジョン・ブレイスウェイト（John Braithwaite）教授であった。ブレイスウェイト教授の著書は『修復的司法の世界』（成文堂・2008年）という表題で訳出・出版されている。

　2009年2月、ノルウェーのオスロ大学で開催された国際セミナーにゲスト・スピーカーとして招待された折に、ノルウェーの修復的司法について親しく説明していただいたのは、「ヨーロッパの修復的司法の父」といわれている、ニルス・クリスティ（Nils Christie）教授である。クリスティ教授の著書も『人が人を裁くとき──裁判員のための修復的司法入門』（有信堂・2006年）として、日本語で読むことができる。

　しかしながら、何といっても、「修復的司法の父」といわれるのは、ハワード・ゼア（Howard Zehr）教授であり、ゼアの著作も『修復的司法とは何か』（新泉社・2003年）という表題で訳出・出版されている。

182 第2部 アメリカにおける刑事政策

このように、我が国は、新しい学術上の文献が即座に翻訳出版され、多くの研究者が同時に同じテーマで研究を競い合うという、良き学問的伝統が存在する。これこそが、我が国の学問が、世界的レベルを維持している重要なファクターではないかと思われるのである。

ところで、筆者は、ゼアのもう1つの重要な文献である『修復的司法の手引き』（The Little Book of Restorative Justice）に接する機会を得た。この著書は、筆者が前述の『諸外国の修復的司法』を編著として出版した折に、筆者の指導教授であるポール・タカギ（Paul T. Takagi）、カリフォルニア大学名誉教授が引用し紹介したものである。その後、大学院の犯罪学講義の外書購読でテキストとして使用したのであるが、改めて読んで見ると、修復的司法の概念が分かりやすく説明されていると思う。そこで、以下において、その概要をごく簡単に紹介したいと思う。

2．修復的司法の概観

社会の一員としてのわれわれは、どのようにして不法行為（wrongdoing）に対応すべきであろうか。犯罪が発生し不正義が行われたとき、必要なものとは何であろうか。また、司法が要求するものは何であろうか。

北米人にとっては、これらの問題の緊急性が、2001年9月11日のテロ事件がトラウマとなり増大されたと言ってよいであろう。「犯罪にどう対処するか」という問題そのものは、歴史的にみれば古いテーマであるが、近年において、この問題は、その広がりにおいて国際的なレベルのものとなっている。

われわれが犯罪に関心をもとうがもつまいが、他の加害行為に関心をもとうがもつまいが、西洋の法制度は、これらの犯罪問題——それは、西洋だけではなく、世界の他の多くの国々における問題でもあろうが——に関する多くの思想を形成してきた。

正義に対する西洋の法制度もしくは刑事司法制度の取組みは、極めて重要な力をもっている。そして、この制度の限界や失敗に関しても、多くの蓄積があるのである。加害者、被害者、地域社会の構成員は、司法は、しばしば、充分

に、それらの者の要求を満たしていないと感じている。刑事司法専門家——裁判官、検察官、弁護士、プロベーション・オフィサー、パロール・オフィサー、刑務所職員等——は、同様に、欲求不満の意識を頻繁に公にするのである。多くの者が、司法過程は、癒しもしくは平和へと貢献することよりも、むしろ、社会の傷や闘争を深めていると感じているのである。

ここで紹介しようとしている修復的司法は、いわば、これらのいくつかの必要性や限界について言及するための試みである。1970 年代から、様々なプログラムや取組みが、世界中の何千もの地域社会や多くの国々において誕生してきた。しばしば、これらの修復的司法は、現存の法制度の内部で行うか、それとも、それと並行して行うかの選択肢として提供されることが多かった。しかしながら、修復的司法の実践を 1989 年に開始したニュージーランドでは、修復的司法を、少年司法全体の中核に置いているのである。

今日、多くの国において、修復的司法は、「期待のしるし」であるとか「将来の方向性」だと考えられている。しかしながら、筆者にとって、修復的司法が、この期待に応えるかどうかは、いまだに未知数である。

修復的司法は、通常、比較的軽微な犯罪と考えられている、不法目的侵入や他の財産犯罪を取り扱うための試みとして始まった。しかしながら、今日、修復的な取組みは、暴力犯罪としての最も重大な形態、すなわち、危険運転致死（death from drunken driving）、単純暴行（assault）、強姦、殺人等に対しても、いくつかの地域社会において、活用されているのである。また、南アフリカにおける「真実・和解委員会」（Truth and Reconciliation Commission）の経験を基にしながら、いくつかの実践的な試みが、集団暴力（mass violence）事件に対して、修復的司法の枠組みを適用することが検討されている。

これらの取組みや実務は、刑事司法制度を超えて、学校、職場、宗教的機関にまでも広がっている。ある者は、闘争を乗り越え、解決し、転換させるための方法として「サークル」（カナダにおける「ファースト・ネーション」（First Nation：カナダ先住民族）の地域社会から誕生した特別の実践。通常、量刑サークルと呼ばれている）のような修復的な取組みを利用することを支持しているのであ

る。また、ある者は、地域社会を構築し、癒すための方法としての「サークル」もしくは「カンファレンス」（Conference：協議会）（ニュージーランドとオーストラリアの両国における、仲裁による被害者・加害者協議会に起源をもつ試み）を追い求めている。また、著名な修復的司法の支持者であるケイ・プラニス（Kay Pranis）は、「サークル」を、単なる多数決を超えて進行する、参加型民主主義の形態と呼んでいるのである。

西洋の法制度が、伝統的な司法や紛争解決の過程に取って代わり、あるいは、それを抑圧する社会においては、修復的司法は、これらの伝統を再検討し、そして時として、それを復活させるための枠組みを提供しているのである。

「修復的司法」という用語は、様々なプログラムや実践を包含しているが、その核心にあるものは、一連の原理、哲学、指導的問題への代替的形態である。最終的に、修復的司法は、違法行為について考える代替的枠組みを提供するものであると言われている。そこで、以下においては、その枠組みとはどういうものであるのかを探求し、しかる後、どのようにしてその枠組みが利用可能となるかについて、検討してみることにしたいと思う。

3．なぜ今更手引き書なのか

まず、お断りしておきたいが、ゼアは、その著書『修復的司法の手引き』において、修復的司法の具体的な事例を紹介しようとしているわけではない。あるいはまた、ゼアは、この著作において、修復的司法のもつ多くの含意を探求し、明らかにしようと試みているわけでもない。むしろ、ゼアは、この小冊子を簡潔な説明書もしくは概説書、すなわち、北米流の独特な表現を用いれば、修復的司法の「クリフ・ノーツ」（Cliff Notes：虎の巻）とするのが本来の意図であるように思われる。もちろん、ゼアは、本小冊子において、修復的司法のプログラムや実務のいくつかを概説してはいるが、この小冊子における焦点的関心は、あくまでも、修復的司法の原理もしくは哲学なのである。

それゆえ、ここで紹介する『修復的司法の手引き』は、修復的司法という言

葉は聞いたことがあるが、いまだにその内容が不確かであり、不確かでありながら、それでもなお修復的司法に興味を抱いている人々に対する小冊子であると言える。そして、この小冊子は、また、修復的司法の分野に関わってはいるが、自分たちが行おうとしていることが不明瞭であり、あるいはその本来の目的を見失っている人々に対する啓蒙書でもある。本書は、修復的司法という「列車」がどこに向かっているかを明らかにするための手助けをし、そして、いくつかの事案においては、元の線路に戻るように、その列車をやんわりと押し戻すことを試みていると言っても過言ではないであろう。

　考えてみれば、このような試みは、現時点では極めて重要である。物事の変化の時に生じるすべての試みと同じように、修復的司法も、発展し拡大するに際して、時として、その道に迷っているのである。ますます多くのプログラムが「修復的司法」と名付けられるのに伴って、「修復的」の意味は、時には薄められ、もしくは混同されている。現実世界において機能しなければならないという必然的な圧力の下で、修復的司法は、時折、微妙に収斂され、その原理から外れてきてさえいるのである。

　被害者擁護を重視する地域社会は、特に修復的司法に関心を持ち続けている。修復的司法は被害者志向であるかのように主張されているが、しかし、それは本当に正しいのであろうか。あまりにも頻繁に、被害者集団は、修復的司法の試みが、主として、より積極的な方法で、加害者とともに活動するという欲求によって動機付けられていることをおそれるのである。改善し、社会に復帰（replace）させることを志向する刑事司法制度のように、修復的司法は、第一義的に犯罪者を取り扱うための方法となるかもしれないのである。

　また、ある者は、修復的司法が、犯罪者の必要性に適切に対応し、そして、充分に修復的な試みを行ったかどうかに疑問をもっている。修復的司法プログラムは、加害者の義務を遂行し、行動パターンを変化させるために、加害者に対する充分な支援を与え得るのであろうか。そのプログラムは、加害者を加害者となるように導いたかもしれない侵害に、適切に対応し得るのであろうか。そのようなプログラムは、新たな装いの下で、加害者を処罰するための、まさ

186 第2部 アメリカにおける刑事政策

に、もう一つの方法となっているのではなかろうか。そして、全体として、地域社会についてはどうであろうか。地域社会は、修復的司法の中に包摂され、加害者、被害者、そして地域社会の構成員に対する義務を負うように奨励されているのであろうか。

司法領域における変化の試みに伴う、われわれの過去の経験が、ダイバージョンは、われわれの最善の意図にもかかわらず、必然的に生じることをわれわれに警告するのである。仮に変化を唱える支持者が、これらのダイバージョンを認め、そして、それに言及することに気が進まないのであれば、それらの試みは、最後には、意図したものよりもずっと異なったものになるかもしれないのである。事実、改善は、それらの者が改革もしくは社会復帰させるために立案された状況よりも悪いことが、時として判明することもあるのである。

それゆえに、われわれがそのような脇道にそれることに対して発揮することができる最も重要な保護装置の1つは、中核となる原理に注意をはらうことである。仮にわれわれが原理に関して明晰であり、そして、プログラムを、原理に横たわる精神で立案するならば、そしてさらに、これらの原理によって評価されることを快く受け入れるならば、われわれは、よりずっと正しい路線に留まりやすいようになるはずである。

このことを、もう1つ別の方法で表現するならば、修復的司法の分野はあまりにも急速に、そしてあまりにも多くの方向性をもって成長したので、完全性や創造性で、将来進むべき方法を知ることは難しいということであろう。われわれが、必然的に、曲がりくねった不明瞭な道に沿って方法を見いだすとき、原理や目標の明確な未来像だけが、われわれが求めるコンパス（羅針盤）を提供することができるのである。

4．ゼアの『修復的司法の手引き』の限界

ゼアの『修復的司法の手引き』は、率直な用語で、修復的司法の概念を、はっきりと表現するための試みをしている。しかしながら、ここで設定されている枠組みに対しては、一定の限界を認めなければならないであろうと思う。ゼ

アは、しばしば、修復的司法の分野での創設者であり、提唱者の一人であると考えられている。したがって、たとえゼアが批判的かつ寛容な態度でいたとしても、ゼアは、あくまでも自分独自の修復的司法の理念に固執するといった形での、先入観が生じるおそれがあると見る人もいるのである。その上さらに、そうしたことは意図していないにもかかわらず、ゼアは、ゼア自身の「レンズ」から、修復的司法を著述することになるかもしれない。そしてその際、その「レンズ」は、白人であり、ヨーロッパ系の中層階級出身の男性であり、メノー派のキリスト教徒である、ゼア自身によって形作られたものであるとの評価を受けることにもなるのである。つまり、こうした経歴や関心事が、必然的にゼアの『修復的司法の手引き』の視野を形成する要素となるおそれがあることに、われわれは、留意しなければならないのである。

　また、たとえ修復的司法の原理の広範な分野で、いくらかの合意があったとしても、ゼアが支持するすべてのものが、議論の余地がないわけではないということにも注意しなければならない。また、われわれがゼアの叙述によって知ることのできる内容は、修復的司法のゼアの経験と理解の一部であるということにも留意しなければならないであろう。換言すれば、ゼアの見解は、他の修復的司法の論者の考え方と比較して、試されなければならない運命にあるのである。

　最後に、ゼアの『修復的司法の手引き』は、北米という限られた文脈内において書かれているという点である。用語の用い方、提起される問題、概念の公式化の方法までもが、ある程度、ゼアの置かれている諸々の環境を反映したものであるということに留意すべきである。したがって、ゼアの見解が、日本や他の国においても役立ち得る内容を含んでいることは言うまでもないが、しかし、内容の一部は、その内容を他の文脈へと移行する場合には、何らかの置き換えを必要とするかもしれないということに留意しなければならないのである。

5. お わ り に

　以上のような背景と条件とを加味しながら、改めて、われわれは、「修復的司法」とは何であるか、という命題について考えなければならないであろう。それが修復的司法の始まりでもあり、終わりでもあるのである。

　ゼアの言うごとく、修復的司法は、われわれがお互いに支援し、お互いから学習することができるように、「対話」に参加することへの招待状なのかもしれない。言葉を換えて言えば、修復的司法は、われわれのすべてが、まさに相互関連しているということを思い出させる重要な思考枠組みを提供するものであるとも言えるであろう。これがゼアの『修復的司法への手引き』の結論である。

参考文献

Zehr, H., *The Little Book of Restorative Justice.* Intercourse, PA : Good Books, 2002.

第3部　オーストラリアにおける刑事政策

1　オーストラリアの裁判制度

1. は じ め に

　2007年1月10日、3か月間の超短期在外研究のために、滞在先であるオーストラリア国立大学ロースクールに向かう。オーストラリア国立大学ロースクールは、オーストラリアの首都キャンベラにある。日本からシドニーまで飛行機で約9時間半、シドニーでプロペラ機に乗り換えてキャンベラまで1時間の道程である。1月11日午後1時過ぎに大学に到着し、大学が所有する施設への入居手続きを済ませた。オーストラリアの有名な女流詩人ジュディス・ライト（Judith Wright）の寄付により建設されたアパートの1階の6号室が、これから先の生活拠点となる我が家である。

　オーストラリア国立大学は、1946年に、イギリスへの頭脳流失を防ぐために、大学院が先に創設され、ロースクールの創設は1960年ということであるから、比較的新しい大学である。とは言え、オーストラリアにある29のロースクールのなかでは7番目に古いということであるから、大学そのものが古いか新しいかの問題ではなく、オーストラリアの歴史そのものが新しいということになるのであろう。裁判官研修所も併設されており、ニューサウスウェールズ州とビクトリア州以外の裁判官が研修に来るとのことであった。

　キャンベラは1908年に首都に選ばれたようで、1901年にオーストラリアが独立した当初は、首都をシドニーにするかメルボルンにするかで、激しい争いがあったがために、その中間に位置するキャンベラを首都として定めたということのようである。しかし、実際には、オーストラリア憲法に、連邦首都に関する条項が設けられており、オーストラリア連邦首都は、ニューサウスウェールズ州内に置き、シドニーから16キロメートル以上離れていなければならないとされているのである。1912年に、アメリカ人建築家のウォルター・バー

192 第3部 オーストラリアにおける刑事政策

リー・グリフィン（Walter Burley Griffin）の設計案が、連邦首都設計国際コンペ
ティションで選ばれ、原野に理想的な人工都市を完成させるという、オースト
ラリア連邦政府の夢が実現したのである。

オーストラリア首都特別地域（Australian Capital Territory：ACT）であるキャン
ベラでは、町の中心を定めないという基本的方針を採用したため、どの地域社
会でも買い物ができ、簡単な食事をするところはあるが、人口32万人の都市
にしては大きなショッピングセンターが4か所しかなく、日本人の筆者にとっ
ては、かなり不便な思いがした。しかし、大学の関係者は、最近、市の中心に
大きなショッピングセンターができたので便利になったと喜んでいるのであ
る。われわれも、その後、毎日のようにこのショッピングセンターを利用する
ことになるのである。

2．国立博物館と流刑制度

キャンベラに住み着いて2、3日経つと、だんだんに周りの様子が分かって
きた。我が家から歩いて20分程のところに、オーストラリア国立博物館があ
る。キャンベラの良いところは、国立施設への入場料はすべて無料という点で
ある。筆者は、キャンベラ滞在中、この特権をフルに活用した。博物館の学芸
員の説明によると、1788年にイギリスの軍隊がこの国を発見して以来、多く
の移住者は、イギリスと同等の生活を望んで、狩りをするための兎を放し飼い
にしたために、その繁殖力の予期せぬ結果として、自然破壊が起こったとのこ
とで、そのために、オーストラリアでは、外来種の規制が厳しいとのことであ
った。また、オーストラリアでは、移住者が羊を飼うために、邪魔になるタス
マニアン・タイガーを銃殺した結果、タスマニアン・タイガーは1936年に絶
滅したとの説明もしてくれた。サボテンも環境に有害であるとのことで、唯一
の利益をもたらした外来種は、蜜蜂であったということである。オーストラリ
アの動植物に関する税関検査の厳しさは、こうした事情によるものであること
が分かるであろう。

博物館の通路側の棚に、手錠が展示されていたので、何かと思い、説明文を

読んでみると、イギリス本国からの犯罪者移送のときに用いられたものである
とのことであった。もともと、刑罰植民地とも呼ばれるように、オーストラリ
アは流刑の受入れ国である。1791 年には、アーサー・フィリップ（Arthur
Philip）がニューサウスウェールズ州において、仮釈放制度を実施し、1840 年
には、アレキサンダー・マコノキー（Alexander Maconochie）が、ノーフォーク
島において、累進処遇制度（行刑成績の向上に従い、4 級から 1 級へと昇級する毎
に、受刑者の自由の度合いを拡大し、拘束を緩和する制度）を実施したことで、オー
ストラリアは、刑事政策的に良く知られている国である。我が国では、イギリ
スから凶悪犯罪者が移送されたのはノーフォーク島だけであると紹介されてい
るが、実は、タスマニア、シドニーにも同時期に多数の凶悪犯罪者が送り込ま
れており、その後、全土に広がっていったようで、唯一犯罪者が送られなかっ
たのは、南オーストラリア州だけのようである。この点について、オーストラ
リアの著名な犯罪学者であるグラボスキー（Peter Grabosky）教授とブレイスウ
ェイト（John Braithwaite）教授に聞いてみたが、その理由は定かではないとの
ことであった。いずれにせよ、イギリスからの流刑が終息したのは、1868 年
1 月であり、それまでに、約 16 万人の犯罪者が移送されているのである。

3．オーストラリア首都特別地域と裁判制度

　オーストラリアの裁判制度は、ニューサウスウェールズ州、クイーンズラン
ド州、南オーストラリア州、タスマニア州、ビクトリア州、西オーストラリア
州の 6 州と、北部準州とも呼ばれるノーザン・テリトリー、それにオーストラ
リア首都特別地域、そして連邦という 9 つの法体系が複雑に入り組んでおり、
専門家でも、裁判制度を正確に理解することはかなりの困難さを伴うと言われ
ている。

　連邦裁判所制度においては、オーストラリア最高裁判所（High Court of
Australia）のもとに、連邦裁判所（Federal Court of Australia）と家庭裁判所（Family
Court of Australia）がある。この家庭裁判所が連邦裁判制度の下にあるというこ
とが、われわれにとっては理解しがたいところであるが、家庭に関する事項

は、連邦法の管轄事項であるというのが、その説明である。したがって、少年事件を扱うのは、我が国のように家庭裁判所ではなく、少年裁判所（Children's Court）であり、州裁判所に属するということになる。

州には、州最高裁判所（Supreme Court of State）の下に、地方裁判所（District Court）又は県裁判所（County Court）があり、その下に、治安判事裁判所（Magistrates' Court）又は地区裁判所（Local Court）がある。

オーストラリア首都特別地域では、スプリム・コート（Supreme Court）は、州最高裁判所というよりも、地方裁判所の色彩が強い。ロースクールのアンダーソン（Kent Anderson）教授はそのように明言していた。首都特別地域のスプリム・コートは、民事事件、刑事事件の他、上訴管轄権を持っているところに特色がある。そしてまた、企業法に関する事項や養子縁組、遺言検認裁判等をも取り仕切るのである。スプリム・コートが、治安判事裁判所、少年裁判所、小額裁判所（Small Claims Court）、その他の審判所（Tribunal）からの上訴を受け付けることは言うまでもない。

首都特別地域のスプリム・コートは、大学構内に隣接する通り沿いにあった。ショッピングセンターに行く途中に位置していたので、即座に見学することを決意した。まず、守衛にスプリム・コート内を見学したいと告げると、自由に参観してよいという。今は夏休みで法廷は開かれていないということであった。そこで、一通りの見学を済ませた後、2階にある図書館に行き、裁判所に関する資料を貸して貰った。2週間後に返却すれば良いとのことで、手続があまりにも簡単なのに驚いた。

近くには、治安判事裁判所と接して少年裁判所があった。少年裁判所も休廷ということなので、隣の治安判事裁判所で裁判を傍聴した。2階の左側にある法廷に入った。審理が進行中であったからである。裁判席中央にめがねをかけた若い裁判官がいて、左手に書記官が、そしてその下の席の右側に検察官、その右側に、書類を山積にした女性事務官、左手に被告人と弁護士が座っている。筆者は右側の傍聴席に座った。右側の傍聴席は10席くらいである。左手にも10席くらいの傍聴席があるが、制服の警察官が5人座っていた。3人は

ブルーの制服、2人は濃紺の制服である。裁判所のすぐ隣に、市警察署（city police）があったので、なるほど、法廷に出席するのには便利になっていると思った。治安判事裁判所では裁判に関する資料や児童虐待等に関する資料等を大量に入手することができた。裁判所の業務時間は、午前中は10時から1時まで。午後は、2時15分から4時15分までで、登録事務は、9時15分から4時15分までである。

　これらの裁判所の反対側に、家庭裁判所があった。家庭裁判所は、連邦治安判事裁判所と併設されていた。入口から入って左側が連邦裁判所、右側が家庭裁判所である。2階の受付に行ったが、1時から2時までは昼食の時間で、休憩中とある。全体を見てから、5号法定を参観し、退去した。受付では、機械を使用しての手荷物検査があった。カメラも預けなければならないとのことである。スプリム・コートよりも警戒が厳しい。連邦裁判所であるからであろうか。

4．オーストラリア最高裁判所

　日を改めて、我が家から歩いて30分くらいの距離にあるオーストラリア最高裁判所を訪問した。147メートルの高さにまでとどくジェット噴水が売り物であるバーリー・グリフィン湖の対岸に位置し、国立美術館のすぐ隣にそびえている建物がそれである。回転ドアを開けると、守衛がうやうやしく挨拶をする。最初に、1階左手にある第1法廷を案内してもらった。この法廷は、あらゆる儀式のときと、7人全員の最高裁判所裁判官が関与する憲法裁判に係る審理をするときの法廷とのことで、憲法と市民の自由を守るための法廷であるとの説明である。法廷はすべてオーストラリアの資材で作られていて、大理石だけがイタリアからの輸入品であるとのこと。7人の裁判官が座る席のすぐ後ろの席には、事務官の席があり、それぞれの裁判官の後ろには、オーストラリア全土の法規集が全巻揃えてある。つまり、7セットあることになる。事務官は、裁判官の要求に応じて、すぐに該当条文を示す技量が要求されるという。壁に格子の付いた箱のようなものがあるので、何かと聞くと、テレビカメラだ

という。左側の壁にはタペストリーが掛かっており、6州のシンボルマークが刺繍されている。その横には、初代裁判長の写真が飾ってあった。また、法廷の中央には、オーストラリアの象徴である、カンガルーが左に、エミューが右に彫刻されている飾り物が置かれていた。

2階には、第2法廷があった。ここは実際に裁判が行われる法廷とのことで、事実、訪問当日にも実際に裁判が行われていたので、参観させてもらった。中央に5人の裁判官、後ろには条文を裁判官に提示する役割の2人の事務官、前方には4人の弁護士、弁護士は全員がかつらを被っていた。裁判官はかつらを被っていないので、どうしてかと聞くと、連邦裁判所では、現在はかつらを使用しないとのことで、西オーストラリア州も同様にかつらを使用しないが、他の州では、今でも、かつらを使用するので、本日の法廷では、地方からきた弁護士がかつらを着用しているということのようである。弁護士の後ろに、2人ずつの職員、右手に最高裁判所の職員が陣取っている。傍聴人は、われわれを除くと7人である。法廷に入る前に手荷物を預けたので、写真を撮ることはできない。2人が途中で退出したので、われわれも法廷を出る。

続いて、3階の第3法廷を見る。ここは、陪審員や証人のための日程の打ち合わせや刑事訴訟法上の手続をするだけとのことで、裁判官席は1席である。陪審裁判ができるように、左手に陪審員席が12席用意してあった。しかし、いままでに陪審裁判が開かれた例はないという。壁には5人の歴代裁判長の写真が飾られていた。贅沢な空間を巧みに利用した素晴らしい建物である。天井が高く、広々とした建築物に、オーストラリアの最高裁判所としての貫禄をみた思いであった。

その後、もう一度、最高裁判所へ行くチャンスがあった。例のごとく、1階の第1法廷で説明を受けた後、2階の第2法廷で当日も裁判が行われているというので、見学をする。最低10分は座っているように注意を受ける。誰かが出たり入ったりしたようである。

前回とは違って、ニューサウスウェールズ州の法廷で弁護士が意見を戦わせている様子がテレビ画面に写っている。最高裁判所の3人の裁判官（内1人は

女性）が画面を見ながら質疑応答を繰り返している。陪審でのビデオを証拠とした有罪判決が有効か否かが争われているようである。それにしても、最高裁判所でテレビを用いてのヒアリングが許されているとは思わなかった。日本では考えられないことである。直接主義・口頭主義に反する畏れがあるからである。

5．全豪性犯罪者プログラム検討会への参加

オーストラリア首都特別地域矯正サービス局（ACT Corrective Services）が主催する「全豪性犯罪者プログラム検討会」が2月22日と23日の2日間にわたって、クリフトンホテルで開催された。筆者も、外国の性犯罪者プログラムの専門家として、オブザーバーの資格で参加することが許された。外国の専門家に内部情報を公開するのは珍しいとのことであった。会議場では、6人の司会者席の右側に位置する特別席に、政府顧問のレビー（Michael Levy）教授と政府機関代表のクレビン（Linda Crebbinn）女史と共に座ることとなった。後で、評者として意見を述べることになろうなどとは、この時点では考えてもいなかった。

第1日目は、特別地域矯正サービス局長のライアン（James Lyan）氏による歓迎の挨拶と会議の日程についての説明があり、続いて、バイルズ（David Biles）教授による「新立法とその影響」と題した講演があった。その後、スモールボーン（Stephen Smallbone）博士による「性犯罪者プログラム」の評価・検討が行われた。途中休憩を交えて、3時間にわたる討議であった。最後のところで、本日の討議に関するコメントを求められたので、次のような意見を述べた。

「率直に申し上げて、日本では、性犯罪者の再犯の危険性を前提とした上であったとしても、刑務所からの釈放に際して、その危険性を理由に刑期を延長し、さらには、保護観察の段階での保護観察期間の延長をするなどということは考えられません。われわれは、あくまでも判決の範囲内において最善の処遇努力をし、矯正と保護の連携を考えながら、性犯罪者を処遇しております。

198 第3部 オーストラリアにおける刑事政策

　私は、2001年9月11日以降に全世界で巻き起こった「テロへの恐怖」は充分に理解できますが、しかし、そのために、「モラル・パニック」(Moral Panic)を起こしてはいけないと思っています。たしかに、1990年代に入ってから、世界の各地で少女強姦殺害事件が発生し、幼い子どもを性犯罪者から守ることが叫ばれ、性犯罪者処遇プログラムの策定が、世界共通の課題になったことは重要な意味を持っていると考えています。

　現在、世界の約15か国で性犯罪者プログラムが展開されていますが、ドイツやスイスのように「事後的保安監置」を手段として、終身施設に収容しておく政策や、カナダのように絶対的不定刑を持って対処し、結果として終生施設から出さない制度や、貴国オーストラリアのように、刑期延長という手段を用いて、最初は最大5年間以内という制限は設けながらも、結局、一生刑務所に閉じ込めることを可能とする施策を採用するといった国が増加してきていることは、私も充分に承知しております。しかしながら、そうした場合の「再犯の危険性の評価」は、いかなる基準によるのでしょうか。基準が明確で客観的なものでない限り、人権侵害の恐れが付きまとうことは、今更指摘するまでもないでしょう。

　最近の刑事政策で盛んに主張されているように、EBP（Evidence Based Practice：客観的証拠に基づく政策提言）という視点からは、バイルズ教授の指摘するように、再犯予測の評価をどうするか、誰がするのかという問題が、重要な課題として残ることになると思います。オーストラリア最高裁判所は、2004年の判決において、「受容できない危険性」(unacceptable risk)という表現を用いて、受容できないような危険性がある場合に、刑期延長も許されるという判断を認めたようですが、この「受容できない危険性」という概念は、あまりにも抽象的で、客観的な基準とはいえないのではないかと、私は思います。

　われわれは、もう一度「受刑者の人権」という視点から、問題を精査する必要があるのではないでしょうか」と。

　第2日目の会議は、午前9時に開始された。性犯罪者の処遇について、ワード（Tony Ward）教授が意見発表をし、その後、各州からの代表者が、事例報告

を行った。その詳しい内容については、次章において紹介している。

筆者は、この日も最後にコメントを求められた。そこで、筆者は、次のような簡単な挨拶をした。

「私は、何よりも最初に、皆様方にこのような重要な性犯罪者事例研究の検討会に参加させて頂いたことを大変光栄に思うと同時に、心から感謝していることを申し述べたいと思います。特に、バイルズ教授と本会議の議長ライアン氏には、衷心よりお礼を申し上げます。私は、この会議に参加して、沢山の知識を得ることができました。ここで得た知識を日本へ持ち返り、日本の性犯罪者処遇プログラムの発展に微力ながらも尽力したいと考えています。どうもありがとうございました」と。

6. おわりに

以上、思いつくままに、筆者のオーストラリア国立大学での在外研究で得た知識をもとに、オーストラリアの裁判制度を中心として現時点でのオーストラリアの刑事政策の実情を紹介した。今日まで40年間余りの研究生活において、アメリカ、イギリス、カナダ、ニュージーランド等、英語圏の犯罪学の発展を注視してきた筆者にとって、オーストラリアは最後に残された聖地であった。今回の在外研究の研究課題は、① 性犯罪者処遇プログラム、② 民営刑務所、③ 知的障害犯罪者、④ 少年非行の4つであったが、オーストラリアの文献を渉猟したことで、新しい視点が見つかったような気がしないでもない。今後も、機会があれば、オーストラリアの刑事政策の実情を紹介していきたいと思っている。

参考文献

バーバラ・ホルボロー著・梅原宗敬訳『オーストラリア、少年少女の心の実態―少年裁判所判事のケーススタディー』彩流社（2006年）。

2　オーストラリアにおける性犯罪者処遇の
　　事例研究

1．は じ め に

　筆者は 2007 年 1 月から 3 月までの 3 か月間、超短期在外研究の機会を得て、オーストラリア国立大学ロースクールに客員研究員として滞在した。今回の在外研究の目的の 1 つは、オーストラリアの性犯罪者処遇プログラムの現状についての資料を収集することであった。幸いにも、オーストラリア滞在中の 2 月 22 日と 23 日の両日、オーストラリアの首都キャンベラで、「全豪性犯罪者処遇プログラム諮問グループ会議」(Sex Offender Program : Program Advisory Group Meeting) が開催され、筆者もオブザーバーとして参加することになった。以下においては、この会議において報告された各州の事例研究のなかから、オーストラリア首都特別地域 (ACT) の性犯罪者処遇プログラムの事例研究を紹介することによって、オーストラリアにおける性犯罪者処遇プログラムの一端を理解して頂ければと思う。

2．オーストラリア首都特別地域の事例研究

⑴　事例研究 I

　⒜　事件の概要

　デイビッド（仮名 17 歳）とアーロン（仮名 15 歳）の 2 人の兄弟は、彼らの年下の妹に対する「10 歳以下の近親相姦」の罪で起訴された。犯罪が明るみに出た時、父親は 2 人の少年を連れて家を出てモーテルに行き、その後、賃貸のアパートに移っている。デイビッドとアーロンは、父親と一緒に生活を続け、その間、彼らの母親は、6 人の年下の子どもたちと一緒に家で生活をしている。

202 第3部 オーストラリアにおける刑事政策

デイビッドは、起訴された後、直ぐに有罪の答弁を始め、少年の性犯罪者に対するプログラムであるACT矯正サービス局の「トリプルRプログラム」（Triple R Program）に参加している。アーロンは、当初、有罪を認めず、そのため、トリプルRプログラムに参加することはできなかった。彼は、兄が有罪の答弁をした約5か月後に、否認から有罪の答弁へと態度を変更し、最近に至って、トリプルRプログラムを開始している。

デイビッドは、交通事犯、財産侵害犯罪等で、過去に司法機関との接触があった。アーロンは、過去に司法機関との接触の経験は一度もなかった。デイビッドは仕事を探しており、アーロンは、10年生として学校に通っている。

　(b)　現在の評価

2人の少年は、「青少年司法命令」（Youth Justice Order）の期間、概して従順であり、礼儀正しい態度を維持していた。彼らには一晩中姿をくらましていたという、1つの保釈条件違反があるのみである。

デイビッドは、年下の妹に対する性的虐待を、彼が2歳の時に父方の祖父によって受けた性的虐待のせいだとしている。彼は、自分の犯罪に関する態度を言葉で表現することに困難を感じているが、今では、それを恥じるようになってきている。同時に、彼は自分の弟に対する行為（10歳のときに弟を姦淫している）の結果に関してほとんど理解していないようであり、弟は、今、自分と離れて生活しているために寂しく思っているはずであると主張している。デイビッドの「青少年性犯罪者評価プロトコル」（Juvenile Sex Offender Assessment Protocol : J-SOAP）の評点は、トリプルRによって評価される青少年にとっての平均値である、52点中21点（0.40）である。

　(c)　処 遇 問 題

トリプルRプログラムは、罪を認めた青少年に適用されるものである。アーロンは、2006年10月に、カウンセリングのためにトーマス・ライト研究所（Thomas Wright Institute）のハワード・バス（Howard Bath）氏に付託されたが、カウンセリングがこれまでに開始された様子はない。彼が答弁を有罪に変更してから、トリプルRプログラムでの受講可能性の評価が開始されてきた。評

価は、2007 年 3 月までに完了する。

一方、デイビッドは、トリプル R プログラムを通じて大いに効果が上がってきていると報告されている。

⒟　現在生じている問題や疑問

さまざまな家族構成員の権利と利益の釣合いを保つことで、いくつかの困難が生じている。監督・保護サービス局（Care and Protection Services）は、青少年と深く関わり、青少年の必要性に基礎を置きながら直接的な接触を中心とした条件設定を試みている。しかしながら、デイビッドは、アーロンを性的に虐待したことを認めているが、アーロンは、性的虐待の被害者としてではなく、犯罪者として治療されているようである。

監督・保護サービス局は、青少年性犯罪者を青少年という理由でのみ引き受けているにすぎない。居住プログラムである「生活技術訓練プログラム」（Living Skills Program）等は、青少年の性犯罪者に対するもう 1 つの最適なプログラムではあるが、このプログラムを利用することは、監督・保護サービス局の直接的な対象者のみが可能とされている。仮にアーロンが生活技術訓練プログラムを受けて居住することが可能であるならば、デイビッドは、自立して生活することができ、彼らの父親は、帰宅して残りの家族構成員とともに生活をすることができることになる。そうすることがより好ましい状況を生み出すことになるかもしれないのである。

2 つの世帯を維持しなければならないことは、家族にかなりの財政的ストレスをもたらし、それと同様に両親に感情的ストレスをもたらしているようである。

⑵　事例研究 II

⒜　事件の概要

W（仮名）は、未成年の男子に性的興味を持つ 47 歳の男性である。前科は、性交を伴った強制わいせつ、すなわち、1983 年に性交を目的とした誘拐事件と、同年、10 歳以下の者との性交が問題となった事件を起こしている。被害者は、すべて男性である。

性犯罪は、保護観察中にも続けられており、彼は、現在、他州で新たな起訴を受けている。彼は、意図的に犯罪を行う機会、それも、他州でどこかの家族と友人となり、その家族の未成年の子どもに対して性交を強制する機会を探し求めていたようである。それらの犯罪は、いくつかの事例において、暴力を伴う要素を含んでいた。

Wは、小児性愛と関連した心理学的要因、たとえば、乏しい社会的関係性、劣った自尊心、逸脱した性的関心等を示している。彼は、青少年の頃に性的に虐待され、その虐待者との関係を長い間維持していたことが明らかとなっている。

Wは言葉を巧みに操る傾向がある。彼は、児童性犯罪者登録制度（Child Sex Offender Register）の下での制限と義務の範囲内において働いているようであるが、現在は、車の販売員として働き、法技術的には登録機関へ報告する義務がない仕事に従事している。

Static 99 は、彼を 6 ＋（6 プラス）という高いリスク評価にランク付けしている。PCL-R 19 では、精神病質者であるという基準を満たしていない。彼は、2002 年から成人性犯罪者プログラム（Adult Sex Offender Program）のグループワークに参加している。

犯罪行動が見られるにも拘わらず、Wは、社会的関係性において何らかの前進、すなわち、彼が犯罪に陥る要因を認識すること、犯罪へのリスクがある状況下で、犯罪の発現を最小化することに関して、その問題性を認識するようになったこと等があったようである。しかしながら、彼は現在のところでは、性的逸脱を認めることに抵抗している。

彼は新たな犯罪については否認しているので、ここで新たな犯罪そのものについては論じることは不可能であり、そのことが介入の機会を失わせていることを意味している。

他州での新たな犯罪は、他州での施設拘禁を意味し、新たな処遇プログラムに参加することになるかもしれないことが予測される。

(b) 現在生じている問題や疑問

① プログラムについての明白な法的強制の結果として、われわれは、W
　が以前に行っていなかった方法において責任をとる手助けをする機会を失
　っている。治療や処遇から入手された情報は、裁判所の聴聞から除外され
　るべきであろうか。

② 治療条件としての多様な処遇プログラムの効果はどうなのか。

③ 1つのプログラムからもう1つのプログラムへと、どのように処遇を移
　行することができるのか。

④ 性犯罪に関連した心理学的要因を考慮すれば、処遇の連携を維持し展開
　し、それを妨害する効果とは、どのようなものなのか。

(3) 事例研究Ⅲ

(a) 事件の概要

C（仮名）は、1992年に、マオリの先住民としてニュージーランドで生まれ
た。彼は、12歳まで、さまざまな親類とともにニュージーランドで生活をし、
その後、犯罪の被害者である6歳の男児を含む叔母の家族と共に生活をするた
めに、オーストラリアに移住してきた。

Cは、2005年2月にACT上位裁判所に出頭し、児童・青少年事務局（Office
of Children and Young Persons）の行政長官（Chief Executive Officer）によって監督
されながら生活することを命令された。

(b) 現在の評価

Cの「少年性犯罪者評価プロトコル」(Juvenile Sex Offender Assessment
Protocol: J-SOAP) による評点は、この測定方法からすると高い評点範囲であり、
トリプルRプログラムによって現在評価される青少年の平均値（0.42）よりも、
かなり高い52点中29点（0.56）である。衝動的反社会的行動に関する非常に
高い評点は、リスクの最も高い領域を表しているように思われる。

(c) 処遇問題

Cの処遇に対する抵抗の度合い、処遇に参加する自発的意思の欠如、居住保
護施設での不在回数が過度にわたること等から考えれば、再犯に陥りやすいよ

うに思われる。ニュージーランドでの過去の生活における性的行動の発現、児童期における性的虐待の経験、年長の成人男性との男娼行為を自ら進んで行おうとする態度等、現時点における高リスクな性的行動については、ここで言及しておく必要があろう。多くの誘因があるにも拘わらず、Cは、生活上のこれらの問題を熟考する自発的な意志がない。

居住プログラムの他の対象者と同様に、成人男性と避妊具を付けないで性行為を行うことが、ここでの問題点である。性行為感染症（Sexually Transmitted Disease : STD）に関する血液検査情報は利用可能ではない。

(d) 現在生じている問題や疑問

① われわれは、加害者の権利の保護と、特に避妊具を付けない性的行動に関する地域社会構成員の権利の保護との均衡をどのように維持すればいいのか。

② 地域社会命令は、このような青少年にとっては効果的であるとは思われないが、プログラム諮問委員会（PAG）はどのような解決策を提唱するのであろうか。

(4) 本会議での議論

事例研究Ⅰの事例の概要は、事案が複雑なため、本会議で質問が試みられた。これはACTでの最近の事例であるが、17歳と15歳の少年が、幼い妹を姦淫した事例である。15歳の加害少年は、彼が8歳のときに、兄である17歳の少年（当時10歳）の性的被害者でもあった。そして、本事例の場合においても、被害者は諒解しているのである。それゆえに、家族関係をどうするかが主要な問題となった。家族を分離するか、加害者だけを別居させるかという点について議論が沸騰した。事例提供者の話では、親はすでに加害者を別のアパートを借りて被害者から分離しているという。専門家の答えは、できれば家族を分離しない方がよいとの回答であった。子どもの教育と同時に、親の教育も必要であるとの意見が付け加えられた。「怒り抑制プログラム」（Anger Management Program）の受講を検討してみてはどうかという意見が大勢を占めた。

3．会議に参加しての感想

　以上が、オーストラリア首都特別地域（ACT）の矯正サービス局が主催した「全豪性犯罪者処遇プログラム諮問グループ会議」で提供された事例研究の一例である。会議初日の2月22日、会議を主催したACT矯正サービス局の責任者ジェイムズ・ライアン氏が開会の挨拶をし、チャールズ・スタート大学のバイルズ（David Biles）教授の「新立法とその影響」（New Legislation and Its Impact）と題する講演で会議は始まった。全体の会議は、5時過ぎに終わったが、出席者は、プログラム諮問委員会のメンバー8人と筆者を含めたオブザーバーが3人、議長が1人に、事例報告者25人の合計37人であった。

　会議第2日目の2月23日は、性犯罪者の処遇について、ビクトリア大学ウェリントン校のワード（Tony Ward）教授のパワーポイントによる説明から始まった。大体、日本の制度と同じである。最近の性犯罪者処遇プログラムは、リラプス・プリベンション・モデル（Relapse Prevention Model：再発防止モデル）から自己規制モデル（Self-Regulation Model）へと移行しているとの話であった。セラピーは1対1がよいのか、それともグループがよいのかが問題となった。また、治療の目的に関しては、人間的必要性（Human Needs：Relationship）なのか、それとも犯罪学的必要性（Criminogenic Needs：Lack of Social Bonds）なのかが問題となったが、結論を統一することはできなかった。

　さらに、会議では、今、オーストラリアで問題となっている性犯罪者を刑務所から釈放するときに、リスク評価が高い場合には、刑期を延長することができるとする「拡大刑罰」（Extended Punishment）とパロール期間を延長することができるとする「強制的パロール」（Compulsive Parole）が話題となったが、例えば、クイーンズランド州では、最近、パロール申請者60人のうち、半分の30人くらいしかパロール資格を獲得することができないということで、非常に厳しい傾向にあるということであった。

　ところで、会議の参加者のうち3分の2が女性であることが気になったので、そのことを出席者に尋ねると、それは女性の臨床心理士が多いせいかもしれないという答えであった。

ポリグラフ・テストの問題も提起されたが、このテーマに関しては昨年の会議で議論されたとのことで、あまり意見がでなかった。事例研究では、本稿で紹介した ACT の事例の他にも、各州の事例が報告され、そのうちの 4 つの事例について専門家からのアドバイスがなされた。

また、これは例外的なことかどうかは定かではないが、少年犯罪者の場合には、セラピストが期待するように答えることが多いので、クイーンズランド州では、グループワークを止めたということである。仲間集団との関係が、大人の場合とは違うということのようである。また、少年の場合には、個人差も大きいことから、モニタリング・システムを実施すべきであるとの意見があった。

4．おわりに

オーストラリアの性犯罪者処遇プログラムの全体会議に出席して思ったことであるが、それは、日本は言うに及ばず、アメリカ、イギリス、カナダ、ニュージーランド、フランス、ベルギー、スウェーデン、ドイツ、フィンランド、香港、韓国、台湾等、多くの国が性犯罪者の再犯問題に苦慮しているということである。なぜ 1990 年代以降において、性犯罪者の処遇と対策が世界的レベルにおいて問題となったのか。その原因は何なのか。われわれ刑事政策学者は、もう一度原点に立ち返って、性犯罪の原因と対策を研究する時期に来ているのではあるまいか。

参考文献
藤本哲也『性犯罪研究』中央大学出版部（2008 年）。
藤本哲也『犯罪学の森』中央大学出版部（2007 年）。

3 オーストラリアにおける危険性の高い 性犯罪者に対する特別法

1．は じ め に

ここで紹介する「危険性の高い性犯罪者に対する刑の宣告と釈放の選択肢」は、2005年6月と8月において、デイビッド・バイルズ（David Biles）教授がオーストラリア首都特別地域政府（以下、ACT政府と略称する）のために準備した報告書に、報告書の準備後の新たな展開を考慮に入れて加筆・修正した新しい報告書の要約版である。筆者が2007年1月から3月までの3か月間、超短期在外研究でオーストラリア国立大学ロースクールに客員研究員として滞在した折に、オーストラリアで著名な犯罪学者、ブレイスウェイト（John Braithwaite）教授、グラボスキー（Peter Grabosky）教授、バイルズ（David Biles）教授にお会いする機会があったが、その際に、我が国の専門家にぜひ紹介したいと考えて、バイルズ教授に贈呈していただいたのが本論文である。この論文は、オーストラリアの性犯罪者の現状と法政策の実際について知るためには格好の文献であると思う。そこで、以下において、その概略を紹介したい。

2．危険性の高い性犯罪者に対する情報の収集

危険性の高い性犯罪者に関する報告書の必要性は、ACT政府管内の性犯罪者が、短期9年、長期12年の不定期刑の長期を満了した後に、ニューサウスウェールズ州の刑務所から釈放された事案に関するメディア報道によって促進されたものである。彼は、刑務所にいる間、仮釈放による釈放の可能性を固辞し、性犯罪者処遇プログラムに参加することを拒絶した。そして、釈放直後、彼は、児童に対するさらなる重大な性犯罪と、その児童の継父を殺害するに至った。彼は、現在、ニューサウスウェールズ州でかなり長期の刑に服している

が、釈放後に再犯を防止するための手段が講じられるべきであったかどうかという問題が提起され、この事案は、ACT 政府の政治的関心の的となった。

そうした関心の付加的な要素として考えられるのは、2007 年に、ACT 政府が独自の刑務所を開設することになっているので、もはや有罪を宣告された犯罪者を、ニューサウスウェールズ州へ自動的に送致しなくてすむという事実であろう。また、もう 1 つの付加的な要素としては、ACT 政府は、人権法（Human Right Legislation）を制定したオーストラリア唯一の法域であるということである。

2005 年 7 月半ばの計画の初期の段階では、イギリス、カナダ、ニュージーランドに加えて、オーストラリアの全法域に、情報を収集するための要請書を発送することが ACT 政府の主な任務であった。その情報というのは、危険性の高い性犯罪者の行動を削減するために制定された特別立法、この種の犯罪者に対して、長期が無期限の不定期刑（indefinite sentences）もしくは不定期刑（indeterminate sentences）を科すことが可能な一般刑法における何らかの条項、これらの条項のもとで取り扱われている犯罪者の数、これらの対策の有効性を証明する何らかの証拠等を含んだ詳細な情報であったのである。かなり豊富な関連情報が利用可能となった段階で、さらなる海外の情報源として、アメリカが付け加えられた。

計画の後半段階は、危険性の高い性犯罪者に特別の関心のある個人や団体との面接を遂行することが主な仕事であった。これらの面接の対象者には、ACT 最高裁判所の首席裁判官、ACT 警察署長、ACT 矯正局長（ACT Director of Corrective Services）、ACT 量刑管理委員会（ACT Sentence Administration Board）の委員長、多くの関連組織や地域社会内もしくは政府の各省間の委員会が含まれている。

3．オーストラリアの法と実務

法と実務に関するこの調査は、その当時オーストラリアでは、ヴィクトリア州とクイーンズランド州だけが、危険な性犯罪者についての特別立法を制定し

ていたことを明らかにしている。ヴィクトリア州の法律である、「重大な性犯罪者監視法」(Serious Sex Offender Monitoring Act) は、2005 年 5 月 26 日に施行されている。この法律は、危険性の高い性犯罪者に対して、刑務所における刑期の満了後、もしくは仮釈放命令に服した後、15 年間、地域社会における保護監督を受けるように、裁判所によって命令される可能性のある規定が設けられている。そのような命令の対象である犯罪者は、指定された住居で生活し、矯正職員によって同行されることなしにはその住居を離れることができないという要求を含む、成人仮釈放委員会 (Adult Parole Board) の指示と指導に服することが求められるのである。これらの者は、また、その行動に電子監視を付けることが要求されるかもしれない。バイルズ教授によれば、報告書を準備していた当時、非常に厳格な条件を伴う 1 つの命令が実行され、もう 1 つの命令が裁判所によって検討中であったとのことである。

　ヴィクトリア州では、裁判所が、21 歳以上の重大な犯罪者に、長期が無期限の不定期刑を科する条項がある。「1991 年量刑法」(Sentencing Act 1991) の第 18 条のもとで、長期が無期限の不定期刑が、裁判所独自の主導権でもって、もしくは公訴局長官 (Director of Public Prosecutions) による申立てによって、科せられるかもしれないが、これは、以下に掲げるような理由で、犯罪者が、地域社会に対する重大な危険性の、高度な蓋然性があるという条件を満たしたときにのみ、科すことができるのである。その理由とは、① その者の精神状態、経歴、年齢、健康状態、② 重大な犯罪の性質とその重要性、③ 何らかの特別の事情である。

　バイルズ教授が報告書を準備していた当時、4 人の受刑者が、長期が無期限の不定期刑の言渡しを受けたが、そのすべての者が性犯罪を犯したものであり、長期が無期限の不定期刑を受ける以前に、過去に性犯罪で有罪の宣告をされていた者であった。

　2003 年に制定されたクイーンズランド州の法律である、「危険な受刑者（性犯罪者）法」(Dangerous Prisoners [Sexual Offenders] Act) は、最高裁判所が、法務総裁 (Attorney-General) の申立てによって、刑を満了した重大な性犯罪者に、

「継続的拘禁」（Continuing Detention）もしくは「地域社会における継続的保護監督」（Continuing Supervision in the Community）のいずれかを、命令する規定を設けている。これらの命令は、少なくとも 12 か月ごとに、最高裁判所によって審査されなければならない。

　この法律は、また、受刑者により憲法違反であるとして異議申立てがなされたが、最高裁判所は、その異議を退けた。「ディーキン・ロー・レビュー」（Deakin Law Review）に掲載されているアンソニー・グレイ（Anthony Gray）の論文では、クイーンズランド州の法律が憲法違反であることは明らかであると論じている。この論文は、2004 年に書かれたもので、最高裁判所の決定が一般に公開される以前のものである。

　バイルズ教授が報告書を準備していた段階では、その数だけに関して言えば、2 つの継続拘禁命令、1 つの暫定的拘禁命令、5 つの継続的保護監督命令が、クイーンズランド州において下されているのである。

　2006 年 4 月に、ニューサウスウェールズ州は、クイーンズランド州と同様の法律を可決した。その「ニューサウスウェールズ州犯罪（重大な性犯罪者）法」（NSW Crimes［Serious Sex Offenders］Act）は、危険性の高い犯罪者に、5 年までの期間、継続的拘禁もしくは継続的保護監督のいずれかを命令することを許可するものである。この法律の可決で、全オーストラリア人口の約 4 分の 3 を包み込む、オーストラリアの 3 つの最も人口過密な法域が、今や危険性の高い性犯罪者に対する特別法をもつに至ったのである。

　ほぼすべてのオーストラリアの法域で、何らかの罪を犯した犯罪者が、時として、危険な犯罪者もしくは常習犯罪者と宣告され、また、ヴィクトリア州においてみられたような、長期が無期限の不定期刑を宣告することが可能な、一般刑法の条項が存在するのである。このような選択肢は、首都特別地域（ACT）では利用可能ではない。また、長期が無期限の不定期刑を宣告される危険性の高い性犯罪者の数は比較的少ないが、殺人者のような他の重大な犯罪者が、一般的に終身刑もしくは長期が無期限の不定期刑を宣告されていると、正確に言うことも難しいのである。しかしながら、サウス・オーストラリア州では、こ

うした対策がどのくらいの割合で性犯罪者に適用されてきたかというデータを獲得することは可能である。例えば、サウス・オーストラリア州では、2002年3月以降、公訴局（Department of Public Prosecutions）は、性犯罪者に長期が無期限の不定期刑が科されるようにするための13の申立てを行っている。これらのうち、4つの申立ては成功し、4つが係属中であり、2つが取り消され、3つが却下された。しかしながら、これらの数値は比較的に少ないように思われる。そのため、全オーストラリアの法域によって利用可能とされる、より正確な情報が必要なことは明らかである。

4．人権への配慮

ACT司法・地域社会安全省（ACT Department of Justice and Community Safety）の人権に関する報告書では、「2004年ACT人権法」（ACT Human Rights Act 2004）について論述している。この法律は、行動に関する新たなあるいは別個の権利を創設するものではないけれども、人権の原理は、すべての新たな法律で考慮されていると保証する基盤を提供していると考えられているのである。「市民的及び政治的権利に関する国際規約」（International Covenant on Civil and Political Rights）から引き出される普遍的な基準で一貫した解釈をすることを促進するために、首都特別地域（ACT）の法律は、「人権と関連性がある国際法や、外国の裁判所あるいは国際裁判所や国際法廷での解釈は、人権の解釈において斟酌することができる」と規定している。それゆえに、「国連人権委員会」（United Nations Human Rights Committee）、「ヨーロッパ人権裁判所」（European Court of Human Rights）、多くの国の上級裁判所の判断からなる基本的見解は、高度に適切なものであるとするのである。

拷問の禁止のように、いくつかの権利は絶対的なものであり、釣り合いのとれた競合する利益のために制限することはできない。しかし、人権法は、一般的に、人間の権利は、他者の権利を犠牲にして享受することはできないと認めている。この目的を成し遂げるために、首都特別地域（ACT）の法律は、「人権は自由主義かつ民主主義社会で明らかに正当化することができる特別地域の

法律（Territory Laws）によって置かれた、合理的な制限のみを受けることができる」と明記している。「合理的であること」とは、立法目的を成し遂げるために必要なことと、釣り合いがとれているかどうかによるのである。

長期が無期限の不定期刑や条件付き釈放プログラムは、犯罪と犯罪者の状況を考え、裁判所による定期的な審査を含む最も厳格な手続上の保護を受けると規定された、首都特別地域（ACT）の法律と必ずしも矛盾しているわけではないと主張することができるであろう。同様に、国連人権委員会（UN Human Rights Committee）は、刑期をつとめた後に続く予防拘禁は、やむにやまれない拘禁の根拠と、独立した組織による定期的な審査についての充分な配慮がなされるべきであるという条項がある場合、国際規約と矛盾するものではないと考えられているのである。

5．論議と結論

この論文の基礎となった報告書は、権限条項とACT政府によって注意深い考慮が要求されるであろう一連の議論で締め括られている。蓋然的な将来の行動という基盤にもとづいて、個人の生活に制限を課すことが受け入れられるかどうかの倫理的問題は別として、強い関心を抱かせる実際的な問題は、刑罰後の継続的拘禁もしくは継続的保護監督のいずれかの規定を設ける法律によって、影響を及ぼす犯罪者の潜在的な数である。

そしてまた、ここで論じられるべきその他の問題としては、付加的介入のきっかけとなる合理的な再犯の可能性の水準と、その可能性を確立するのに必要とされる専門的技術である。介入を正当化する蓋然性の水準は、少なくとも「より多くの蓋然性」もしくは、それほど正確ではないかもしれないが、より要求の厳しい「高度の蓋然性の水準」といったような高度のものを要求すべきであり、専門的技術は、性犯罪者の処遇において、幅広い経験を持った少なくとも1人の精神科医と1人の心理学者を関与させることが必要であり、そして、彼らがお互いに独立して評価を行うことが推奨されるべきである。

裁判所に提出する事案についても、それなりの考慮が、適切な機関でなされ

るべきである。ACT矯正局は、そうした意味では、適切な機関と言えるであろうが、ATC政府では、事案は、公訴局長官によって裁判所に提出されるものと提案されている。性犯罪の前科者に対する監視と保護監督の国家的取組に関する調査報告書の提出も提案されており、性犯罪に関しての非常に高い未報告の結果についても、その調査の必要性が論じられているのである。このことは、どの種類の処遇が、どの種類の犯罪者に機能するのかといった問題についてのオーストラリアにおける研究の必要性に加えて、さらなる研究対象が要求される事態となっているのである。

　被害者に対する公的に管理された釈放情報の提供の問題や、知的障害をもった性犯罪者によって引き起こされる問題といったような課題も検討されるべきであろう。報告書は、これらの問題については何らの特別の勧告を行わなかったが、政治的決定がなされるに足る情報を供給することが必要であるということが示唆されている。しかしながら、こうした論題については、関連する職業的集団や政治的集団、あるいは一般公衆における幅広い論議が必要とされるであろう。

6．おわりに

　以上がバイルズ教授の報告書の概要である。この報告書は、現時点での危険性の高い性犯罪者に対する法制度についての英語圏での現状が要領よく紹介されていると思う。我が国が、こうした保安処分や予防拘禁に等しい政策を、早急に採用するとは思われないが、危険な性犯罪者に対しては、国際的なレベルでは、長期の隔離政策が展開されているという事実を認識しておくことは必要であろうと思う。

　我が国で2006年度から実施された性犯罪者処遇プログラムは、プログラムの受講者が1,000人（2009年3月末現在で、プログラムの受講者1,087人、出所者393人、再犯者8人）を超え、高密度、中密度、低密度の3コースに分かれた処遇プログラムは、それなりの成果を上げているようである。現在我が国で展開されている、性犯罪を防ぐための自己統制力を身に付けさせ、性犯罪の背景とな

っている認知のゆがみを修正し、円滑な対人関係を築くスキルを習得し、他人に対する共感性や被害者に対する理解を高めることを目的としている「認知行動療法」は、世界標準の性犯罪者プログラムである。

しかしながら、これらの認知行動療法は、小児性愛者のような危険な性犯罪者に対するプログラムとしては、その有効性が立証されていないのである。我が国でも、犯罪傾向の進んだ者に対する指導の充実や標準プログラムの受講になじまない能力の低い者に対する調整プログラムの開発等は行われているようであるが、それらは必ずしも危険な性犯罪者を対象としたプログラムではない。アメリカの9州では、これらの危険な性犯罪者に対しては薬物療法を展開しているのである。

長期の隔離政策か薬物療法か、そのいずれの選択肢も、現在の我が国では採用できないように筆者には思われる。そうだとするならば、我が国は、危険な性犯罪者に対してどう対応すればよいのであろうか。バイルズ教授の報告書は、われわれに、こうした難問を投げかけているのではないだろうか。

参考文献

Biles, D., "Sentence and Release Options for High-Risk Sexual Offenders," Presented to the Annual Conference of the Australian and New Zealand Society of Criminology Conference, Hobart, February 2006.

藤本哲也「オーストラリアにおける性犯罪者処遇プログラム」『比較法雑誌』42巻1号（2008年）1-25頁。特に、11-16頁参照。

4　オーストラリアにおける知的障害者に対する
性的暴行

1. はじめに

　犯罪学的に、知的障害者は性的被害に遭うことが多いと言われている。しかしながら、それが事実であることを証明するような実証的研究は極めて少ないのが現状である。我が国においても、性犯罪の被害者の対象に知的障害者はなりやすいという神話は存在するが、それを実証するような確たる資料は存在しないように思う。

　幸いにも、今回、オーストラリアにおいて、知的障害者に対する性的被害に関して論じている論文に接する機会を得た。ここにその概略を紹介してみたいと思う。我が国の実証研究の参考になれば幸いである。

　我が国においても同様であるかもしれないが、オーストラリアにおいては、過去20年間、知的障害者の生活、仕事、及び社会的環境に関して、重要な変化がみられた。かつて、永遠の子ども、あるいは、少しのクォリティ・オブ・ライフ（生活の質）しかもてない人間以下の存在といった否定的なステレオタイプ的な見方から、成長し、学びそして危険さえも冒すことができるといった個人の能力を強調する肯定的で発展的な見方によって、取って代わられたのである。

　介護哲学における変化を基礎づける主要な概念はノーマライゼーションであるが、それは、知的障害者に、文化的かつ標準的な行動を育成するために、可能な限り標準的な状況を提供することを主張する考え方である。ノーマライゼーションの概念と付随して出てきたものは、地域社会への統合であり、多くの巨大施設の閉鎖であった。

　概して、知的障害者に対する成果が肯定的である一方で、「一生涯の」施設

から低い水準の管理・監督下にある地域基盤型の居住環境への移行は、いくつかの事例において、障害者によって経験される日々の生活における危険の増大——例えば、性的暴行の被害者となる危険性——を意味していたのである。もちろん、性的被害化（sexual victimization）の水準が脱施設化によって増加し、又は減少し、あるいは安定したのかどうかという点は、議論の余地があるところである。これまでに存在する、逸話的、法的、あるいは実証的な証拠によれば、施設に収容されている知的障害者は、しばしば他の居住者もしくはスタッフによる性的暴行の被害者であるということが判明しているのである。

障害のある女性の非自発的な不妊手術が施設の中で行われているという事実もあり、そしてそれは、一般的で、かつ分別のある行為であり、賢い選択であるとみなされていたのである。出産を可能とする個人の権利が認められるようになったのは、ようやく1970年代になってからのことである。この段階においては、問題は、セクシャリティーの表現の問題ではなく、むしろ望まぬ妊娠の防止や、社会的かつ医学的な問題の煩雑性に対処するための対応策に重点が置かれていたのである。

多くの知的障害者が地域社会で生活をするようになった現在、彼らに対する性的暴行の問題が認識され、重点は、性的なパートナーを選び、適切な性的行動に関わるための機会のみならず、性的暴行の被害者になった場合に、権利を守る機会を彼ら自身に提供する方向へと転換しているのである。

一般的なシナリオが、ビクトリア州の公共支援局の報告の中において述べられている。それは、自立的生活技能プログラムに参加している、障害のない人物からの暴行を申し立てた知的障害を持つ女性に関する事例ノートのコメントである。

「性的な性質を持つ出来事がAと障害のない人物の間に起きたことについては、何の疑いもない。障害のない人物が、Aの受動性と性体験及び防衛能力の欠如につけ込んだように思われる。もっとも依然として地域社会は、Aが障害のない人物との接触を絶ち、他の住民も彼と接触することを思いとどまるべきであると強く感じている。事件に関与した障害のない人物に対しては、ある種

の性的な機会が利用されたことを認めていたにも拘わらず、告発はなされなかった。」

2．性的暴行事件

　知的障害のある人々に対する性的暴行に関する分水嶺となった研究は、ニューサウスウェールズ州における女性協力ユニット（Women' s Coordination Unit）のために準備されたものであった。当報告において、とりわけ、障害者問題に対処する公的部署がこの問題に関するデータを入手することが困難なゆえに、知的障害のある人々の間における性的暴行の範囲と事例に関する正確な統計を手に入れることが難しいことが明らかにされた。また、犯罪統計のデータを収集するこれらの部署においては、被害者が知的障害者であるかどうかについては、ほとんど記録していないというのが実情である。

　1989 年の前半の 6 か月間にニューサウスウェールズ州保健局に送致された 855 人の成人に関する研究によれば、6.4％の被害者に知的障害があったことが明らかにされている。

　ビクトリア州では、19 の機関が 1987 年の下四半期に申立てのあった知的障害者に対する犯罪事例を調査することに同意した。当該期間中、130 件の性犯罪を含む 144 件の犯罪が報告されたことが明らかにされている。研究者は、この数値には、知的障害者自身や職員による過少報告という事実があったことに関しては、強固な証拠が存在すると主張するのである。この数値は、性犯罪と身体的暴行が、知的障害者に対して最も頻繁に記録される犯罪であるという事実と、これらの数値を記録することは、総人口におけるこれらの犯罪の低い報告率を考慮する上で、とりわけ重要であることを示唆しているとするのである。

　全般的にみれば、知的障害のある人々に対して、驚くほど多くの性的暴行の事実があるように思われるのである。しかしながら、それよりもさらに驚くべきことは、問題に対処する行動の不在と人材の明らかな不足であろう。

3. 性的暴行に対する被害可能性

知的障害のある人々は、以下のような多くの要因の結果として、犯罪の被害化に関して、被害可能性が増大する傾向にあると言えるかもしれない。

① 損なわれた判断力と知的障害。

② 対人スキルや性教育等の不足を含む適応性のある行動の欠落。

③ 性的被害の事実を伝えることを不可能にするような、限られた言語能力を含む、身体的な障害の存在。

④ 外部との接触や個人的な接触の不足を伴う、彼らが生活し仕事をするハイリスクな環境。

⑤ 非良心的な介護者や友人、あるいは家族との頻繁な接触。

⑥ 自分の権利に関する知識不足と、自身を守るための能力の欠如。

⑦ 攻撃を受けやすい被害者に遭遇できる環境に対する虐待者への誘惑。

性的暴行への被害可能性を減少させる上で、知的障害のある人々への性教育が、性的暴行事件と反比例的に関連し合っているという事実を発見した研究に注目することは、非常に重要なことである。つまり、性的行動に関する知識をもつ人々は、より被害に遭う可能性が少ないのである。

4. 被害者か加害者か

児童虐待の世代間連鎖は広く認識されている。虐待を経験した子どもは、彼らが親としての他の形態の行動を学ぶことができるような目立った介入がない限り、虐待する親になりがちである。知的障害者間の性的被害者になる確率と、犯罪者になる確率との間の関連性に関する実証的な研究は未だなされていないものの、シドニー大学医学行動科学部准教授のスーザン・ヘイズ（Susan Hayes）とニューメキシコ大学特殊教育学部のラッカソン（Ruth Luckasson）教授のクライアントの中に、知的障害のある加害者で、性的被害者ではない者はいないという事実は注目に値するであろう。ラッカソン教授は、アメリカにおける「死刑囚監房」において、知的障害のある加害者の中で、性的な虐待を受けたことのない加害者には1人も出会わなかったと述べている。

この調査結果から明らかとなる重要な点は、彼ら自身が虐待の被害者であるがゆえに、専門家や裁判所が、知的障害のある性犯罪者や殺人犯に、寛大になるべきであるといったことではない。学ぶべきことは、知的障害者人口における性的虐待が減少すれば、知的障害のある犯罪者による暴力的犯罪が減る可能性があるということである。

自分自身が性的虐待の被害者である知的障害のある人々は、常軌を逸したセクシャリティーのパターンを学ぶが、それはなんら矛盾のないものである。なぜなら、彼らは、より正常な対人行動を体験したことがないからである。ヘイズ准教授のクライアントの１人は、性的な行動が男性と女性の間、もしくは、性的な行動に同意した者同士の間で行われるものであることを知らなかった。彼の唯一の経験から学んだことは、年長の少年と施設の職員によって暴力的で苦痛を伴うセックスを押しつけられたことであり、その結果、彼はこれが性的表現の唯一の形態であると信じながら大人になったということである。

知的障害者に対する適切な性に関する教育プログラムの欠如は、このような大雑把な情報と、その結果、引き起こされる必然的な行動の恒常化を増大させるのである。

5．性的暴行の指標

カーマディ（M. Carmody）は、知的障害のある人々の間における、性的暴行の指標に関して極めて優れた、そして極めて簡潔な要約を提供している。それは、1989 年のサウスウェールズ州健康局の文書に基づいたものである。彼女は、性的暴行が他の人々の関心を引く、４つの主要な過程があると述べている。

① 知的障害のある者が、性的暴行を受けたことを他人に話す。
② 第三者によって性的暴行や搾取的な行動が見つけられる。
③ 知的障害のある者が目立って変化する。
④ 知的障害のある者が身体的な症状を訴える、もしくは他者によってそのことが観察される。

カーマディは、また、行動面もしくは身体面での指標のリストも提供しているが、これらの指標のうちのどれか１つの存在のみで性的暴行を確定することはできず、これらの要因を説明するその他の理由の存在可能性をも警告しているのである。

(1)　性的暴行の行動的指標

①　自己破壊的な行動。

②　睡眠障害と悪夢。

③　アクティング・アウト（行動化）された行動。

④　日常活動に対する関心の欠如。

⑤　執拗で不適切な性的な遊び。

⑥　性的に攻撃的な行動。

⑦　創作活動における性的な題材の選択。

⑧　怒りっぽさ、短気な行動、涙もろさ。

⑨　ひきこもり。

⑩　食事と排泄の不安。

⑪　衛生状態の極端な良し悪し。

⑫　金銭、贈答品、おもちゃなどの説明のない蓄積癖。

⑬　「私は秘密を持っている」と言う。

(2)　性的暴行の身体的指標

①　衣類、とりわけ女性の衣類への精液の付着。

②　妊娠。

③　生殖器もしくは直腸付近の打撲傷、出血もしくは外傷。

④　生殖器、直腸もしくは尿道への外部からの異物の存在。

⑤　性感染症。

⑥　尿道、女性器もしくは肛門付近のかゆみ、炎症もしくは感染症。

⑦　胸部、臀部、下腹部もしくは大腿部にみられる外傷。

⑧　腹痛、偏頭痛。

⑨　心身症。

これらの指標に付け加えられるものとして、暴行や殺人といったより深刻な行動も挙げられる。とりわけ男性の知的障害のある性的暴行の被害者が、加害者に突進し、その結果、事件が殺人行為に至ることも稀ではないのである。

6．知的障害のある人々への性的暴行の結果

調査される必要のある２種類の結果が存在する。１つ目は、性的暴行を受けた知的障害のある被害者の個人的な結果（これには彼らの家族や友人そして介護者への影響も含まれる）であり、２つ目は、公的な結果であり、それは、通告、警察による尋問、そして告発である。公的な結果の背後に含まれるものとしては、また、政府機関によって加害者にもたらされるものの、結果として刑事司法制度に留まる懲戒手続も含まれるのである。

⑴　個人的な結果

性的暴行の被害者が、刑事司法制度によってのみならず、病院の職員や警察、そして友人たちによって非難されることは、広く認知されている。被害者は、「彼もしくは彼女は、あまりにも挑発的な服装をしていた」とか「彼もしくは彼女は、１人で街路に出ていた」等の誤った認識を根拠として、暴行に対する責任を不条理にも問われるのである。これらの人を惑わせるような言い訳は、知的障害のある被害者の事例においては、「彼もしくは彼女は乱暴に迫ってきた（これは普通、不適切で過度に親密な社会的行動に関しての発言である）」、あるいは「彼や彼女はノーと言わなかった」といったレベルのものを含む範囲にまで広げられるのである。

後者の発言は、知的障害者の間における権利に関する知識の欠如や、たとえ彼らがそうした事実を知っていたとしても、権利を主張することがしばしばできないことや、権威のある者に対するへつらいや、ノーと言うことが、過去において、しばしば彼ら自身が頑固で挑戦的であるとみなされてきたという事実を考慮に入れるとき、どんなに好意的に解釈したとしても、はらはらさせるほど愚直なものであると言わざるを得ないのである。

本稿は、性的暴行に伴う衝撃や不安や身体的・精神的な冒瀆等の感情につい

て強調するものでは決してない。しかしながら、通常の被害者が体験したすべての感情が、知的障害のある被害者においても、同じように体験されるということは、強調しておくべきであろうかと思う。知的障害のある被害者の場合には、彼らの生活の大部分の領域において絶望感や無力感をより多く経験していることからして、また、カウンセリングにおいて自分の考えを明確に述べることができないという言語上の問題を抱えているといった不利益をこうむっているということも、認識しておかねばならないのである。

(2) 公的な結果

　次のような統計が発見されることは、専門家ならずとも失意の感覚を伴うものである。シドニーにあるロイアル・ノース・ショア病院の性的暴行クリニックのソーシャルワーカーによれば、ロイアル・ノース・ショア病院に送り込まれた知的障害者の女性に対する90件の性的暴行事件のうち、たったの1件も、警察によって加害者が告発されるという結果に終わったものがないというのである。こうした事実に対する説明としては、主な目撃者が知的障害者である場合に、証拠を確実にすることや、知的障害者である他の目撃者から証拠を得ることの難しさに言及することが、刑事司法機関の職員によってなされるかもしれない。がしかし、例えば、話すことのできない子どもに対する連続した性的暴行が、警察やその他の刑事司法制度に携わる人々によって糾弾されないという事態を想像することは難しいであろう。知的障害者に対する性的暴行への公的な対応の問題は、多くの政府機関によって熱心に対処される必要のあるものであることだけは確かである。

7．議論の中心となる争点

　多くの争点が、これまでの要約からも導き出されているが、以下のような項目も重要な争点に含まれるであろう。

① 性的関心の訓練や（仕事や生活の環境など）、知的障害者の周囲からの加害者の排除を含む、知的障害のある被害者に対する性的暴行の防止。

② 知的障害のある人々の間での性的暴行の問題に対処し、一般には加害者

に対してなされるものではあるが、暴行の結果として行動が悪化した被害者にも、同様に行動管理法を提供する、包括的で人材豊富なチームの確立。

③　知的障害者である証人や犯罪の被害者から証拠を収集する際の、刑事司法機関の職員、とりわけ警察職員の訓練。

④　性的暴行を専門とするケースワーカーの訓練やガイドライン、性的暴行の被害者となった知的障害者のニーズに対処する人材の配置。

⑤　知的障害者に対する性的暴行事件の多さや、それが純粋に受容できるものではないことに関する地域社会や家族、そして介護者の間における自覚の涵養。

⑥　被害者と加害者が知的障害者である場合に、力関係の問題が性的暴行にどの程度まで妥当するかの検証。

⑦　性的倒錯と年齢に関連した機能的行動の診断。

　知的障害のある人々の過剰な保護と、地域社会での生活や仕事における、増大した危険の中に彼らを放置しておくこととの中間的な施策を展開することは、おそらく申し分のない政策であると言えよう。「精神遅滞に関するアメリカ協会」（American Association on Mental Retardation）の前会長は、知的障害の分野における新しいリアリズムについて言及した。エリス（J.W. Ellis）は、ノーマライゼーションの旗印の下、知的障害のある人々に対して達成された成功について言及している。彼は、ノーマライゼーションの原則からの撤退を求めてはいないが、このキャッチフレーズは、知的障害者や彼らの受けるサービスへの不正確で逆効果にもなるアプローチを生み出すおそれがあると述べている。

　とりわけ、ノーマライゼーションが、あたかも彼や彼女が障害を持っていないかのように平等に接することとして誤って認識されるとするならば、障害のある人々は、酷い取扱いを受けるかもしれない。最も危険な形態においては、こうした解釈は、いかなる公共政策も障害を考慮に入れる必要がないということを証明することにさえなるのである。こうした観点からすると、障害者を障害のない人々と異なるように取り扱うすべての政策や法律は、ノーマライゼー

ションの侵害ということになる。われわれは、こうした解釈を、近時、精神遅滞のある人々に関連した死刑をめぐる議論の中で見てきた。ある人は、いかに結果が不愉快で嫌なものであっても、それが「ノーマルな」経験であるがゆえに、われわれは精神遅滞のある人々の死刑執行を黙認せねばならないと主張した。この解釈が、障害のあることを根拠に人々を異なるように取り扱ういかなる法律も、有害で誤った考えであると仮定しているのだとすると、間違っていることになる。事実、過去 20 年間にわれわれが勝ちとった主要な勝利は、あらゆる点で差別的な取扱いに関するものであったからである。

　知的障害者の存在は現実のものである。知的障害のある人々の限界は明白である。それらの限界は、性的暴行の状況を含む特定の状況下において、彼らをとりわけ傷つきやすい存在にする。知的障害のある人々は、特定の事項において知的障害のない人々と異なる。それゆえに、性的被害から彼らを守り、彼らが性的被害に遭った場合に彼らを診察し治療し、最も可能な方法で彼らの証拠を裁判に提出し、そして、性的暴行の後に彼らが受け取る必要のあるすべてのサービスと資源を、彼らのニーズに適合させるために、特別の配慮が必要なのである。

8．おわりに

　以上、オーストラリアにおける知的障害者の性的被害の実情について紹介したが、我が国では、知的障害者による性的加害がどれくらいあるのかというデータすら公開されていない。もちろん、この点については、刑務所等に収容されている性犯罪をおかした被収容者のうち、知的障害がある者を統計的に取り出すことで、ある程度の実態を把握することは可能であろうが、そもそも、刑事施設に収容されている者を、知的障害者と認定する作業自体に困難が伴うことを考えれば、知的障害者による性犯罪の実態を明らかにするためには、本格的な調査を実施することが必要となるであろう。

　一方、知的障害者の性犯罪被害の実態を把握するためには、警察段階において、性犯罪の捜査をするときに、被害者の特性を分析し、被害者が知的障害者

であるかどうかを判定することになるであろうから、実際問題として、そうしたデータを収集することは不可能ではないにしても、警察の協力を得ることは難しいであろう。

我が国の刑事施設では、強姦、強制わいせつその他の性犯罪の原因となる認知のゆがみ又は自己統制力の不足がある受刑者に対し、特別改善指導として、認知行動療法を理論的基盤とする「性犯罪再犯防止指導」を実施し、性犯罪の被害を軽くとらえたり、「性的欲求を抑えられないのは仕方がない」というような考え方が誤っていると気づかせた上で、自己を統制するためにはどのように行動すべきであるかを考えさせる指導を行っている。特に、知的能力に制約がある者に対しては、イラストを多用するなどして、特別に調整されたプログラムによる指導が行われている。

こうした試みはあるにしても、知的障害者による犯罪と被害についての実証的研究は皆無といっても過言ではないであろう。そうした意味では、本稿で紹介したオーストラリアの実情は、我が国の将来の研究の実現可能性を示唆するものではないかと思う。今後の知的障害者研究の発展に期待したいと思う。

参考文献

Macklin, R. and W. Gaylin (eds.), *Mental Retardation and Sterilization. A Problem of Competency and Paternalism.* New York : Plenum Press, 1981.

Carmody, M., *Sexual Assault of People with an Intellectual Disability : Final Report.* Parramatta : New South Wales Women's Coordination Unit, 1990.

Johnson, K., Andrew, R. and V. Topp, *Silent Victims : A Study of People with Intellectual Disabilities as Victims of Crime.* Melbourne : Victorian Office of the Public Advocate, 1988.

5　オーストラリアの知的障害犯罪者対策

1．はじめに

　筆者は、2006 年以来、厚生労働科学研究（障害保健福祉総合研究事業）の研究分担者として、「罪を犯した障がい者の地域生活支援に関する研究」に従事しているが、筆者に現在与えられている課題は、アメリカ、イギリス、オーストラリア、ニュージーランド等における知的障害犯罪者に対する施策の文献調査である。

　知的障害犯罪者に対する対策は、我が国は言うに及ばず、欧米での実態を見ても、必ずしも有効な対策が講じられているとは言い難いようであるし、関係資料を探し出すことも必ずしも容易ではないが、筆者は幸いにも、オーストラリアにおける精神障害犯罪者の処遇プログラムの中に、知的障害犯罪者の処遇に関する文献を見いだすことができた。予期に反して、オーストラリアにおいても、知的障害犯罪者に関する研究に従事している学者は、その数が極めて少ないようである。

　以下においては、シドニー大学医療行動科学部准教授のスーザン・ヘイズ（Susan Hayes）の論文「精神障害受刑者——資源の計画作成」（Mentally Disabled Prisoners-Planning Resources）を手がかりとして、オーストラリアにおける知的障害犯罪者の処遇について紹介してみたいと思う。

2．問題の所在

　まず、最初にお断りしておきたいことは、スーザン・ヘイズの論文においては、「精神障害犯罪者」（Mentally Disabled Offenders）という用語は、精神疾患犯罪者（Psychiatrically Disordered Offenders）、知的障害犯罪者（Intellectually Disabled Offenders）、多重人格犯罪者（Dually Diagnosed Offenders）等を網羅するために、

230 第3部 オーストラリアにおける刑事政策

意図的に使用されていることに注意しなければならない。オーストラリアにおいても、不適応行動を示す犯罪者は、刑務所内外における教育・居住・職業・レクリエーション施設等に統合する機会が極端に限定されているのである。

　多くの場合、精神疾患犯罪者あるいは知的障害犯罪者のいずれか一方には、拘禁刑を科すための主要な決定因子である、反社会的不適応行動の存在が見られるとするのが一般的である。もう一つの主要な決定因子は、適切な量刑の代替策となるような資源が存在しないということである。そしてこのことについては、オーストラリアでは議論の余地はないようである。裁判官は、とりわけ、明白な精神障害を持った犯罪者が刑務所で保護されてはいるが、未だに他の受刑者による加害の標的となっているがために、知的障害犯罪者を積極的に拘禁することを懸念しているのである。その上さらに、保護の段階において、独立した、非犯罪的な生活様式を促進するためのいくつかの関連したプログラムを受ける確率は、ごくわずかのようである。そして、弁護士、介護者、専門家等はすべて、精神に障害を持つ犯罪者を刑務所に拘禁することの不利益を充分に認識しているのである。

　刑務所に拘禁するという最後の決定がなされる前に、問題はすでに始まっているということである。過去40年間にわたり多数の研究が、問題行動や反社会的行動は、知的障害に次いで、最初に施設に収容するときや再収容の決定に際して影響を与える最も重要な因子であるという事実を証明してきている。

　様々な研究は、知的障害患者の20％から45％が、問題行動が原因で、地域社会への参加、とりわけ地域社会での生活が制限されていることを見いだしている。様々なサービス・プログラムに顕在化している知的障害者の20％から40％は、重大な問題行動を提示しており、5％から13％は、多重人格犯罪者が占めている。

　それゆえに、矯正局の重要な課題は、もし問題行動のために、知的障害犯罪者のような精神に障害を持つ者が地域社会で生活をすることができないのであるならば、彼らは、どこで生活をすればいいのかということである。現在のところ、オーストラリアでは、施設収容の選択肢としては、施設を閉鎖するか、

患者数を減らすか、あるいは施設の機能を変化させるかといった具合に、その選択肢はごくわずかのようである。多重人格犯罪者に対して必要なものを供給するために、施設収容の門戸が再び開かれるべきだという積極的な提案はないようであるが、それは、現実に、問題行動に対処するための資源を持った居住施設がほんの少ししか存在しないためであるように思われる。そのことが、「角を矯めて牛を殺す」という結果を招くのであり、精神障害犯罪者を刑務所拘禁へと導く方向へと、向かっていくことにもなるのである。

スーザン・ヘイズの論文は、こうした問題意識からスタートして、犯罪者と地域社会の利益として、有効に利用されるための非拘禁的な量刑の選択肢を可能にするために、精神障害を持った犯罪者に対するサービス配分のモデルを再検討するものである。

3．現行制度の問題点

精神障害を持った受刑者の問題について言及する上で、現行制度には多くの欠点があることをまず指摘しなければならない。第1に、正式事実審理（trial：公判）へと導く過程があまりにも刑罰的であるために、有罪を宣告された者は、その段階で、義務を履行し、犯罪の償いを強制されているとさえ思う感情があるということである。

第2に、プロベーションやパロールのサービスは、概して、締まりのないだらだらとしたものであるという点である。多くの専門家は、多数の事件を負担し、精神障害を持つ犯罪者を識別し援助するための訓練に欠けているのである。専門的なサービスは、しばしば、犯罪を行う精神障害犯罪者の責任を受諾する気がなく、その上さらに、刑事司法の諸問題を取り扱う上において、特別な訓練がなされていないのである。彼らは、法廷において、精神障害犯罪者に利益をもたらしているというよりも、むしろ損害を与えているのかもしれないのである。

法廷で働く職員は、すべての裁判段階において、精神障害に関する概括的な知識は持っていても、重要な事項については精通していない。読み書きができ

232 第3部　オーストラリアにおける刑事政策

ず、言語領域において適切に意思疎通をすることができない知的障害犯罪者を「人間の屑」(dregs of humanity) として扱う刑事法廷での暗黙の了解があるという事実に、驚く者が誰もいないといったような状況が現出するのである。これらの状況が批判されずに「正常な」ものとして受諾されることを考えると、被告人が専門家の精神鑑定を受けるように勧告されることは、到底ありそうにもないのである。

　専門家の鑑定は不適切なものであり、役に立たないものであるかもしれない。精神医学的な調査は、知的、社会的、適応的技術が犯罪者に欠けていることに、わずかな光しかもたらさないのかもしれないのである。内科医もしくは一般開業医による報告は、よりずっと一般的なものとなりやすい。包括的な多分野にわたる鑑定や評価は、標準的であるというよりも、むしろ例外的であると言ってよいであろう。

　しかしながら、最終的な、そして最も蔓延している障害は、精神障害犯罪者、とりわけ暴力的もしくは極めて危険であるとみなされる犯罪者を受け入れる適切なサービス——居住・教育・職業・対人関係・適応的技術プログラム等——の欠如である。それゆえに、一般的な認識としては、結局のところ、刑務所は責任を免れることができない最後の唯一の住居サービス空間であるという認識に後戻りしてしまうのである。

4．精神障害犯罪者のためのモデルサービス項目

(1)　精神障害があることの証明

　現在のところ、オーストラリアでは、犯罪者の精神障害が、警察、弁護士、裁判官、パロール職員、精神障害に関する専門家以外の保健医師 (health professionals)、もしくはその他の関係当事者によって判定されるように保証している何らのサービス・プログラムも存在しない。被告人が自分には精神障害があるということに気付かないことはよくあることであり、また、彼らが、自分には精神障害があるということを認識した場合には、彼らはむしろ精神障害であることを隠し、正常であるかのように見せかけるかもしれないのである。

精神障害があることを認識するためのトレーニングは重要であり、有益な試みである。充分な評価がなされ、問題がないことが見いだされることによって、不利益な立場に置かれる者は誰もいないであろうが、しかし、その反対の状況が存在する場合には、結果において、それはあまり好ましい状態とは言えないであろう。

少なくとも、刑事司法職員は、学歴、通学した学校の数、特殊学級もしくはクラス分け、無断欠席等に関する諸問題を含む、精神障害判断の指標のようなものについて調査するように教育されている。見せかけの原因に関する一般的定義付けは、無視される必要がある。犯罪者は、しばしば断片的な学歴が原因で、読み書きができないものと推察されることがある。あまりにもしばしば、断片的な学歴は、主流となっている教育に対処することができないこと、あるいは適切な教育の場を見いだすための両親や教師による捨て鉢的な試み、もしくはそれと同様に、誰か他の人の「得体の知れない」籠の中に個人を投げ捨てるような自暴自棄な試みを反映していると言うのである。たどたどしい話し方、記憶力の乏しさ、出来事の順序付けができないこと、児童期における施設収容歴もしくは精神病院への入院歴は、刑事司法職員が潜在的指標として注目することのできる要因である。確かに、こうした診断の教育的な効果というものは存在する。例えば、弁護士が依頼人の精神障害の存在を認識し、専門家の判定を依頼するようになれば、そうした慣行は、後に続く依頼人に、より多く適用されるようになるからである。

(2) 包括的な専門家による評価

知的障害の認定が容易な事案においては、認知的、社会的、適応的技術の欠陥に関する包括的な心理学的評価は、極めて満足のいくものである。とりわけ多重人格犯罪者に関する他の貴重な関係事項が、精神医学・医療・職業・教育・対人関係・理学療法・財務管理能力の評価から供給されているからである。

(3) 事案の処理

精神障害を持つ犯罪者は、あまりにも容易に、教育・衛生・知的障害・精神

医学・プロベーション・パロールと、職業訓練的・社会復帰的サービスとの間隙に落ち込む傾向がある。そのための解決策は、全サービス機関からの代表者を統合するチームでの取り組みであり、代表者の１人が、ケース・マネージャーとして任命されることが必要である。

物理的に結合してチームを形成することは、意思疎通を保証する上で極めて重要である。事案の複雑性や非常に困難な性質のゆえに、事件負担数は、通常の事件負担数よりも少ないことが望ましいことは言うまでもない。

(4)　プロベーション

精神障害を持つ犯罪者は、満たすことができないプロベーションあるいはパロールの条件を通じて、たやすく「勝ち目のない、刑務所返り」の状況に置かれることがある。最も簡単な任務、たとえば、プロベーション・パロール局までの公共交通機関を利用すること、予約をするために電話を用いること、時間を告げること、日付を把握すること、運賃を払うこと、職場もしくは障害者のための仕事場から離れる時間帯を交渉すること、長期的な目標に対応すること、アルコール依存症のための自主治療プログラムに参加すること、適切な教育課程に登録すること、否定的な仲間集団の影響から遠ざかること等は、精神障害を持つ犯罪者にとっては克服できない障壁であることが証明されるかもしれない。一度条件に違反すると、量刑の厳格性は極めて大きくなるのである。それゆえに、精神障害犯罪者の日常生活の技量や要求された条件を満たす能力、あるいは適切な支援サービス（例えば外出訓練等）についての評価に着手することが不可欠であると言えよう。

(5)　非犯罪的行動を強化すること

たとえ消極的であったとしても、非合法的活動への誘惑それ自体は、注意を喚起すべき強力な強化因子である。それほど強化的でないものとしては、単調さ、時間を費やすこと、暇なときに短時間訪問すること、役に立たないサービス等がある。

しかしながら、ペンシルベニア州のランカスター・カウンティ知的障害犯罪者プログラムでは、社会的・適応的技術の改善が成し遂げられた場合には、次

に、「仕事のない時間帯に何をしているのか」について報告する、新たな手法を組み込み、地域社会内量刑を遵守する強力な積極的強化策を構築しているのである。

(6) 地域社会セキュリティ・ユニット

イギリスにおける 1975 年のバトラー報告書（Butler Report）は、精神障害を持つ犯罪者のためのセキュリティ・ユニットと、地域社会の国民健康保険事務局（health authorities）と刑務所医療サービスとの共同的な司法精神医学サービスの設立を推奨している。こうした考え方、もしくはそれとよく似たものが、ニュージーランドやカナダを含む多くの国で用いられているようである。

地域社会セキュリティ・ユニットは、通常、矯正サービスというよりもむしろ医療サービス機関によって運営されており、それゆえに、戒護職員は雇われていない。暴力的で危険な患者は、医療・看護職員によって取り扱われている。つまり、医療モデルが展開される傾向があるのである。患者は、未決拘禁者か既決囚、あるいは非犯罪者である。人権に関する重要な問題が、入院許可、評価、釈放、刑務所への移送等のメカニズムをめぐって堂々巡りをしているようである。

知的障害を持つ犯罪者のための地域社会セキュリティ・ユニットに存在する主たる倫理的問題は、医療、とりわけ精神医学的モデルは、不適切な処遇であり、抑制的な環境となっているとするものである。仮に知的障害もしくは多重人格を持つ犯罪者が、刑務所に収容されないのであれば、必ず医療・看護職員が必要であるということまでは言えないのかもしれないが、知的障害の領域では訓練された専門職員が付いており、また、日常生活的技術、意思の疎通、対人関係、性的理念、財務管理能力、職業訓練、対処技術、薬物・アルコール依存の領域での適切な社会復帰プログラムを提供する、地域社会セキュリティ・ユニットがなくてはならないのである。しかしながら、こうした考えは、決して新しいものではない。リッチモンド報告書（Richmond Report）は、以下のように述べている。

「限局された場所での介入に敏感でない、深刻な、かつ外見上処遇困難な行

動障害を表す発達障害を持つ者については、専門的な行動管理サービスが、小さな特別目的ユニットにおける地域社会を横断した形で利用可能となるであろう」と。

実際に、1988 年、ニューサウスウェールズ州において、そのようなユニットについての提案が、知的障害者センターの職員によって主張された。提案では、知的障害者集団に対するサービス配置の欠如の根拠として、以下のようなものがあることを述べている。

①　分離した部門別の責任が混在していること。

②　サービス配置機関の各部局間の分裂と保護主義的傾向。

③　直接的な介護提供者からもたらされる専門的技術の複雑性とそれらからの孤立、または、そのような専門的技術へのアクセスの欠如。

④　少数者集団の下位集団（知的障害犯罪者と行動に問題を持つ者）については、サービス配置の方向性が、治療よりもむしろ保護へと向かっていること。

現在までに明らかにされた限りでは、提案に関して何らの行動も取られていないようである。知的障害もしくは多重人格の犯罪者のための地域社会セキュリティ・ユニットの重要な特徴は、集中的な保護監督から、支援されていない生活や地域社会への最終的な統合のための機会に関する保護監督までの、監督の段階的レベルの設定にある。

⑺　矯正的連続体

地域社会セキュリティ・ユニットは、裁判所に、地域社会が暴力的犯罪者や危険な犯罪者から守られていると思わせる一方で、精神障害を持つ犯罪者に適切な抑制とプログラムを提供するという、2 つの目的に奉仕するのである。しかしながら、自分自身や他者にとって脅威とはならないが、集中的プログラムや保護監督を必要とする犯罪者に対する、あまり保安的・制限的でない環境を除いては、適切に専門職員が配置される必要性は未だ存在するのである。

地域社会での居住地を見いだし、放火、性犯罪、暴行で起訴された犯罪者に適切なプログラムに参加することを試みている幾人かの専門家は、たとえその個人が暴力的ではなく、もしくは危険ではないとしても、政府あるいは非政府

機関の施設に生活の場を獲得することは事実上不可能であることを認識している。仮にプロベーションやパロールがそのような状況下で命じられる可能性があるとするならば、結局は、遵守事項の不履行によって、犯罪者は最終的に刑務所に行くことになるかもしれないのである。

どの政府部門も、この範疇の犯罪者に適切な資源を供給する責任を進んで受諾しているようには思われない。官僚は、「この類の者は刑務所にいるべきではない」と陳腐な決まり文句を言うけれども、財政欠如に関するこれまでの議論とそれに関連する必然的な惰性が、何らの行動も取らないことを意味しているのである。

明らかに最も費用のかかる選択肢は刑務所拘禁であることを考えれば、「財政欠如」に関する議論は、精神障害を持つ犯罪者を取り扱う上での問題解決の無策さそのものを反映しているとも言える。1988年のグライナー自由党政権によるニューサウスウェールズ州矯正局委員会の廃止前に、当該委員会は、精神障害を持つ犯罪者に対する責任を受諾し、それほど制限的でないが、適切に保安に配慮し、地域社会内の居住環境において保護監督するに適切な資源や施設を供給する政策を樹立していたのである。矯正サービスの費用削減は、これら精神障害犯罪者を最大限の保安と制限的な保護環境でもって抑制することによってではなく、精神障害犯罪者が非犯罪的な生活を送ることができるように技術、資源、支援でもって開かれた地域社会へ復帰させるという視点を通じてのみ実現されるのである。

地域社会において精神障害を持つ犯罪者に使用することが可能ないくつかの特殊な技術としては、以下のようなものがある。

① 犯罪の一因となる行動を変えるため、家族を支援するための行動に関する家族との契約。

② プロベーションの条件、職業技術、問題解決、自己主張訓練、仲間による圧力に耐えること、薬物・アルコールカウンセリング、教育技術との協同を含む、社会的技術訓練。

③ プロベーションとパロールにおける行動上の契約（「善行」として一般的

238 第3部 オーストラリアにおける刑事政策

に述べられているものよりも、特別の期待された行動や避けられるべき行動)。

④ 学校やそれ以外の教育的制度におけるプログラムの実施。

⑤ 認知の再構成、セルフ・コントロール訓練、嫌悪療法の強制、対処技術、問題解決を含む特別な行動療法。

⑥ 職業的技術訓練等である。

5．おわりに

「精神障害を持つ犯罪者を刑務所に収容しないことは、最も説得力のある議論である政府の費用便益からの観点と、個人と地域社会に対する人道主義的目的との間の、やりがいのある目標であると言える。地域社会は精神障害犯罪者を「懲らしめる」一方で、その障害ゆえに、資源、治療、適切な処遇の代替策を供給することを考えなければならないのであるが、それはまた、幾人かの、いやむしろすべての少数者集団が、社会の主流から疎外化されていることを意味するのである。何らかのバロメーターによって、オーストラリアでは現在、「私たちと彼らを区別する」精神状態が蔓延している」とスーザン・ヘイズは警告している。

そしてまた、「精神障害を持つ犯罪者の不適切な拘禁を防止するためには2つの鍵となる要素がある」とスーザン・ヘイズは言う。1つ目は、適切な量刑の代替策の整備に向けた人道主義的、倫理的政策の存在であり、2つ目は、ランカスター・カウンティプロジェクトのようなプログラムが存在し得るように、政府部門内あるいは政府部門間の協力的かつ問題解決的な取り組みの実施である。

「先見の明のない政治家や専門家は、現在の施設収容、「精神衛生産業」のプログラム、司法の「ゲット・タフ」プログラムを維持するように振る舞っている。それと同時に、長期的には利益が見込まれるようなより広い地域社会プログラムに対しては、予算が削減されている」と、スーザン・ヘイズは指摘するのである。

そうだとするならば、最後に残る問題は、「知的障害犯罪者の行動を変える

ためには、彼らの行動を変えるのではなく、われわれ一般人の行動をどう変えるべきか」ということになりそうである。

翻って、我が国の知的障害犯罪者に対する処遇を見ると、新しい4つのPFI刑務所において、特化ユニットを創設し、新しい処遇プログラムを用いての処遇が開始されたところである。今後、どのように発展していくか、その成り行きに注目したいと思っているが、われわれの厚生労働省と法務省の共同研究班は、つい最近において、矯正施設、更生保護施設と福祉サービス事業等をつなぐ架け橋として、都道府県単位での「地域生活定着支援センター」の創設を提言し、その中央組織として、2008年4月16日、社会福祉法人南高愛隣会の東京事業本部として「中央社会生活支援センター」を設立した。知的障害犯罪者の相談支援事業、コーディネート事業、更生保護事業、社会福祉事業等を展開することになっている。我が国の知的障害犯罪者に対する施設内処遇と社会内生活支援とを連動させるシステムが、今まさに動き始めたのである。

参考文献

Hayes, S., "Services for Mentally Disabled Prisoners – Planning Resources," *Interaction,* Vol. 5, No. 2, 1991, pp. 32-37.

6　オーストラリアの知的障害者と犯罪の被害

1．はじめに

　2006年度から2008年度の3年間にわたった厚生労働科学研究（障害保健福祉総合研究事業）「罪を犯した障がい者の地域生活支援に関する研究（田島班）」が2009年3月に終了した。厚生労働サイドと法務サイドの連携による知的障害者に関する共同研究は、初めての試みではなかったかと思う。研究成果は、報告書（全354頁）となって公開されているので参照して欲しいと思う。

　こうした我が国での研究成果はともかくとして、オーストラリアにおいては、知的障害をもつ者は、障害をもたない者よりも、身体的暴行、性的暴行、あるいは強盗の被害者となる比率が3倍ほど高いようである。オーストラリア犯罪学研究所に報告された1996年のウィルソンらの研究では、犯罪の被害者となったことがある知的障害者は、対人能力の測定において、知的障害をもった非被害者よりも、かなり低い測定値を示したことが見いだされている。この研究によれば、障害をもっていることが主要な問題なのではなく、むしろ、いかに知的障害者が振る舞ったかということ、そしてまた、その行動が、犯罪者からの反応をいかに促進したかが重要な要素であることを見いだしている。そうした中でも、突出した一つの特性は、怒りの表出に関するものである。

　それゆえに、この研究の重要な政策的提言は、対人能力や怒りの処理能力に関する訓練に見いだすことができるのである。オーストラリア犯罪学研究所は、怒りや攻撃を促進する因子を特定し、それらの因子を幅広い犯罪予防戦略の一部分とすることに強い関心を抱いているようである。本稿は、このウィルソン（C.Wilson）、ネトルベック（T.Nettelbeck）、ポッター（R.Potter）、ペリー（C.Perry）の共同研究をもとに、オーストラリアにおける知的障害者と犯罪の被害の状況について紹介してみたいと思う。

2. 知的障害者と犯罪の被害に関する研究

　大部分の者は、知的障害者は、社会の一般構成員よりも、より犯罪の被害を受けやすいという事実を受け入れることに、さほどの驚きを示さないであろう。平均以下の知能指数であるという事実により、知的障害者は、おそらく、あまり日々の生活状況に適応することができず、その危険性ゆえに、ある者は知的障害者を利用し、その弱みにつけ込むことがあるということを意味するのである。確かに、こうした可能性こそが、知的障害者や知的障害者の分類に組み入れられる者に対して、特定の施設で生活することを提案する者によって、積極的な施設収容が推進された理由の1つであったのである。しかしながら、知的障害者は、一般生活の領域においては特定の生活技術が要求されるために、減退した知能がより高い被害受容性に結びつくおそれがあることは真実であるかもしれないが、これらの事実は、これまでに十分に理解され検討されてこなかった他の考慮すべき事項の発見によって、幾分ぐらついてきているのである。たとえば、知的障害者の中には、知能が被害受容性と必ずしも一致しない者がいる。すなわち、より低いIQが、必ずしもより高い搾取被害の発生と一致しないのである。その上、さらに、施設収容が、必ずしもすべての犯罪の被害を保護するわけではない。ウィルソンらの研究で明らかなように、住居空間では、実際に生活を共にする他者によって、個人的被害を発生させるかもしれないのである。そしておそらく、これは検討する余地のあることではあるが、ウィルソンらの研究では、幾人かの被害者は、何らかの方法で犯罪者を挑発する行動を取ることによって、被害者に対する犯罪を逆に促進させているという側面も見いだされるのである。

　本稿で紹介している研究は、最近のオーストラリア政府の社会政策において、急速な転換を遂げている結果として、知的障害の領域で起こる可能性のある警察の責任について、警察組織内部の関心によって着手された、1992年のウィルソンとブリューア（N.Brewer）の先行研究に従ったものである。「全豪警察研究ユニット」（National Police Research Unit）の支援の下で完了した、このウィルソン＝ブリューアの研究は、174人の知的障害者（これは、サウス・オー

ストラリア州の知的障害者総数の約 3 ％に当たる）に関するものであり、全豪の知的障害者の発症率は、1981 年の「サウス・オーストラリア州知的障害者プロジェクト」（South Australian Intellectually Retarded Persons Project）によって確かめられたところによると、0.44 ％である。しかしながら、この数値は、知的障害者の比率を過少に評価したものであると思われる。なぜならば、ヨーロッパやイギリス、アメリカでは、IQ70 以下の知的障害者の発症率は 2 ～ 3 ％であり、オーストラリアの数値が 1 ％以下であることについては、ロビンソン＝ロビンソンの研究でも問題視されているのである。

　ウィルソン＝ブリューアは、知的障害者に対する身体的暴行、性的暴行、強盗等の犯罪の被害率は、地域社会の知的障害者でない構成員によって報告される被害率の約 3 倍であることを見いだしている。こうした傾向は、他の犯罪にはあまり示されなかったが、知的障害者に対する世帯犯罪（household crime：不法侵入、財産窃盗等）の発生には同様の結果が示されている。すなわち、一般的な地域社会によって経験される水準よりも 1.5 倍以上の数値が見いだされているのである。

　さらに、ウィルソン＝ブリューアは、知的障害者の住んでいる場所と生活環境が被害率と関係があることを見いだしている。彼らの研究では、知的障害者にサービスを提供するいくつかの異なった支援組織を包含しており、これらの異なる組織と生活環境が、そこに住んでいる知的障害者のレベルにより、有意な範囲において際立った相違が見いだされているのである。支援組織がそのサービスをより深刻な障害者に優先的に提供するところでは、住宅の配置は支援施設の方角に沿って組織化される傾向があり、世帯犯罪・財産犯罪を包含する被害率は、障害のレベルがより穏やかである地域よりも低いことが明らかとなった。しかしながら、それとは対照的に、対人犯罪の被害率は、障害がより深刻な地域においてより高かったのである。このことから、ウィルソン＝ブリューアは、もし支援組織がより深刻な知的障害者に対してしっかりとした責任をもつならば、より集中した財産の保護が可能となるであろうということを推論している。しかしながら、知的障害者の住居内や支援が提供されている地域社

会の居住施設内にいる者が、お互いに密接な関係にあるということが、かえって他の居住者による人的被害の増大の機会を提供しているという事実も見いだされている。そして他方では、知的障害がそれほど深刻ではなく、したがって独立した生活が好ましい選択肢であると見られているところでは、世帯犯罪・財産犯罪の被害の受容性が増大しているのである。

ウィルソン゠ブリューアの研究から見いだされる重要な付随的結果は、被害を受ける個々人の被害受容性は、場所、時、機会を反映した状況的諸事情以上のものによって、影響がもたらされているという事実であった。被害者は、不適切な行動によって、自分自身に対する犯罪を促進し、容易にすることがあり得るということは確かである。なぜならば、その不適切な行動が、犯罪者を挑発し、誘発し、さらには危険性を増大させるということがあり得るからである。

それゆえに、こうした可能性については、対人能力に関する技術——たとえば、適切な方法で他者の行動の持つ意味を解釈し、道理をわきまえた要求とそうではない要求とを区別する能力——に焦点を当てた、ウィルソン゠シーマン゠ネトルベックによる研究において、さらなる検討がなされている。グリーンスパン（S.Greenspan）の研究やその他の研究に大部分の研究的基盤を依存しながら、ウィルソンらは、対人能力は、IQによって示される「知的能力」や、個人的責任、日常生活における自立性、あるいは、いかに上手にその者が社会の規範に順応しているか等のテストによって現在測定されている「適応行動」とは、別個の存在であると論じているのである。彼らの研究では、犯罪の被害を受けたことがある者は、被害を受けたことがない者よりも、対人能力のレベルが低いということを証明する仮説を検証している。その研究計画においては、対人能力の指標としてのIQと、適応行動からの相対的な独立性を証明するために、年齢、IQ、適応行動の釣り合った被害者と非被害者の比較を試みている。そこでのIQと適応行動の2つの変数は、一般的に定義されている知的障害基準によるものである。

結果は、これらの2つの予測と一致したものであった。すなわち、過去12

か月以内に犯罪の被害者となった者は、対人能力測定や被害を受ける潜在的可能性についての自己報告（第三者の評価ではない）において、非被害者よりも、かなり低い得点を示した。予測されたように、対人能力の尺度のより低い評価は、友人と知人あるいは見知らぬ人を区別するとき、そしてとりわけ、友人が道理をわきまえて被害者に行動するように求める潜在的可能性を制限するときに、被害者は困難を示すという被害者の反応を、部分的にではあるが反映したものであったのである。しかしながら、被害者も、また、不適切な怒りや攻撃的反応を示すことが多いというのも真実である。それゆえに、そのような反応は、不充分に発達した対人技術の他の形態とは質的に異なるのであり、いくつかの行動、すなわち、犯罪者からの反応を促進し誘発するような行動は、被害受容性に直接的に貢献し得るものであるという考えと、奇しくも一致するのである。

3．被害促進的な因子の調査

被害促進的な因子としては、それ自体は不注意によるのかもしれないが、犯罪発生の可能性を増大させているのは、被害者による行動である。2つの研究が、知的障害者の犯罪的搾取を解明するために貢献するかもしれない促進的な因子についてなされている。これらの研究の目的は、もし暴行の被害者が、不適当な怒り、もしくは攻撃的な行動によって暴行を促進し誘発しているのだとするならば、被害者は、非被害者よりも、より多くの怒りの感情を表すはずであるという推測を検証することによって、ウィルソンらの研究結果を追究することにあったのである。過去における暴行（叩く、殴る、押す、蹴る等）の被害者や非被害者による、共通ではあるが仮説的な日常生活に対する反応が、比較の基礎となっている。

対象者は、「被害者」あるいは「非被害者」としての地位を確定するために、最初に面接が行われ、そしてその結果、被害者である場合には、事件に関する全事項が詳細に記録された。それぞれの対象者は、また、言語もしくは非言語によるIQテストや、対人能力に関するテスト、怒りの様々な側面を明らかに

するために設計された「怒りの目録」(anger inventory) ——たとえば、怒りの頻度、継続期間、感情の強度、怒りが外面的に表現されたか等——の検査を余儀なくされた。最終的には、対象者を主人公として、共通の状況を体現した5つの仮説に基づくシナリオが、順次に、しかも要求されている内容を参加者に明らかにするように、それ相当の注意が払われながら、作成された。それぞれの対象者がそのシナリオを理解したことを明らかにした上で、対象者は、どのようにしてその状況（たとえば、バスに乗るために並ぶこと、邪魔になると押されること、使用している仕事の道具を許可なく持ち去ること等）に反応したかについて、できるだけ詳細に描写することを求められた。責任のある他者——例えば、監督者（仕事場）、介護者（住居）——は、また、怒りの経験や感情について、対象者の自己報告から得られた情報と同様のものを供給するために、予め設計された項目によって、それぞれの対象者を評価したのである。

4．調査結果

被害者の多くは、他人ではなく、知人によって攻撃された経験も持つ。叩かれ、殴られ、蹴られるという形態の犯罪が、最も頻繁に見られるのである。最も重要なことは、これはインタビューによって明らかとなったことであるが、大部分の暴行は、犯罪者と被害者との間の促進的なあるいは挑発的な相互作用——例えば、被害者からの非難もしくは脅迫から始まり、順次、それに引き続いて暴行を生じさせるような、犯罪者による何らかの不法行為があること——を包含したものであることを、明らかにしているのである。「怒りの目録」に対する自己報告は、被害者と非被害者との間に重要にして顕著な相違があることを明らかにしている。被害者は、怒りの感情を他者に示し、より広範囲にわたる状況下において、怒りを感じることが多いようである。敵対的な態度は、被害者の70％と非被害者の84％にみられた。全体的な分類では77％の確率で、しかもその者の敵対的態度が増大したときに、被害者となる蓋然性も増大するのである。

全体的に、第三者の評価は、被害者と非被害者で相違はみられず、監督者や

他の責任のある介護者は、被害者が被害に遭う危険性を認識し、そのような状況に自分自身を置くかもしれないという、被害者の行動の諸局面を必ずしも観察していないという、ウィルソンらの研究結果を確証していないのである。もちろん、このことは、監督者が娯楽の場や監督責任のある外部での環境において、被害者を観察する機会がより少ないことを反映しているとすることは、可能である。

　研究仮説のシナリオに対する反応は、また、被害者と非被害者を確実に区別している。被害者は、非被害者よりも、犯罪者の初期の行動に応えて何かを言ったり、何かを行ったりすることが多い一方で、反対に、非被害者は、犯罪者の初期の行動に応えて何かを言ったり、何かを行ったりしないことが多いと報告している。仮説のシナリオに対してなされた反応形態には幅広い変動が見られたが、一般的な事項においては、多くの被害者は、身体的暴行や口頭での罵る行為や敵対的な相互作用をよく行うことを暗示しており、その一方で、非被害者は、ほとんどわずかな者しか、そのような反応を示さなかったことが明らかとなっている。

　それゆえに、これらの分析から浮かび上がる実像は、高度に一貫したものである。同じ知的障害のレベルにあるが、暴行の被害者となったことがない者と比較すると、暴行をされたことがある者は、1つの重要な点を除いては、同様の対人能力のレベルを示しているのである。「怒りの目録」に対する彼らの反応、仮説のシナリオによって描かれた状況において、どのように振る舞うかに関する彼らの説明は、暴行が生じる潜在的な可能性がある状況に直面したならば、彼らは、潜在的な犯罪者となることを無視しないか、または、そのような状況からおとなしく引き下がり、そのような状況を緩和するような方法では行動しないということを暗示しているのである。その代わりに、彼らは、暴行されるまで、そのような状況を段階的に拡大することになるような、敵対的な方法で反応する傾向があるのである。もちろん、そのことで攻撃者の行為を大目に見ているのでは決してない。しかしながら、暴行の被害者は、怒りを表現する方法に関係した揺るがない行動特性によって、より攻撃を受けやすくするよ

うである。この推測は、被害者が、非被害者よりも、より激しく、また、より頻繁に、怒りを経験しているという証拠を確認することなく引き出されているのである。被害者が、非被害者よりも、より多くの怒りを報告したとするならば、高められた敵意は、被害に貢献する因子というよりも、被害の結果となり得るのである。しかしながら、そのことがここで問題なのではない。被害者が、非被害者よりも、必ずしもより大きな範囲で怒りを経験しなかったとする限りでは、怒りより顕著な表現に対するもっともらしい心理学的説明は、彼らが、敵対的傾向を禁じる能力に乏しいというものである。それらの行動は、暴行を促進するという証拠が有力であり、そしてその意味で、被害者は、被害に貢献するのである。

　第2の研究では、個人の被害傾向を増大させる可能性のある特定の行動について、その焦点を広げることが企てられている。しかしながら、そこでは、被害を受けている被害者を「責める」意図は全くないことが強調されるべきである。研究の目的は、犯罪の被害受容性を増大させる行動傾向を特定することで、教育的介入が適切に適用されることを可能にすることであった。スパークス（R.F.Sparks）によって検証された、被害者の傾向を表すモデルにおいて主要な5つの因子の検定を行った第2の研究は、身体的暴行、性的暴行、あるいは強盗の被害者となったことがある知的障害者の標本を用いながら、推し進められている。これらの犯罪はそれぞれ質的に異なるが、これらの犯罪はすべて、結果が生じる前に、犯罪者と被害者との間に、何らかのやり取りを要求するのである。スパークスの研究に見られる5つの因子は、多様な怒りの目録や反社会的傾向の尺度（スパークスによって「被害促進性」と名付けられ、これは第一の研究でも試されている）、常軌を逸した行為や風変わりな癖、受け入れがたい言語習癖（スパークスによって「助長性」と名付けられ、これは対人間の相互作用に依存しない行動である）、年齢や対人能力、とりわけ危険性を特定する能力（「被害受容性」）、より広い地域社会における、監督されていない娯楽の時間の範囲（「機会」）、そして、知的障害者の意思疎通能力に対する介護人の評価（「不処罰性」——犯罪者が逮捕されないという蓋然性を増大させる被害者の態度）という用語によ

って、操作上の定義がなされたのである。

　結果は、標本となった対象者が平均以下の読み書き能力しかないことから生じる困難を減らすために用いられた口頭による面接結果の分析と、意思疎通の能力を判断するために、対象者と親しい間柄にある介護人との面接結果から導き出された。結果は、第1の研究の結果と一致したものであった。IQ は、被害者と非被害者とを区別するいくつかの変数とは関係がなかった。被害者は、非被害者よりも、かなり高い敵意の態度を表し、かなり広範囲の状況下において、怒りを感じることが多いようであった。被害者は、より明白な攻撃や、適応行動尺度の関連事項に精通している介護者によって判断された、より高いレベルの不信感を顕示しているのである。それゆえに、この結果は、潜在的に脅威的な状況における怒りや攻撃的反応は、相互作用や犯罪者による被害者への暴行の結果に貢献し得るという考えと関連性を持つことを確認しているのである。しかしながら、この結果を超えて、スパークスのモデルに見られた、他の因子こそが重要であるとする結果は、ほとんど見いだすことができなかったのである。少なくとも知的障害者にとって、「被害促進性」、とりわけ、不適当にも「統制されていない怒り」が、重要な因子であったのである。

5．政策的含意

　全体的に見て、以上において紹介した研究は、知的障害者に関しては、IQ は、犯罪の被害者となる者を予測する因子としては関連性がないことを示している。少なくともここで紹介した研究の標本内では、身体的暴行が、知的障害者に対して行われた主たる犯罪であり、重要なことは、被害者は、攻撃が自分自身に向けられるかもしれない、反社会的、あるいは不適応行動に、より高いレベルで関与しているということである。ある程度、それらの行動は、他者の注意を引くおそれのある風変わりな態度を内包していたかもしれないが、よりずっと重要なのは、被害者は、潜在的に脅威的な状況に直面したときに、他の者が示さない敵意や攻撃を示したということである。

　一般的に言って、これらの敵対的行動は、対人能力の一側面を反映している

ようであるが、この段階では、必ずしもその関係性は明らかではない。これは、ある意味で、両者の研究が犯罪の狭い範囲——実際には身体的暴行——に焦点を当てていることによるのかもしれない。それに加えて、第2の研究では、対人能力の評価は、居住場所によって混乱したものとなっている。研究対象者は、2つの施設から集められており、分析結果は、一方の施設からの評価が、他方の施設からの評価よりもずっと高いことを見いだしている。追跡調査の結果によると、前者の集団は、最近、被害の危険性のある状況に対する効果的な対応を訓練する、施設内の「防御行動ワークショップ」を完了していることが明らかになっている。

　それゆえに、この問題に関しての調査が、最近、オリジナルな実施要綱に基づいて、第2施設内において設定されてきた。その目的は、この訓練を完了した者は、完了しない者よりも、より高い対人能力を示すかどうか、そして最も重要なことは、そこでのいくつかの能力の獲得が、より低い被害化率に反映されているかどうかを検証することにあるのである。

　ウィルソンらの分析では、被害が生じる場所については何らの重要な関連性を見いだしていない。本質的には、おそらく、誤った場所で誤った時に存在する個人の事案に関しては、状況的変数は特異なものであると言える。それにも拘わらず、場所的因子とは関係のないウィルソンらの研究結果は、幾人かの被害者は、暴力的、攻撃的方法で、あるいは反社会的な他の方法によって行動することによって、被害を促進することがあることを明白に示しているのである。もちろん、それらが直ちに特定される限りにおいては、これらの行動形態は、適切な訓練による介入が受け入れられる余地があるのである。そのために、ここで報告されている研究は、かなりの実務的重要性があると判断するにふさわしい将来的な展望があると考えられる。より一般的なレベルでは、これらの結果は、様々な地域社会集団内の異質な被害傾向の説明を試みるときに、犯罪者の行動と同様に被害者の行動に、そしてさらには、それらの間での相互作用にも、目をやることの重要性を強調するのである。

　それゆえに、犯罪予防に携わる刑事司法の実務家は、被害受容性に貢献する

あらゆる範囲の変数の特定に、これまで以上に焦点を当てるべきであるということになる。

　知的障害者の被害に関する今回の調査は、犯罪は真空状態では生起せず、被害者集団の構成員の行動特性が、犯罪の偏在や犯罪の性質に影響を与えることを明らかにしたのである。ウィルソン゠ブリューアによる先行研究が示してきたように、地域社会における知的障害者と犯罪を行う可能性のある者との相互作用の性質やその頻度を変更する政府の方針や社会政策は、同様の効果をもたらすのである。その上さらに、一般原理としては、犯罪予防に関与した政府は、地域社会における特定の下位集団の被害の受容性を増大させる政策や、立法活動の可能な限りの効果を綿密に考慮することが、絶対に必要なのである。これらの考慮は、非常に重い困難を伴うような変化を要求するものではない。しかしながら、その考慮は、高められた被害受容性を回避し、ごくわずかな人々にのみ、その対価を支払わせることによって制度設計をするようなことであってはならないのである。変革のためにより高い対価が支払われていないことを確認することによって、設計されるべき制度を特定するように努めるべきなのである。

6. おわりに

　以上において、オーストラリアにおける知的障害者と犯罪被害の関連性の研究について紹介したが、今後、我が国でも、オーストラリアの研究と同じレベルの「知的障害者と犯罪被害の実態に関する研究」が喫緊の課題であるように筆者には思われる。

　「はじめに」の部分で言及したごとく、筆者は、厚生労働省科学研究（障害保健福祉総合研究事業）の「罪を犯した障がい者の地域生活支援に関する研究（田島班）」において、第一期目（3年間）の分担研究者として、知的障害者の研究に携わったが、再び同研究の「触法・被疑者となった高齢・障害者への支援の研究」に分担研究者として参加することになった。第一期目の調査では、その調査結果を反映して、「地域生活定着支援センター」を全国レベルで創設し、

知的障害犯罪者の刑事施設出所後の社会復帰の受け皿として運用することが実現した。筆者の知る限りにおいて、この施策は、我が国で初めての知的障害犯罪者に対する刑事政策的対応ではないかと思われる。そうした意味からは、知的障害犯罪者に対する刑事政策は、今、まさに緒に就いたばかりである。今後3年間の研究においては、さらなる新しい施策を考案することがわれわれに期待されているようである。もう一度改めて、知的障害犯罪者の研究に邁進したいと思う。

参考文献

Wilson, C., Nttelbeck, T., "Pottter, R. and C. Perry, Intellectual Disability and Criminal Victimization," *Trends & Issues in Crime and Criminal Justice,* No. 60, 1996, pp. 1-6.

7 オーストラリアの警察機関の直面する問題

1. はじめに

2008年10月7日から27日までの3週間、中央大学社会科学研究所におい
て、オーストラリア国立大学のピーター・グラボスキー（Peter Grabosky）教授
をお招きして、オーストラリアの犯罪学研究に関する最新の情報を報告してい
ただく機会を得た。以下においては、私が通訳の労を取った関係から、教授の
許可を得て、大学院での講義内容を、ごく簡単に紹介してみたいと思う。

　一言で要約すれば、全体としての講義内容は、近年、西欧産業社会における
多くの警察機関が直面した根本的な問題、すなわち、限られた資源で、より良
いサービスを提供する方法について論じたものである。本講義の内容を詳細に
論じたものは、ピーター・グラボスキー教授と彼の同僚であるジュリー・アイ
リング（Julie Ayling）教授、それにクリフォード・シェアリング（Clifford
Shearing）教授との共著『法の力の拡張』（*Lengthening the Arm of the Law*）との標
題が付けられた著書が出版されているので、そちらを参考にしていただきたい
と思う。

　われわれが、過去30年間において、「国家の財政危機」と認識するようにな
った状況は、オーストラリアにおいても、今もなお継続しているようである。
これは、政府が、「政治的生き残り」という緊急事態に追いやられない限り、
納税者のお金を費やしたくない、できれば費やし続けたくない、ということを
意味しているのである。それが、イデオロギーあるいは有権者（すなわち納税
者）の反抗によって活性化されるのか、全世界の金融市場の指標によって活性
化されるのかを問わず、財政的抑制は避けがたい現実であり、それがまさに政
府の性格を変容させ始めていると言うのである。

　多くの政策領域を超えて、政府は、市民に、市民自身の問題について、より

大きな責任を負うように奨励してきている。オーストラリアでは、退職後の収入と健康保険は、進歩主義政府と保守主義政府が、意識的に負担を個人に転嫁しようとしてきた、まさに、2つの重要な政策領域であるという。大学は、より商業主義的になるよう奨励され、学生は、高等教育に出資するよう要求されているのである。

　刑事司法がこうした傾向に影響されないと主張することは、もはや困難である。いくぶん難解ではあるが、極めて適切な用語であると思われる「責任化」（responsibilization）という言葉が、地域社会の犯罪予防に向けた動きを説明するために、デイビッド・ガーランド（David Garland）によって使用されている。この「責任化」という言葉を用いることによって、われわれは、政府が、ますます市民に、住宅用警報システムや自動車エンジン制御不能装置のような安全機器類に投資するように奨励していることが理解できるのである。

　こうした事柄すべてを、かなり率直に表現すれば、公共の警察と民間警備の相違自体が、極めてあいまいになってきているということを意味する。たとえば、グラボスキー教授の共同執筆者である、シェアリング教授は、「ポリーシングの多機関連携」（multilateralization of policing）ということについて言及しているが、これによって、彼は、① ポリーシングの権限を授ける者、② 実際にその機能を行う者、に関する組織形態の拡散を意味しているのである。公共の警察とほとんど同じ活動分野で機能しているのが、民間の安全部門である。数の点から見ると、民間の警備員と公共の警察官の比は、約3対1と、オーストラリアやその他の英語圏の国々における警察官よりも、その数が多いのである。それ故に、パトロールと調査サービスは、公共部門と民間部門の両方によって提供されており、それらは独立しているか、ある程度協働しているかのどちらかである。こうした新たな展開によって持ち出され、繰り返し提起されている問題とは、誰が費用を支払い、誰が利益を受けるのかということである。

2．警察の利益と民間の利益の相互作用

　公共部門の機関の財政的拘束が熾烈になるにつれて、これらの機関は、非政

府の財源からの資産やエネルギーを利用することによって、公共部門の機関の資源を高めるための新たな方法を求めているようである。グラボスキー教授は、これらの新たな方法を分析するにあたって、3つの基本的な手段を提示している。すなわち、その3つとは、① 国家機関が民間組織からの協力を命じる状況、② 国家機関がサービスを購入し、そしてそれを販売する場所、そして、③ 国家機関が、現金もしくは現物で、民間スポンサーシップまたは贈与の受益者となる場合、である。

これらの傾向は、万人の好みに合ったものではないかもしれないが、それらを理解することが重要であるとグラボスキー教授は指摘する。つまり、理解することが重要である理由は、これらの関連形態が、非政府行為者による攻略、サービスの供給における不公平性、汚職、合法性の侵害を含む多くの危険性を孕んでいるからだとするのである。そして、本講義の意図・目的は、これら3つの基本となる警察と民間行為者との関係から生じる利益均衡の分析枠組を発展させることにあると明言している。

それでは第1に、「強制」について検討してみよう。グラボスキー教授は、ここで、国家が営利組織に、法執行の促進のために、一定の行動に従事するように命じる過程について言及するために、「強制」（conscription）という言葉を用いている。この用語は、諸外国においては、軍事的な意味合いを持ち、普遍的な軍事サービスの要請事項である「強制徴用」を意味するのであるが、その基本原理は未だに利用可能であるとするのである。

例えば、国際的な航空会社は、本国行きの乗客に、適切な旅行の証拠書類を持っているかどうかを確認するために検査することが要請されている。そして、そのことによって、航空会社の職員は、事実上の移民監視員となっているのである。同様に顕著な事例としては、現金取扱報告要請があり、そこでは、銀行やその他の指定された機関は、法によって、総額の多寡に拘わらず、特定の許容限界値を超えた、疑わしい性質の業務を、法執行機関に報告するように要求されているのである。

同様の要請は、児童虐待やネグレクトの疑いのある場合における特定の専門

家や中古品販売業者、質屋にも課されている。そしてまた、われわれは、すでに、一定の状況における幾つかの法域において、インターネットサービス・プロバイダの「強制」をも目撃しているのである。

この「強制」の限界は、何であろうか。どの程度まで、国家は、専門家と依頼人の関係に関して強制的にかかわることができるのであろうか。結局のところ、問題は、競争的な全世界の経済において、どの程度まで、国家は、責任を民間組織に課すべきであるのかということに、還元されることになるのである。

第2に、われわれは、商品やサービスの商業的交換を行っている。警備機器を購入することは、公共の警察組織にとって、何も新しいことではない。19世紀の警察組織の創設以来、英語圏の国々における警察サービスは、鉛筆から輸送手段、兵器類までの製品を購入してきている。新しいことと言えば、サービスを購入する警察組織がますます増大化する傾向であり、そのサービスは、組織の階級とは別に実施されているのである。

例を挙げれば、われわれが、キャンベラにあるオーストラリア連邦警察本部に入るとき、遭遇する最初の人物は、警察官ではなく、民間の警備員である。これにはふさわしい経済的根拠がある。公共の警察官がこの機能を行うには、かなりの費用がかかるからである。

もちろん、警察が新たに直面している挑戦が、必ずしも警察組織内に存在しないような特殊専門技術を要求するのかもしれない。例えば、その例として、情報技術が考えられる。そして、特別な外部からの援助によって、短期間要求され得るような状況が生じるのかもしれないのである。例えば、ニュー・サウスウェールズ州警察は、2000年のシドニー・オリンピックの間、特殊専門技術にかかわる警備に従事していた。

また、警察は、物を販売する。ある状況においては、警察の駐在サービスの受益者が、これらのサービスに対して、対価を支払うことは、適切なこととみなされている。慈善目的で開催される行事とは対照的に、利益的性質を持つ公共行事の主催者は、しばしば、秩序維持のために当番もしくは非番の警察官を

雇うことが要求されている。「消費者払いのポリーシング」（user-pays policing）が、そのような状況を言及するための専門用語として用いられているのである。

　ところで、われわれは、どの範囲まで、警察による原価回収策を普及することができ、もしくは普及すべきなのであろうか。警察は、誤った通報の出動にも請求をすべきであろうか。警察は、救急援助サービスにも請求をすべきであろうか。あるいは、どの程度まで、警察サービスは、相談のような商業活動に従事すべきなのであろうか。どの程度まで、警察は、支払の見込みのある顧客を捜し出し、その顧客に、警察サービスを積極的に売りに出すようにすべきなのであろうか。換言すれば、それは、どの程度の原価回収、どの程度の利益追求が、警察の機能であるのかということである。そして、そこでは、中核的な警察の機能は、どのようにあるべきかということが問題となるのである。

　第3は、「寄付」もしくは「贈与」である。この言葉は、公共ポリーシングにある、民間スポンサーのことを意味している。これには、必ずではないけれども、通常は、承認もしくは認可に報いるための、警察組織への現金の交付、もしくは無料の商品やサービスの提供を伴うことがある。このことは、英語圏の国々においては、われわれが想像する以上に、よりありふれたことなのである。

　大部分のオーストラリア警察サービスの年次報告書には、現金もしくは現物の寄付と贈与者に関する項目が含まれている。ほとんどは、自動車もしくはガソリンの贈与のような、それほど議論にならない物である。しかし、アメリカからの例では、並外れた物が贈られることがある。2005年のテキサス州ダラスからの贈り物の例では、4人の兄弟が、機器を購入し、顧問料や整備費や、その他のプログラムの費用を支払うために、父親の資産から約1,500万ドルを警察局に渡している。アメリカのある小さな地方自治体の法域では、地方の会社が、パトロールカーの通信手段や他の機器を供給するために、それぞれ約1,500ドルを贈与している。「自動車装備」（Adopt-a Car）プログラムの下では、自動車の後ろに「この自動車は『スミス建設会社』によって装備されたもので

ある」というメッセージが見られるかもしれないのである。

　われわれの法執行機関が贈与を懇願することは、認められるべきであろうか。避けられるべき一定の贈与、贈与者、承認の形態はあるのであろうか。

3．費用と利益の分配

　ここで注意しなければならないことは、グラボスキー教授の講義の目的は、あるべきポリーシングの理想的な制度的構成もしくは「制度」そのものを提唱することではなく、むしろ、公共と民間の混合形態を含む状態下における、利益均衡の分析枠組を展開することにあるということである。また、基本的な問題は、誰が費用を支払い、誰が利益を受けるのかということである。その最も基本的なこととして、われわれは、3つの利益を考えることができるのであり、その利益が、警察と民間の共有領域と結合することによって報いられるかもしれないのである。そして、この3つの利益とは、民間行為者の利益、公共の警察サービスの利益、そして、一般公衆の利益である。私たちの関心は、これらの利益のうち、最初の2つの利益が、第3の利益を犠牲にして、その利益を受けているという状況を、思い止まらせることにあるのである。

　まさに、公共のポリーシングと民間のポリーシングの違いが曖昧になってきているのと同様に、公共の利益と民間の利益の違いも曖昧になってきている。

　民間の利益もしくはそれとは違った地方の利益が、公共の利益やその促進と一致していることもある。警察が、少数民族の宗教集会が嫌がらせや攻撃にさらされることなく、自由に崇拝されることを保障するよう配備されたとき、利益を受けるのは崇拝者だけではない。信教の自由の原理は、地域社会全体のために支持されるのである。そのような文脈においては、ポリーシングは、まさに公益となる。

　心に留められるべきもう1つの考慮事項は、公平性である。公共サービスにアクセスすることは、できるだけ対等であるべきである。ほぼ過去100年間のオーストラリア、アメリカ、イギリスにおける刑事司法の批判的観察者は、司法制度の一方は富裕者のためにあり、もう一方は貧困者のためにある、と主張

している。こうした隔たりが存在する以上、それをできるだけ狭めることを、法の支配やわれわれの司法制度の正当性が要求しているのである。

公共の安全にアクセスすることは、また、要求と釣り合ったものであるべきである。オーストラリアの地域社会のある者は、自分たちは治安が悪化した場所にいると感じ、またある者は、自分たちは治安が良い場所にいると感じている。人々が持つ安全性の要求に関する認識は、直面している実在の危険性と必ずしも釣り合わないことがある、と主張することを前面に出さず、これらの矛盾を扱うことが、今日のオーストラリアの警察サービスが直面している重要な挑戦の1つである。

公共の警察組織、民間の行為者もしくは民間組織、そして、一般公衆がすべて、一定の構成でもって、利益を受ける状況が存在する。われわれは、これを「ウィン・ウィン・ウィン」（win-win-win）と呼ぶことができるかもしれない。どんな交換の様式であっても、あるいは公共と民間の共有領域の形態であっても、それは、われわれの目標となるべきものである。

4．将来の課題

現在までのところ、すべての西欧産業社会において、民衆の間で認識された安全の要求は、それを満たすための国家の能力を超えていると言える。民間安全部門の成長は、最も目に見える結果を示している。しかし、公共のポリーシングの財政的拘束は持続しているのである。

中東地域の石油の埋蔵に匹敵する新たな富の資源を発見しなければ、英語圏の国々の政府は、公共ポリーシング・サービスの要求を満たすために、公共ポリーシングに投資する財政能力がほとんどありそうにもないように思われる。このことが民間安全部門の更なる成長を駆り立てているだけでなく、公共の警察を財政援助するにあたっての、創造力のある発想をも鼓舞しているのである。

政府が公共ポリーシングの促進のために、個人あるいは民間会社を強制する範囲には限界があるかもしれないが、このことに関しては、更なる考慮をする

に値するかもしれない。実は、今までのところ、「消費者払いの」ポリーシングの限界も、まだ決められていないのである。クリフォード・シェアリング教授によって描かれた、契約ポリーシングの地方分散化の類は、地方の地域社会では、安全の承認、例えば、当該地域社会が望むように費やすことができる金銭の確保といったような「安全の承認」が与えられるであろうし、また、そういったことは、完全に非現実的なものではないかもしれないのである。

公立大学や美術館は、商業的力を持ち、民間産業や一般公衆からの寄付を懇願する仕事を行う個人を雇っている。そうこうしている間に、警察組織図に「開発局長 (director of development)」が組み込まれ、ポリーシングに関する企業もしくは他の民間スポンサーシップが、来るべき数年の間に増大する可能性がないとは言えないのである。

これは、警察機関の信用のために言っておかなければならないことであるが、多くのオーストラリアの刑事司法機関は、スポンサーシップが清廉潔白に管理され得るように処理することに、多くの思いを向けてきているのである。おそらく「腐敗（汚職）に対する独立委員会」(Independent Commission Against Corruption) があるがために、ニュー・サウスウェールズ州の機関は、良く整備されたガイドラインを持っているのである。

ウェスタン・オーストラリア州の警察は、政府との歳出配分取決め (appropriation agreement) によって、業務収益を保持することを許可している。1999 年から 2000 年までのウェスタン・オーストラリア州警察の最近の年次報告書によると、贈与やスポンサーの出資金として、約 458,000 ドルを受領している。企業スポンサーの出資金の占める、ますます大きな割合が、政府によって、税収益から警察の支出を削減する誘因として考えられているのか、あるいは、政府に、警察の予算から基金を「かすめ取る (skim off)」ことを奨励しているのか、どちらであろうか。このことは、警察の注意を、中核となる業務から逸らすことになり、あるいは、サービスの提供に際して不平等へと導くのではないであろうか。

公益として、課税制度や政府の歳出配分を通じて、万人に利用可能で、万人

によって支払われるポリーシングの観念は、かなり廃れてきているようである。おそらく、一方の司法制度は富裕者のためにあり、もう一方の司法制度は貧困者のためにある、と主張していた者たちが、好んで語っていたことは、はじめから幻想であったのかもしれない。いずれにしても、かつて本質的なサービスとして認識されていた業務を提供する政府の能力ないしは意欲は、短期間では拡大しそうにもないようである。

　中核となる警察の機能を構成するものは何であろうか。これを決定するのは誰であろうか。まさに、国家の根本的な責任であるところの理念が、変容しているのである。およそオーストラリア連邦の財政・行政省（Department of Finance and Administration）に匹敵する、アメリカのレーガン政権の間における、行政管理・予算局（Office of Management and Budget）は、連邦機関に、それらの機関の大臣の地位において、中核となる政府の機能の輪郭を描くように要求していた。アメリカ環境保護局は、まさにそうした定義を発展させるために、民間のコンサルタントを雇ったのである。

　公共ポリーシングの活動を高める、強制、消費者払い、企業スポンサーシップ、そしてその他の収益の産出の限界とは、一体何であろうか。どれぐらいが望ましく、実行可能なのであろうか。デイビィス（Natalie Z. Davis）教授が私たちに気付かせてくれたように、良い贈与と悪い贈与があり、また、全く贈与でないものもあるのかもしれない。こうした状況を勘案するとき、オーストラリアの警察機関は、今大きな曲がり角へ来ていると言えるのではあるまいか。

　それゆえに、「犯罪学の知見でもって、公共政策を吟味する必要性がここにある」とグラボスキー教授は指摘するのである。

参考文献

Ayling, J., Grabosky, P. and C. Shearing, *Lengthening the Arm of the Law : Enhancing Police Resources in the Twenty-First Century.* Cambridge : Cambridge University Press, 2009.

8 オーストラリアにおける警備業の現状

1. はじめに

筆者は、現在、全国警備業協会の主催する「警備業法勉強会」に参加しているが、筆者の専らの関心事は、海外における警備業の実態についてである。すでに、アメリカ、カナダ、オーストラリア等の警備業については文献調査を完了したが、今回は、その中から、筆者が超短期在外研究で滞在していたオーストラリアの警備業の現状について紹介してみたいと思う。

今さら改めて指摘するまでもないことであるが、警備業は、オーストラリアの主要な産業であり、人々の生活のほぼすべての局面に影響を与えている。それというのも、オーストラリアには警察の約2倍の警備員が存在するからである。過去数十年間の目覚ましい成長を経て、警備業は相対的な安定の時代に入り、そして、現在において注意が注がれている消費者保護、専門化及び政府規制（government regulation）といった問題とともに、オーストラリアの警備業は成熟期に移行したと言える。

本稿においては、オーストラリアにおける警備業の業務範囲と現在直面している問題及び将来の課題について考察し、警備業の契約者とサービス提供者の資質の向上に資するための、強化された協調的な規制モデルを紹介したいと思う。

2. オーストラリアにおける警備業の現状

オーストラリアの警備業は、国際的な動向に追従する傾向があり、諸外国と同様に1970年代と1980年代において集中的な成長の時代を享受してきたようである。入手可能なデータは、認可の際の要求事項（licensing requirements）の変化とオーストラリア統計局（Australian Bureau of Statistics：ABS）の警備業につ

264 第3部 オーストラリアにおける刑事政策

いての詳細な定義づけによって複雑なものになっている。いくつかの成長の徴候は明白なものの、ビクトリア州の数値では、1980年から1990年の間に認可された警備保障会社と警備員の数は2倍に、そして、私立探偵の数は3倍になったとされている。ABSの「警備員と警察官」の項目に関する労働力調査の見積もりでは、1994年から1998年の間に、約31,000人から32,750人となっているのである。

　州ごとの警備業の認可数は、ABSのデータで明らかにされているものよりも、より大規模な産業であることを示しており、過去数十年間にわたる成長の結果、警備員の数が警察官の数を2対1の割合で上回っていることが明らかとなっている（図表14）。警察官の数は人口に比例して少なくなっているとは言えないものの、警備員には追い越されてしまっているのである。仮に認可の下りていない人員を加えるとするならば、この差はかなり大きなものとなるであろう。

　1995年のABS『ビジネス登録』（Business Register）による「警備及び調査サービス」の登録事業者数は、2,010件と記録されている。これはおそらく驚くほど小さい数値であるかもしれないが、オーストラリアの警備業は、少数の大企業によって独占されてきたという事実がある。1988年のABSによる特別研究から唯一手に入る詳細な数値によれば、たった1％の警備保障会社が、66％の人材を雇用し、全体の60％の利益を占めているという実態を明らかにしている。寡占化の傾向は、テンポ社（Tempo）によるグループフォア社（Group 4）の買収と、チャブ社（Chubb）、ワーモルト社（Wormald）、メイン・ニックレス社（Mayne Nickless）とエムエスエス社（MSS）が関与した買収によって1990

図表14　オーストラリアにおける警察と認可された警備事業者の割合

警　　察[※]	警　備[※※]	割　　合
42,093	94,676	1：2.2

　　※　1997年7月現在（資料源：ABS 1998b, p. 345.）AFPとNCA含む。
　※※　1998年3月現在（資料源：Dolahenty 1998, p. 13：「タスマニア警察とオーストラリア
　　　　首都特別地域における消費者問題」1998年7月）。

年代に加速したのである。

このような警備業の拡大は、いくつかの要素に帰せられる。1970年代と1980年代における犯罪の増加は、家族の活動を家から離れた場所に移し、人口密度を増加させ、簡単に盗むことができ、そして簡単に金銭に換えることのできる製品の数と利用を増大させたライフスタイルによって助長されたのである。要するに、保護の減少が、ターゲットの数と価値の増大と同時期に起こったのである。新しい警備への関心は、テロリズムから電子データの脅威に至るまで、多様な分野において発展してきたのである。

また、警備の「自己負担」の増大は、伝統的なポリーシングによる犯罪防止能力の限界についての認識と密接に関係している。現在、ロサンジェルス郡における著名な研究では、フェルソン（M. Felson）は、警察の勤務中、パトロール・オフィサーは、3,000の地区を保護する責任があると見積もっている。このことは、毎日の活動範囲を、結果として、1か所につき29秒に限定しているのである。そして、このことは「現行犯で捕まる」犯罪者が1％にも満たず、警察官の人数を増やすような政策がごくわずかの影響しか持たないことの理由となっているのである。同様に、あるオーストラリアの研究は、被害者調査で報告された1,000件の犯罪のうち、たった43件が有罪判決を受け、そして、たった1人のみが拘禁されているに過ぎないと見積もっている。

こうした環境は、個人と企業が、彼ら自身の警備を独自に調達する流れを生み出した。警備の独自調達は、また、状況的犯罪予防の原則を適用することから得られた、犯罪予防における目先の利益の追求を反映した結果でもある。これらは、個々の被害受容性や組織の必要性に対応して設計された戦略、もしくは、「環境設計による犯罪予防」（Crime Prevention Through Environmental Design：CEPTED）として知られている方策を採用した戦略を含むのである。「警備」、すなわち「危機管理」、「資産保護」、「損失防止」といった関連用語を含む、この概念は、今や多種多様な機関によって供給される非常に多様な機能として認知されているのである。「複合的ポリーシング」（hybrid policing）という言葉は、こうした警察と警備業との協働を含む、ポリーシングが進化し多様化すること

266 第3部 オーストラリアにおける刑事政策

を説明するための概念として生み出されたのである。

3．警備業が抱える問題

　巨大ではあるがしばしば隠れた存在でもある警備業は、「非警察」機関による社会統制への関わりという懸念を生み出す。たとえば、増大する警備の民営化は、「２つの司法制度」を生み出すのではないかという懸念を生じさせるのである。つまり、支払いのできる人には民間の良いサービスが与えられ、支払いのできない人には公的資金で供給された劣悪なサービスが供給されるのではないかという懸念である。シェアリング（C. Shearing）、ステンニング（P. Stenning）、スワントン（B. Swanton）は、増大する犯罪の量と反社会的行為が、将来的には、刑事司法システムではなく、例えば、解雇のように、一個人の問題として取り扱われるようになるのかもしれないと結論づけているのである。

　警備業が人々の法的権利を無視するという批判もある。例えば、公共の場で若者たちを悩ませる警備員についての申立てがしばしばなされる。さらには、利用しやすく価格の安い警備装置は、扇情的な広告と共に、「要塞社会」の形成や、犯罪への恐怖、あるいは「柵の後ろに人々を追いやる」ことに貢献しているとも言われている。また、監視カメラなどの警備技術は、プライバシーを侵害し、現代社会に過度の統制をもたらすおそれがあるとみなされているのである。

　図表15は、２つのアプローチに内在する利益と損失に焦点を当てながら、民間と公共の警備の根底にある異なる原則に基づくモデルを提示したものである。多くのモデルがそうであるように、この表も事実を単純化したものであることに注意すべきである。これらには、数多くの重複する点や協働プログラムも含まれていることは言うまでもない。

　民営化の一般的な争点とは別に、場違いな申立てが警備業に対してしばしばなされている。オーストラリア首都特別地域における産業規制に関する議論では、警備業の成長に伴う「深刻な問題」について述べられており、「暴力と犯

8　オーストラリアにおける警備業の現状　*267*

図表15　公共と民間の警備の供給に関する原則の相違点

公　　共	民　　間
納税者による資金供給	利益主導
公共の利益	顧客の利益
平等なサービス	選別的なサービス
加害者中心	保護中心（損失防止）
事後的	予防的
特別権力	組織と市民の権力
強力な統制	集中的な訓練
少ない統制	最低限の訓練

資料源：Swanton, B., "Police and Private Security : Possible Directions," *Trends and Issues in Criminal Justice,* No. 42, Australian Institute of Criminology, Canberra, 1993.

罪の浸透の申立て」が記述されているのである。1994年にビクトリア州民間企業登録代理機関は、警備保障会社は「劣悪な採用手続しかなく、管理体制も段階的構造を構築していない。警備員は、現場に派遣されるものの、戻ってくるまで何らの監督も受けていないし、訓練に関しても、極度にお粗末な水準しかもたない」と主張している。同様に、ニューサウスウェールズ州警察の調査では、警備員に要求される1日の火器訓練は、「全くもって不充分である」という火器訓練の指導者の意見を引用している。こうした懸念は、外部からだけでなく警備業界内でも囁かれており、1990年には、下記のような事項を含む警備業界内の各分野における問題について明らかにした、数多くの調査がなされているのである。

(1)　パトロールと警報監視の不実表示に関する警備保障会社のトップメーカーの起訴。

(2)　特定の施設における雑踏警備においての深刻な暴力と依頼人保護の失敗のパターン。

(3)　警察官と警備員の機密情報取引に関する腐敗した関係と警備用品修理会社の優遇。

⑷　誤報に対応する警察の資源の甚大な損失。

⑸　死亡やケガ、公共の安全への脅威をもたらす武装強盗と現金輸送警備員
　　との撃ち合い。

　上記の事例は、一般的に警備業を代表するものではないとの議論が可能かも
しれない。また、警備の仕事に関する機会構造を考慮すると、警備業は驚くほ
ど「清潔」であるとの議論もあるかもしれない。警備員は、多くの警備装置を
解除するための技術的な専門知識のみならず、顧客の資産や被害可能性に関す
る内部知識を必然的に獲得する必要がある。警備業内の現実的な不正行為を査
定することは、極端に難しいように思われるのである。

　すでに引用した事例において最も示唆的であるのは、警備上の業務関係に内
在する乱用の潜在性である。顧客に傑出したサービスを提供する素晴らしい会
社もたくさんあることも事実である。顧客側の課題は、頼れる会社を選び、仕
事内容をチェックすることにある。公衆は民間警備の恩恵を受けるが、同時に
不正行為による被害にもさらされるのである。

　オーストラリアにおいては、警備業の統合への多くの試みにも拘わらず、警
備業は、あくまでも独自の論理によって自らの立場を貫き通した。警備業の規
制や国家警察への依存が、良好な代替手段であることを必ずしも意味しないこ
とを考えれば、警備業の需要は、おそらく減少することはないであろうと思わ
れる。そしてそれゆえに、国家警察と警備業の連携が不可欠であると言えるで
あろう。

　評論家は、警察や技術開発を利用した防犯に過度に期待する傾向があり、犯
罪が被害者にもたらす影響や、被害化の恐怖について無視する傾向がある。警
備業は、企業の利益を守るであろうが、警備業は、同時に、社会的弱者や被害
を受けやすい人々、公営住宅に住む身体障害者のグループに対しても、必須で
直ぐに対応可能な避難所にもなり得るのである。加えて、潜在的な犯罪者、と
りわけ若者たちを刑事司法制度の枠外に置くために、警備業による保証を前提
に、訴追によらない犯罪予防の決定を勝ち取ることは、かなりの長所となるの
である。それゆえ、警備業を排斥することよりも、最も建設的な対応は、契約

者に最大の保護を提供する規制の最良の在り方を見つけることであると言えよう。

4．将来の課題

　オーストラリアン・レビューは、警備業は、とりわけその専門職協会を通して、規制の強化に貢献したいと切望しているという見方を強めている。警備会社の責任者たちは、規制の緩やかな実施が、標準以下の事業者に、不公平に競争することを認める結果として、「平等な競争条件」を台無しにしてしまうことに気付いたのである。しかしながら、実効性のある規制の主たる障害は、企業団体の分裂と、彼らが組織的かつ政策的な焦点を提供することに失敗したことにあるのである。

　このように、警備業の統合と権限に重きを置いた、実際的な提案を含む良心的な反応が、警備業からあったにもかかわらず、未だに産業の理想的な規制の形態については問題が残っているのである。これは予期されなかったことではない。10 年以上前に、グラボスキー（P. Grabosky）とブレイスウェイト（J. Braithwaite）は、多様で非生産的でもある規制方法について批判している。「警備業の疎外と、個別の『見せかけの』実施戦略によって、規制は極めて簡単に失敗する」と彼らは指摘したのである。

　6 年後、「応答的な規制──規制緩和に関する討論を超えて」（Responsive Regulation : Transcending the Deregulation Debate）と題された彼らの研究において、エリアス（I. Ayres）とブレイスウェイトは、彼らが言及する「応答的規制」とは、規制監視委員と警備業との間に、敵意のない優れた遵守率を創出する上での最も適したメカニズムであると指摘したのである。「応答的」規制は、彼らが主張するところによると、協力体制を通した、産業における規格の内面化を含むものとされている。そしてそれらは、消費者団体や保険会社といった「第三者」である利害関係者からの提案をも含むとするのである。そしてそのことが、ひとたび利害関係者によって認められたならば、「共同規制」（cooperative regulation or co-regulation）は、規制用語の辞書の中に入れることができるであ

ろうとするのである。

オーストラリアの警備業の現状からは、このようなモデルが適用され、警備業とその契約者及び社会がより普遍的な受益者となるには、今少し解決しなければいけない問題が残っているように筆者には思われる。

参考文献

Prenzler, T. and R. Sarre, "Regulating Private Security in Australia," *Trends & Issues in Crime and Criminal Justice,* November 1998, pp. 1-6.

藤本哲也「オーストラリアにおける警備業―ポリーシングの将来と取締枠組の拡大」*Security Time*, Vol. 367, September 2009, 16-23 頁参照。

Grabosky, P. and J. Braithwaite, *Of Manners Gentle : Enforcement Strategies of Australian Business Regulatory.* Melbourne : Oxford University Press, 1986.

9　オーストラリアの民営刑務所

1．はじめに

現在、世界の刑事政策は、刑務所人口が 2006 年 6 月末に約 937 万人を超え、多くの国で過剰収容が深刻な問題となっていることから、アメリカ、イギリス、カナダ、オーストラリア、ドイツ、フランス、ニュージーランド、ブラジル、イスラエル、ハンガリー、オランダ、デンマーク、チェコ共和国、香港、韓国等において民営刑務所が実現され、あるいは予定されているようである。

今回は、刑務所の民営化率が 4 割に及んでいるといわれるオーストラリアの民営刑務所について紹介してみることにしたいと思う。

2．オーストラリアの初期の民営刑務所

オーストラリアにおける民営刑務所を巡る議論は、官営刑務所システムに対してもたらす影響を中心として、一般に、民営化に関して生起する多くの誤解を強調してきたきらいがあると言われている。オーストラリア犯罪学研究所の元所長で、名誉首席顧問のリチャード・ハーディング（Richard Harding）によって書かれた、「犯罪と刑事司法における傾向と課題」（Trends and Issues in Crime and Criminal Justice）は、オーストラリアの初期の民営刑務所の状況について紹介した論文であり、1992 年に書かれたものであるが、この重要な公共政策問題を明確化し、充分な情報に基づいた議論を可能にするための基盤を提供しているように、筆者には思われる。実際問題としても、オーストラリアで刑務所の民営化が導入された 1990 年代の初めまでは、民間企業による刑務所の運営契約は、オーストラリアの矯正システムにおいて有用な地位を占めていたようである。そこで、以下においては、オーストラリアの民営刑務所の初期の導入段階の状況について、このハーディングの論文に基づいて、論議を進め

ていくことにしたいと思う。我が国でも、2007年4月から、山口県美祢市において、官民協働運営の「美祢社会復帰促進センター」が、そして、10月からは栃木県さくら市の「喜連川社会復帰促進センター」、兵庫県加古川市の「播磨社会復帰促進センター」が活動を開始し、そして2008年10月には、島根県浜田市で「島根あさひ社会復帰促進センター」が活動を開始したことから考えて、何らかの参考になると思うからである。

3．オーストラリアでの民営化の開始

オーストラリア初の民営刑務所はボラロン刑務所であり、1990年1月に創設され、運営を開始した。当該刑務所は、244床を備え、ブリスベン近郊のボラロンに位置し、クイーンズランド州矯正サービス委員会（Queensland Corrective Services Commission）により、2,200万ドルをかけて建設された。運営母体は、アメリカ矯正会社（Corrections Corporation of America）、ジョン・ホーランド建設会社（John Holland Construction Group）、及びウォーマルド警備会社（Wormald's Security Ltd）により共同保有された企業共同体であるオーストラリア矯正会社（Corrections Company of Australia）である。当初の契約は3年であり、更新のための最初の交渉は1992年11月に行われた。

また、ニューサウスウェールズ州のジュニー刑務所（Junee Prison）は、1993年3月に開設された。この600床を備えた刑務所は、落札に成功した、テキサス州のワッケンハット会社（Wackenhut Corporation of Texas）、シース建設会社（Thiess Construction Group）、及びADT矯正サービス会社（オーストラリアに基盤を置くワッケンハット経営会社：ADT Correctional Services Ltd）からなる企業共同体である、オーストラリアン矯正管理会社（Australian Correctional Management Ltd：ACM）により、設計・建設されている。当初の契約は5年間であり、さらに3年間の更新が可能である。

労働業務の見直しに関する州のサービス組合（Services Union：刑務所職員組合支所）との交渉の決裂を受けて、1991年10月、ブリスベンに新たに建設されたワコール・リマンド＆レセプションセンター（Wacol Remand and Reception

Centre）の運営のために、入札希望者が公募された。5つの入札希望企業が最終入札者名簿に載せられ、1992年3月、州政府はオーストラリアン矯正管理会社（ACM）が落札に成功したことを発表した。年間契約運営費（annual contract management fee）は1,150万ドルとされており、仮に公共部門により同規模の刑務所が運営された場合、1,800万ドルになると試算されている。この定員380人の施設は、1992年7月から運営が開始された。

　1991年7月、ノーザン・テリトリー政府は、アリス・スプリングスに、新たな刑務所の設計・建設及び運営に興味のある企業を公募した。4つの提案が最終入札者名簿に載せられたが、どの企業も入札明細事項を充分に満たしていなかったために、1991年12月、公共部門が事業の全過程を取り仕切ることが決定した。

　オーストラリア労働党（Australian Labor Party）のビクトリア州政府は、この時点では、民営刑務所の考え方に対し、断固として反対をしていた。他の州政府は、どちらかと言えば、当該事項に対して、何ら明確な政策を有していないか、あるいは静観していたようである。それにもかかわらず、オーストラリアでは、民営化の勢いは、1990年代の初め頃には、とどまるところなく加速していたように思われる。実際、ワコール社との契約は、厳しい財政運営状況下にある政府にとって、イデオロギーの壁は今や崩れ去ろうとしているということを、意味しているようにさえ思われたのである。それゆえに、問題は、民営化が必要であるかどうかということではなく、むしろ、民営化がどのような範囲で、どのような種類の施設で、どのようなタイプの受刑者に、どのような法的・行政的な取り決めに従って行われるかということ、そして、とりわけ民営化が全拘禁システムを改善するものであるかどうかということこそが、問題だったのである。

4．民営化の恩恵の享受

⑴　過 剰 収 容

　過剰収容の緩和は、ボラロン刑務所創設の要因ではなかった。単に民営刑務

274 第3部 オーストラリアにおける刑事政策

所プログラムだけではなく、クイーンズランド州矯正サービス会社の建設プログラムは、一般的に、老朽化した施設を、漸次閉鎖することを目的とするものであったのである。過剰収容は、政府の非常に評判の高い官営刑務所建設プログラムが遅れていた、ニューサウスウェールズ州での要因であった。しかしながら、ジュニー刑務所の開設は、ほとんど、ロング・ベイ複合施設（Long Bay Complex）のむさ苦しい施設占拠者を減らすことにはならないようである。イギリス政府が民営刑務所の設立のみでは、刑務所の過剰収容問題を解決する方策を構築することができないことを理解するようになったのと同様に、ニューサウスウェールズ州政府も、そうしなければならないようである。問題は、組織的なものであり、解決策もまた、同様である。

(2) 費用

資本コストに関しては、600床を備えたジュニー刑務所は、推定5,700万ドルかかる計算となる。ニューサウスウェールズ州政府により直接建設されている2つの刑務所は、それとほぼ同程度の費用がかかるであろう。しかし、各刑務所とも、ジュニー刑務所に比べ収容能力は半分である。ジュニー刑務所の建設業者である、シース・グループ（Thiess Group：ACM共同会社の一部）は、新規の作業場を作り、周知のトラブル・メーカーの除外をも含めた、関連した組合との訓練協定を結び、産業実務を合理化させたのである。したがって、民営刑務所では、資本の節約が、公的機関が一般的に達成することが困難とされている方法においてなされているように思われる。それとは対照的に、西オーストラリア州の400床を備えた重警備刑務所である、カジュアリーナ刑務所（Casuarina Prison）は、1991年に開設され、約9,000万ドルの費用がかけられている。これは、公にはされていないが、建設費用の約1,500万ドル分は、組合の水増し雇用と企業間の競争制限協定（restrictive practices）に起因したものなのである。

循環経費に関しては、今まで明確な指標は存在しなかった。しかし、1990年に、オーストラリア首都特別地域政府（ACT）は、ニューサウスウェールズ州矯正サービス委員会に、被収容者を受け入れさせるために、1日当たり、1

人の被収容者につき、約135ドルを支払っている。同年のボラロン刑務所の被収容者に対する類似の数字は、約92ドルであった。他方、クイーンズランド州の官営刑務所システムを巡る経費は、ボラロン刑務所の開設以来、実質的には低下してきているように思われるが、およそボラロン刑務所のそれと同等のものである。モイルは、ボラロン刑務所の純経費は、クイーンズランド州矯正サービス委員会の一般経常経費のうち必要経費を除外することにより、意図的に引き下げられたと論じている。

　同様に、1992年のボラロン刑務所契約価格への消費者価格指数の増加は、官営刑務所におけるよりも、少し経費がかかったようである。しかしながら、官営刑務所システムの純経費は、通常承認されているものよりも若干高いのが相場である。

　ワコール社の取り決めは、経費に関する議論を、新たな、そしてより決定的な点に光を当てることになった。つまり、ワコール社は、年間約750万ドル又は41％の節約を実行したからである。もちろん、重要な疑問——それは、まだ回答不可能であるかもしれないが——は、節約した経費によって、今までと同等のサービスやプログラムを提供することができたか否かという点である。それというのも、ボラロン刑務所での経験を忘れることなく、クイーンズランド州矯正サービス委員会が、非常に慎重に契約の必要条件を特定している可能性があるからである。

　節約に関して重要な資源は、制服をきた職員に対する依存度を減らすこと、すなわち、固定労働経費を減少させることである。もちろん、労働業務の変化は、単に民営化から生じたものではなく、部分的に改善された刑務所構想から生じたものである。しかしながら、改善された構想からくる利益は、労働力への総賃金明細書に取り残されたままとなっている可能性すらあるのである。

（3）　プログラム

　ところで、民営刑務所では、節約された経費の一部が、より良いプログラムの開発に転嫁されているように思われる。確かに、ボラロン刑務所での教育、労働及び技術開発プログラムは、以前に官営刑務所で行われていたものより

276 第3部 オーストラリアにおける刑事政策

も、より焦点が受刑者中心に合わせられているように思われる。つまり、ここで重要なことは、就労時間に、それが、産業的なプログラムか教育的なプログラムか、はたまた、技術的なプログラムかに拘わらず、受刑者が労働に従事しているという事実である。ボラロン刑務所では、多くの官営刑務所においてそうであるように、居房でぶらぶらして過ごしたり、日中、動物園のような中庭をぞろぞろ歩き回っている者などいないのである。

　おそらく、このことは、部分的には、管理するのに従順な被収容者集団を有するがゆえの成果であるかもしれない。また、これらのプログラムが成功しているのかどうか、いまだに評価されていないことによるのかもしれない。しかしながら、市場競争の影響は明らかである。このことは、クイーンズランド州の官営刑務所システム、たとえば、ロータス・グレン刑務所 (Lotus Glen Prison) においてばかりではなく、プログラムが類似する西オーストラリア州のカジュアリーナ刑務所 (Casuarina Prison) においても、同様である。カジュアリーナ刑務所の開設前に、政府高官がボラロン刑務所を綿密に点検し、カジュアリーナ刑務所は、確かにボラロン刑務所の影響を受けていることを確認しているのである。

　ノーザン・テリトリーでは、民営化は重要な政治課題であるが、そのことが、順次、一般的な基準の改善を促進し、改善された受刑者プログラムに対するリソースを、徐々に、開放することになるであろうと思われる。言い換えれば、全体の賃金支払いにおいて節約がなされる一方で、その一部が、受刑者プログラムに還元される可能性が高くなっているということである。

　一般に、民営化は、刑務所が少なくとも受刑者の福祉と並んで、職員の便宜のために存在しているという事実に、スポットライトを当てたように思われる。過去においては、矯正職員は、プログラムに対して、過度の管理を行使し、頻繁に変更する傾向にあった。もしも、職員による改革のペースを差し控えようとする試みを、積極的に画策しなければ、1991年の5月から7月までの間の、クイーンズランド州の官営刑務所からの逃走事故の多発が、見逃されていたかもしれないという高度な推測さえ存在するのである。このような主張

は、必ずしも空想的ではない。1986 年のイギリスにおける、いくつかの刑務所暴動に対する調査は、少なくともグロセスター刑務所（Gloucester Prison）での暴動の発生は、改革を懸命に阻止しようとする職員により、積極的に引き起こされたものであるという事実を見いだすことができるのである。

民営刑務所の利点は、激しい仲間集団的価値（peer-group values）を伴う、密接に結びついた副次文化が、矯正職員の間で発展する可能性がそれほど高くないということである。これは、彼らが、雇用者に対してその他の警備任務を行う資格を有しており、刑務所システム内に存在する階級的なキャリアの機会にそれほど依存していないからであるとも考えられる。さらには、彼らは、官営刑務所職員とは異なる組合の一員であり、それゆえに、副次文化的な視野の狭さに対する機会を弱めているとも考えられるのである。

5．おわりに

以上において見たごとく、民間の経営者による刑務所の運営契約は、今後ともオーストラリアにおいて、発展するであろうと思われる。民営刑務所は、小規模ではあるけれども、刑務所システム全体の構成部分を拡大しつつあるのである。そして、その影響は、経費、条件及び受刑者プログラムに関して、現在までのところは肯定的である。刑務所体制に対する制服を来た職員による統制が、問題視されるようになったばかりではなく、中級職員や、上級管理者が競争に敏感に反応しているように、刑務所システムは、より内向的なものではなくなってきているのである。同様に、抽象的な法令上の条項に関してばかりではなく、実地上の取り決めに関しても、その主要な落とし穴は回避されているように思われる。

我が国の刑務所の民営化は、官民協働運営型を採用しており、ドイツ・フランス方式を採用したものであり、アメリカ、イギリス、オーストラリア等のように、完全民営化型の英米方式を採用したものではない。その点において、本稿で紹介したようなオーストラリアにおける民営化初期の諸問題が、我が国でも発生する可能性があるとは考えられないが、今後の刑務所の民営化問題を考

える上での何らかの参考になろうかと思う。

参考文献

Harding, R.W.," Private Prisons in Australia," *Trends and Issues in Crime and Criminal Justice*, Vol. 36, 1992, pp. 1-8.

10 オーストラリアの民営女子刑務所の崩壊

1．はじめに

今更改めて指摘するまでもなく、オーストラリアは、アメリカ、イギリスと並んで民営刑務所を積極的に採用した国として知られている。事実、オーストラリアには、現在7つの民営刑務所がある。しかしながら、実は、8か所建設された民営刑務所のうち、民営女子刑務所が廃止され、民間企業から政府へと、その経営権が移行したことを知る人は少ないのではなかろうか。本稿では、この世界で第2番目の民営女子刑務所がなぜ廃止されたかについて、その背景事情について検討してみることにしたいと思う。なぜならば、現在、我が国で展開されている PFI 刑務所の運営に際しての何らかの参考になると思うからである。

2．新しい民営女子刑務所の創設

1996年3月6日のインターネット情報検索サイトの「インフォシーク」（Infoseek）によれば、「オーストラリアでは、多国籍企業が女子収容施設の経営に触手を伸ばしている」という記事がある。ケンタッキー・フライドチキンが、アメリカ以外の国では、世界で最初の民営女子刑務所を建設し運営するために、アメリカの傘下の多国籍矯正企業であるオーストラリア矯正会社（Corrections Corporation of Australia）に資金を提供したというのである。

記事は、続けて、次のように述べている。

「州政府が、オーストラリアのビクトリア州メルボルン市フェアフィールドの郊外で運営している、フェアリー女子刑務所（Fairlea Women's Prison）が、1996年6月で閉鎖された結果、この施設の女子受刑者は、新たに多国籍企業によって建設されるメトロポリタン女子矯正センター（Metropolitan Women's

Correctional Centre）と名づけられた、ディア・パークの新しい民営刑務所まで、27キロの道程を移動することになる。移転の主な理由は、州政府が、現在使用しているフェアリー女子刑務所の資産価値に目を付けて、高額な価格で売却する予定であるからである。」

オーストラリア矯正会社は、オーストラリア防衛産業から格安の値段でディア・パークの土地を手に入れている。その場所は、ロケット燃料や他の軍事廃棄物によって汚染されていることで知られているところである。

この記事では、このような危険な状況に言及するとともに、次のようないくつかの問題を取り上げている。

まず第1に、多くの訪問者は、市内から刑務所まで往復するためには、丸一日を要するので、公共交通機関を確保することが必要となり、収容されている女子受刑者を訪問することがきわめて困難になる。特に、刑務所に収容されているほとんどの女性が子を持つ母親であり、公共交通機関によってかかる時間の長さからして、幼い子どもたちが母親を訪問することを難しくさせるという点である。

第2に、営利企業としての民営刑務所は、情報公開法（Freedom of Information Act）における「営業上の秘密」を理由として、情報の開示を条件としないことになっている。このことは、刑務所の外側にいる人々が、刑務所の内部で何が起こっているかを知り得る機会が乏しくなることを意味し、そしてまた、収容されている女子受刑者に、日常的に加えられる恐れのある虐待に対して、公的な説明責任がより軽減されることを意味しているという点である。

第3は、オーストラリアで民営刑務所を運営する多国籍企業は、州政府が行う、法と秩序政策に影響を及ぼす可能性があるという点である。民営刑務所を運営する多国籍企業は、本来的に利益を追求することが前提とされるために、収容率や刑期を増大するように作用する可能性があると言うのである。特に、収容されている人々が、刑務作業において、事実上無報酬の、全体として強制された労働力として利用されるとき、より多くの受刑者を収容することが、多国籍企業にとって、より多くの金銭的利益を得ることを意味するのは当然のこ

とである。これらの多国籍企業は、また、マスメディアが新聞等を用いて企業への批判をすることに対して、告訴をすることで、当該企業に関しての言論を統制するように働きかけているのである。

3．民営女子刑務所の廃止とその要因

「世界社会主義者ウェブサイト」（World Socialist Web Site）によれば、「一連のメルボルン市メトロポリタン女子矯正センター内部での高い割合での自傷行為、暴行、薬物乱用事件の発覚後、ビクトリア州政府は、2000 年 10 月、アメリカ以外では最初に建設された女子の民営刑務所である、ディア・パークの女子矯正センターの運営を民間から取り返した」ということが報道されている。

事実、当時のブラックス政権は、オーストラリア矯正会社によって保持されていた 5 年契約を終了させ、当該施設を、10 か所の州刑務所を運営し、大規模な事業を展開している政府機関である「公共矯正事業部」（Public Correctional Enterprise）の管轄下に置いたのである。

ディア・パークの西部郊外に位置するこの民営女子刑務所は、1996 年の開設以来ずっと、過剰収容、不充分な職員配置、乏しい支援サービス等に起因する数々の問題に悩まされてきた。135 人の受刑者を収容するために建設されたこの刑務所は、当時、161 人が収容されており、その結果、舎房内では 1 室に 2 人、場合によっては 3 人が収容されるという有り様であった。開設以来 4 年間のうちに、75 回の閉鎖処置が執られ、そのうちの半分が、職員不足によるものであったというのである。

やがて、被収容者からの供述を含む報告書が、自傷行為や薬物乱用事件が平均して 1 週間に 6 事件という、衝撃的なレベルで起こっていたことを明らかにし始めた。1998 年から 1999 年にかけて、自傷行為や、被収容者間の暴行が、全収容者の 26.5％と 35.3％の割合で発生しているのである。これは、州刑務所の平均である 6.2％と 8.9％よりも 4 倍も高いものであった。1999 年に公表された州の会計検査院長官（Auditor-General）の報告書である「ビクトリア州の刑務所制度——地域社会内保護と被収容者の福祉」によると、女子矯正センター

282 第3部 オーストラリアにおける刑事政策

は、91％にも及ぶ自傷行為と自殺未遂、20％に及ぶ他の被収容者に対する暴行
が報告されており、許容可能な限界を超えている」ということを明らかにして
いる。

　ブラックス政権よりも前の政権である、ケネット自由党政権は、1993年に、
刑務所民営化プログラムを開始し、女子矯正センター、ポート・フィリップ刑
務所（Port Philip Prison）、フラム矯正センター（Fulham Correctional Centre）の3
つの民営刑務所に対して、設立を認可した。間もなく、全ビクトリア州の被収
容者の45％が、民営刑務所に収容されることになったのである。ちなみに、
この割合は、世界で最も高いものである。

　これら民営刑務所の主たる目的は、政府の費用を削減することにあった。政
府は、比較的小さな施設である女子矯正センターでの約1,600万ドルを含めて、
3施設全体で約2億2,500万ドルを削減することができるという試算をしてい
たのである。施設契約の内容の一部分として、民営刑務所の経営者は、職務成
績に応じて特別手当を支払うことになっていたために、そのことが、職員に、
民営刑務所の経営者に事件を報告しないで隠すという、財政的な動機を与えた
のである。

　2000年5月に政権を獲得した労働党政府は、オーストラリア矯正会社に対
して安全対策での失敗、暴行、火災、薬物乱用の蔓延に関して、3つの契約不
履行の通告を出している。結果的に公共矯正事業部へ引き渡しを行った政府の
行動は、女子矯正センターの現状に関する事態の発覚に対して増加しつつあっ
た、市民の反対行動に対応するものであったとも言えるのである。それらは、
刑務所組織内部での「営利目的」を放棄させることを申し出る、刑務所福祉団
体や教会グループ等によって呼びかけられたものでもあった。

　しかしながら、政府は、決して民営刑務所制度を終焉させる提案をしたわけ
ではなかったのである。政府は、ポート・フィリップ刑務所やフラム矯正セン
ターの引き渡しの要求を拒絶し、1999年の選挙キャンペーンの間、いかなる
民営化の提案も否定していたにも拘わらず、民営少年刑務所を建設する計画を
立てているのである。

4．民営刑務所の抱える諸問題

　その上さらに、ディア・パークの施設は、民間所有のままである。ケネット政権は、ジョン・ホランド建設会社やソシエテ・ジェネラル・オーストラリア銀行を含む経営共同事業体（business consortium）との20年契約の下で、民営施設の建築や基盤設備を下請けに出している。そして、ブラックス政権は、これらの協定を単に維持したに過ぎないとも評価され得るのである。

　それに加えて、公共矯正事業部は1998年に法人化されてから、今や民間の経営者に対して、政府の契約を獲得する一企業として機能している。民間の競争者に匹敵するようなコストの削減を行うために、公共矯正事業部は、全労働力を臨時雇用に切り換え、賃金や条件を下げている。こうしたことから考えた場合、女子矯正センターを公共矯正事業部に引き渡すということのみでは、被収容者の条件は改善しそうにもないのである。

　1995年の政府とオーストラリア矯正会社との契約では、矯正法（Corrections Act）で規定されている1時間を超える子どもたちとの面会を許可しなかった。これは、被収容者の74％が母親であり、その母親の85％が未婚の母であるという、ディア・パークにおける特殊事情を考慮しないものであった。また、フェアリー女子刑務所の閉鎖以来、面会のための訪問も、より難しくなった。なぜならば、被収容者の家族は、すでに指摘しておいたように、今や市内からディア・パークまで、より遠くへの移動を余儀なくされたからである。多くの場合において、公共交通機関のシステムがあまりにも貧弱であるために、訪問者は刑務所を行き来するのに1日を費やさなければならなかったのである。

　2000年に政府によって出された報告書によれば、すべての民営刑務所において、過剰収容状態が見られ、施設内は耐え難い状況を呈していたことが示されている。「政府の契約物件に関する会計検査報告書──ビクトリア州における契約と民営化の実態、そしてその情報開示」には、民営刑務所はコストを削減し、職員を減らし、電子監視を導入することによって利益をもたらしていると報告されている。報告書によれば、ポート・フィリップ刑務所では、多くの

284 第3部 オーストラリアにおける刑事政策

自殺事件が、施設開設後のわずか数か月間で生じたことを明らかにしている。事実、1997年から1998年の間に、5人の被収容者が自殺を図っている。これは、全国平均の4倍の高さである。

　4月には、州の検死裁判所は、ポート・フィリップ刑務所の民間経営者、グループ・フォア矯正サービス会社、それと、ケネット自由党政権が、4人の被収容者の縊死という結果をもたらしたという結論を下している。その死は、主に職員の数が少ないために独房留置を乱用した結果生じたものであったのである。職員は、緊急事態に対処するための訓練を受けておらず、その上また、600人の被収容者に対してたった5人の心理学者しか在籍しておらず、そのほとんどが非常勤で雇われていた状態であった。自殺事件のうちの2件においては、「危険性あり」と分類されていたにも拘わらず、被収容者に対して自殺防止のための監視員が置かれていなかったのである。

　調査によれば、主に民間経営者や政府の怠慢によって、民営刑務所の導入に続いて、全刑務所の記録システムが破壊されていることが明らかになった。被収容者に関する書類は、紛失したか、読まれないままとなっており、その結果として、自傷行為もしくは自殺のまさに危険性のある多くの被収容者が、無関心というよりも、無視されたままであったのである。

　調査結果は、ポート・フィリップ刑務所におけるグループ・フォア矯正サービス会社を酷評しているけれども、労働党政府は、何らの措置も執らなかった。事実、矯正大臣であるアンドレ・ハーメイヤー（Andre Haermeyer）は、以下のような意見を開陳している。

　「われわれは、残り2つの民営刑務所の運営に関しては問題がないことを強調する必要がある。現時点で私が持っている情報は、これら2つの刑務所は契約義務を申し分なく満たしているということである」と。

　ポート・フィリップ刑務所の調査結果は5月に公表され、それ以来、ブラックス労働党政府は、労働党分派に加えて、刑務所擁護団体や福祉団体からの非難を浴びてきた。しかしながら、たった数週間後に、州知事は、ケネット政権によって最初に議論された民営少年刑務所を開設する計画を進めることを発表

したのである。それに対して、地域社会法律センター連盟長であるアマンダ・ジョージ（Amanda George）は、以下のような宣言をしている。

「スティーブ・ブラックス（Steve Bracks）は、新しい民営刑務所を作らないことを約束した。それなのに、スティーブ・ブラックスは、嘘をついた」と。

ブラックス政権は、都市連結有料道路、クラウン・カジノ、公共交通機関の売却、電力の民営化、グランプリ・カーレースといったようなケネット政権によって開始された、他の民間との取引契約をも維持してきた。「われわれは、ビクトリア州における公共と民間との提携に関する将来の役割について、きわめて楽観的である」と、政府の会計検査報告書は、自信に満ちた意見表明をしているのである。

5．おわりに

我が国最初のPFI手法を活用した官民協働運営方式の刑務所である「美祢社会復帰促進センター」については、2007年4月の開所であるが、この我が国最初の女性受刑者と男性受刑者を半々に収容するPFI刑務所（2011年10月に女性受刑者収容棟を増設したため現在は男性受刑者が500人、女性受刑者が800人）が、オーストラリアの民営女子刑務所と同じ運命を辿ることなど毛頭考えてはいないけれども、世界の民営刑務所の運営がかなりの苦戦を強いられていることは事実である。その要因は、我が国のような官民協働運営方式ではなく、完全民営方式であることに起因するものであるとも言えるであろうが、こうした諸外国での現実を精査しながら、我が国のPFI刑務所の運営に反映していかなければならないであろうと筆者は思う。我が国の場合、今後、喜連川社会復帰促進センター、播磨社会復帰促進センター、島根あさひ社会復帰促進センターと、さらに3つのPFI刑務所の評価検証がすぐそこに迫っているからである。

新しい夢と理想を抱いて船出した我が国最初のPFI刑務所である「美祢社会復帰センター」ほか3つの刑務所が、世界でも評価されるような民営刑務所として、21世紀の刑務所のモデルとなるような素晴らしい業績と成果をあげることに期待したいものである。

参考文献

Astudillo, P., "Australia : Private Prisons to Remain in Victoria Despite Government Takeover of Women's Jail," *World Socilalist Web Site,* 13 October, 2000, pp. 1-3.

Loagan, D.J., "Private Australian Women's Prison," *From A-Infos,* 6 March, 1996. pp. 1-2.

藤本哲也『犯罪学・刑事政策の新しい動向』中央大学出版部（2013年）261-283頁。

西田博『新しい刑務所のかたち―未来を切り拓く PFI 刑務所の挑戦』小学館集英社プロダクション（2012年）。

島根県立大学 PFI 研究会編『PFI 刑務所の新しい試み』成文堂（2009年）。

11　ブレイスウェイトの恥の理論

1．はじめに

　筆者の専門分野である理論犯罪学において、1990年代から注目されるようになった犯罪学理論にオーストラリア国立大学社会科学研究学部教授のジョン・ブレイスウェイト（John Braithwaite）の「恥の理論」（Shaming Theory）がある。2006年度の超短期在外研究で、オーストラリア国立大学のロースクールに滞在した折に、ブレイスウェイト教授にお会いし、親しく話をする機会があった。以下においては、ブレイスウェイト教授の著作のなかから、『イギリス犯罪学雑誌』（*The British Journal of Criminology*）に掲載された「恥と近代性」の論文を基にして、少し難しいかもしれないが、ブレイスウェイト教授の「恥の理論」、そしてその理論から導かれる「修復的司法」について考えてみたいと思う。

2．ブレイスウェイトの恥の理論

　はじめにお断りしておかなければならないが、ブレイスウェイト（以下、敬称を省略する）の論文は、極めて難解である。恥の概念そのものは難しいものではないと思うが、「恥」（shame）と「恥辱感」（shaming）と「再統合的な恥辱感」（reintegrative shaming）を使い分けているところが言葉のあやとなり、微妙な表現の差が論文全体の内容の理解を困難にしているように筆者には思われる。

　1989年に公刊されたブレイスウェイトの代表的な著書『犯罪、恥と再統合』（*Crime, Shame and Reintegration*）は、低い犯罪率と、犯罪がより効率的に統制されていた歴史上の時期を有する国家とは、恥辱感が最も顕著な社会的効力を有していた国家である、という仮説を立証している。したがって、ブレイスウェ

288　第3部　オーストラリアにおける刑事政策

イトによれば、最大限の効果を得るための恥辱感とは、烙印押しを避け、再統合的な性質のものでなければならないということになる。烙印押しは、追放者を生み出す恥辱感であり、そこでは、犯罪者は、あらゆる他のアイデンティティを排除する際立った身分的特徴となる、いわば、加害者への尊重の絆が維持されない恥辱感の受け手となるのである。再統合的な恥辱感は、対照的に、尊重に基礎づけられた加害者との継続的な関係の範囲内で取り行われた非難であり、すなわち、回復不可能な悪人としての加害者よりは、むしろ、行為の悪性に焦点を合わせる恥辱感であり、そこでは、自己誹謗の儀式の後に、逸脱を取り消すための儀式があり、その儀式では、「許し」、「謝罪」、そして「良心の呵責」といったものが、文化上重要なものとなるのである。

　ここでのブレイスウェイトの主要な論点は、犯罪行為自体に対する恥辱感が影響力を有する、再統合的である社会は、犯罪率の低い社会であるということにあるようである。ブレイスウェイトは次のように述べている。

　「われわれの多くは、大部分の期間、拘禁というコストもしくは電気椅子というコストについての合理的な計算からではなく、殺人を何か考慮に入れるべきものとして、われわれの評価の対象としていないがゆえに、殺人のような犯罪を差し控えるのである。殺人は、日常の生活上の問題を解決するための手段としては、念頭にないものである」と。

　つまり、「犯罪予防の鍵となるものは、何がこの念頭にないものを構成するのかを、理解することである」とブレイスウェイトは言う。そして、それに対するブレイスウェイトの答えは、「烙印押し」(stigmatization)よりは、むしろ、「再統合的な恥辱感」(reintegrative shaming)が優先されるべきであるというのである。烙印押しは、犯罪副次文化に属する、追放された人々を誘引することを通して、逆効果を生じる源ともなり得るものであるとする。すなわち、犯罪副次文化が行うことはと言えば、念頭にないものを、あるものへと変える、象徴的な方策を提供することにあるとするのである。

　ブレイスウェイトの論文では、都市化は、恥辱感を実行性あるものにする共同社会主義(communitarianism)を弱める構造的な変数の1つとして、理論のな

かに位置づけられている。同時に、ブレイスウェイトは、東京の低い犯罪率を強調し、大きくなりつつある再統合的な恥辱感の効力や、空前の都市化の時期である、ビクトリア女王時代（1819-1901）において犯罪率が低下したことを指摘することによって、あらゆる過度に構造的な決定論を修正することを切望するのである。この理論の重要性について冷笑する者たちは、都市化や産業化の問題に執着する者たちであるとブレイスウェイトは言う。彼が「犯罪、恥と再統合」をテーマとしたセミナーを開催する場合には、いつでも、受講生の誰かが、おおよそ、次のような質問をすると言う。

「たしかに、なぜ異なる社会間で犯罪率にそのような途方もなく大きな違いがあるのかを理解するために、恥辱感そのものが、重要であることは認めます。しかし、犯罪に対処するための、あなたの唱える理論の実践的な含意は、小さいように思います。結局、その含意とは、利益社会（Gesellschaft）から共同社会（Gemeinschaft）へ、都市社会（Urban Society）から民俗社会（Folk Society）へと時計の針を戻すことへの弁明ということにしか過ぎないように思います。しかし、都市化や産業化は、反転させられ得ない事実です。結局のところ、昔の共同社会の時代への空想的な弁明となるような理論に対する実践的な重要性など、何もないのではないでしょうか」と。

もちろん、この批判が正当性を担保できるかどうかは個々人の判断に待つしかないであろう。ブレイスウェイトの「恥と近代性」という論文の目的は、標準的なコメントが、人類の歴史における過度に単純化した、恥に対する見解を反映するものであることを主張することにあるからである。ブレイスウェイトがここにおいて提示する見解は、たとえブレイスウェイトが、日本、中国、あるいはオーストラリアのアボリジニの歴史を検証し思索することによって、より関心のある立論方法が提供され得るだけにすぎないと考えていたとしても、それはそれで、それなりに意味のあることであり、より複雑な論理構成を試みたにしかすぎず、内容的には西洋の歴史に限定して論じたものであることに変わりはないという批判は、必ずしも的を射たものではないように筆者は思う。ブレイスウェイト自身が言うごとく、たしかに、そうした論述の仕方は、限定

290　第3部　オーストラリアにおける刑事政策

的なものと言えるかもしれないけれども、そのことが、犯罪学者が恥について歴史的検討を加えるその思考方法に、何らかの進展的な意義づけを与えるものであることは、疑いようのない事実であると思われるのである。

　ブレイスウェイトは、「恥と近代性」において、最初に、西洋の歴史における恥の台頭についての、エリアス（N. Elias）の論述について検討している。その後に、ブレイスウェイトは、エリアスが、恥の影響について、重要な歴史的な反転に気がついていなかったことを、さらには、同じく彼が、上層階級の社会関係において恥辱感の重要性が増していったことを無視しているように、下層階級の人々を取り扱うにあたって、社会統制が、恥よりはむしろ暴力に基づいて作り上げられていたことを無視していると、主張するのである。近代化に伴う恥を基本とした社会統制へと向かうのか、あるいは、そこから離れていくのか、一方方向的な歴史的動向など、どこにも存在しないということを強調するために、いかに現代都市の社会的関係における相互依存が、われわれが恥に身をさらされることを減少させるよりは、むしろ、実際には増大させ得るのか、といったことが、本論文においては提示されているのである。

3．ブレイスウェイトの「犯罪、恥と再統合」の論旨

　ある人が、中古車の販売人で、中古車の取引が、他のいかなるものよりも、彼にとって重要なものであると仮定しよう。もし彼が、中古車の販売人という理由で、彼が通う教会、クラブ、さらには彼の拡大家族のなかで、「いかがわしい職業である」と烙印押しをされた場合、彼は、これまでの相互依存から、彼自身を切り離すことによって対処するかもしれないのである。彼は、中古車販売人という烙印押しをされた副次文化へと、引き込もるかもしれない。もし彼が、ギャングの一員として、他のすべての関係において烙印押しをされた、若い黒人ギャングの一員であるならば、彼は、これらの関係から、彼自身を切り離しそうである。実際、彼は、彼の先生や家族が彼のことをどう思っているのかについて気遣うことから、彼自身を切り離す以上のことをやってしまうかもしれないのである。すなわち、他の者が彼を烙印押しする方法に対する憤り

から、彼は、まさに、彼等が是認するであろうこととは反対のことをしようとするかもしれないのである。要するに、烙印押しは、構造的に区別された世界においてわれわれが有する恥に大いにさらされることから、われわれ自身を切り離すだけでなく、恥が、法に従うことに帰するような犯罪副次文化を創り出すのである。

ブレイスウェイトは、『犯罪、恥と再統合』において、長々と、犯罪副次文化の形成を促進する上での烙印押しの重要性について論じている。ブレイスウェイトは、都市化した産業社会における恥辱感の無力さについて、何らの構造的な必然性も存在しないということを主張したかったのである。東京が、その証左である。そしてそのことは、アメリカの都市で、最も暴力的な都市のなかにおける、日本人、中国人、さらにはユダヤ人の地域社会についても、同じことが言えるとするのである。ニューヨーク・シティにおいてでさえ、市民が取得する最善の保護とは、警察に由来するものではなく、効果的に非難する、愛すべき家族に由来するものである。恥辱感がよりうまく機能しない社会への、近代化を伴った歴史的前進など、何ら存在しないのである。社会が、より役割を区別するようになるにつれ、効果的な恥辱感に対する潜在能力は、重要な点において増大するが、効果的な恥辱感を切り離す烙印押しに対する潜在能力も、また、増大するのである。

少なくとも、以上のことが、ブレイスウェイトの『犯罪、恥と再統合』の論旨である。

4．ブレイスウェイトの「恥と近代性」の論旨

17世紀前、すなわち、イングランドのように、初期の議会制民主主義が主要な勢力となり得た時期以前において、世界を横断するような見解とは、専制政治が、効率及び経済力の秘訣であるというものであった。自由とは、スイスの州や、オランダの7つの県のような小さな地域社会によって享受される贅沢品であった。20世紀において、われわれは、型にはまった社会統制に関する、同様の愚かな見解に遭遇するのである。多くの政治家は、型にはまらない統制

とは、小さな地域社会のみが、その市民に対する支配権を獲得するためにうまく使うことができる贅沢品であると信じるのである。大規模な産業化国家においては、共同社会主義に見切りをつけ、型にはまった社会統制という中央集権化された強力な制度のために、われわれの自由を犠牲にする以外に、選択の余地はないと言うのである。

　ブレイスウェイトの「恥と近代性」執筆の目的は、現代の集合的な社会における地域社会の役割に対する悲観論について議論することであった。実際、われわれは、西洋諸国における恥の歴史についてはごくわずかしか知らないのであり、それ以外の国々については、言うまでもない。しかしながら、われわれは、社会が近代化するにつれ、恥の有効性から乖離する一方向の傾向についての論述をはねつけるに充分な知識をもっている。さらに、われわれは、犯罪となる違反行為の最も重要な類型のいくつかが、たとえ近年ではあっても、以前の歴史的時期よりも、今日において、より恥ずかしいことであることを知っている。われわれは、間違いなく、現代の企業による環境犯罪や、妻に暴行を加える男たちの羞恥心のなさを嘆いている。さらに、われわれは、間違いなく、これらの犯罪を、搾取的で家父長主義的なイデオロギーにおいて、構造的かつ文化的な深い根源を有しているものであるとみなすのである。しかし、企業の重役が、環境問題が台頭する以前の、わずか25年前と比べて、環境犯罪に対する恥の影響を受けやすいことは事実である。さらに、われわれは、フェミニストの恥辱感そのものがどうであるかによって制限されるかもしれないが、15世紀のイングランドにおける男性の暴力に関する以下のような記述が、同時代の状況の正確な記述であるとはみなされ得ないかもしれないということを、知っているのである。

　すなわち、「妻を殴打することは、男の権利であるとみなされており、下層階級同様、上層階級においても、恥じることなく行われていた。」「同様に、両親が選んだ男性と結婚することを拒んだ娘は、世間になんらのショックを与えることなく、閉じ込められ、殴打され、部屋に閉じ込められる責任を負う」とされていたのである。

妻や娘を殴打することが、今日において多かれ少なかれ一般的であるとは、到底言われないであろう。しかし、われわれは、そのような殴打という事実が、より多くの恥を呼び寄せ得るということは断言できるのである。口やかましい妻を懲らしめるための「水責め椅子」(ducking-stool) は、1992 年には、イングランドの街中に備えつけられているはずがない。このことは、20 世紀後半においては、恥ずべきことであろうから、粗暴な男達は、他人の批判するような凝視から逃れる方法において、秘密裏に彼等の妻を懲らしめているのである。

公的な非難が、同時に私的な権利を抹殺することなく、他の人間に対して暴力をふるう者の私的な領域にまで浸透するといったような、都会の共和政体へ向かっての政治的努力を定めることは、決して単純な事柄ではない。しかし、もしわれわれが、社会的非難は、われわれが農場に置き去りにしてきた何かであったというような見解によって、そのような努力を思いとどまるのであれば、それは悲劇的なものであるに違いないと、ブレイスウェイトは言うのである。

これが、ブレイスウェイトの「恥と近代性」の結論である。

5．ブレイスウェイトの恥の理論が意味するもの

ブレイスウェイトが、「恥と近代性」において指摘したかったことは、「もし恥辱感（shaming）が、犯罪統制に決定的なものであるとするならば、犯罪を統制するための労苦は、現代の都市化した社会においては絶望的である、ということになる。この考えは正しいのであろうか。最近において、こうした考えが提起されることがしばしばあるが、このような悲観主義は、人類の歴史における、恥についてのより広範な理解によって、修正されなければならない」ということであった。

そのために、「恥と近代性」において、最初に、恥が封建主義の終焉に伴い、市民の感情構造においてより重要になったという、エリアスの主張について詳細に考察しているのである。なぜならば、エリアスは、17 世紀及び 18 世紀に

294　第3部　オーストラリアにおける刑事政策

おける下層階級へと方向づけられた犯罪統制のなかで、恥から残酷な刑罰への移行については考察していないからである。この時期は、ビクトリア女王時代及びその後において支持を集める、再統合的な観念への道を切り開くと同時に、烙印押しと懲罰過多の失敗事例の例証において、全盛を極めた時期であったからである。

　ここでは充分に紹介することはできなかったが、ブレイスウェイトは、エリアスの論述内容の検証に多くの頁を費やしているのである。そして、最後に、ゴフマン（E. Goffman）の見解を参考にしながら、恥辱感が農村よりも都市においてより効力を発揮し得るといったような、今までに看過されてきたいくつかの問題点について議論しているのである。全般的にみれば、「恥と近代性」において、ブレイスウェイトは、「産業化社会における恥辱感の無力さについて、何らの構造的必然性もないような、換言すれば、近代化に伴う、恥辱感が考慮に値しない社会への普遍の進展など、どこにも存在しないことが理解できるであろう」ということを示したかったのである。そしてそれが、1989年の『犯罪、恥と再統合』で提示した恥の理論を、もう一歩深めるためのブレイスウェイトの試みであったと言えるのである。

6．おわりに

　しかしながら、初期の段階と比べて、「恥と再統合モデル」は、その理論的基盤に対して批判的見解が展開されていることに注意しなければならない。確かに、「恥と再統合モデル」が提示するように、被害者と犯罪者を和解させ、和平をもたらすことは大切ではあるが、それよりも大切なことは、犯罪者が犯罪を行うに至った要因を明らかにし、それを除去することではないかという批判である。つまり、社会構造的・制度的要因を解消することなく問題に対応することは、「回転ドア症候群」（revolving-door syndrome）に陥るおそれがあるとするのである。

　「刑罰的ではなく修復的に、応報ではなく損害賠償を、被害者・犯罪者の紛争解決のためにもたらされた損害を最大限に補償し、できる限り犯罪によって

生じた危害を修復する」という「恥と再統合モデル」の基本的な考え方そのものは、「罪を憎んで、人を憎まず」という考え方に通じるものがあり、犯罪者が自らの犯した罪を悔い改め、被害を弁償し、被害者に対して心からの謝罪をすることは、とりもなおさず、犯罪者が社会に再入（re-entry）する機会を提供するものであり、犯罪者の社会復帰に利するものであると言えよう。しかしながら、そこで追求される目標は、被害者への謝罪と損害賠償、参加者全員が満足する手続と結果、犯罪と犯罪者に対して良き理解を示すこと、犯罪者の地域社会への再統合等であり、これらのすべてを実現することは、不可能というよりは、それらの目標を追求すること事態が相互矛盾であるとも言えるとするのである。

批判の正当性の是非はともかくとして、こうした批判のなかには、われわれが、修復的司法を展開する上において留意しなければならない重要な視点が提示されていることに、注意しなければならないであろう。

近時の修復的司法プログラムにおいて代表的な、「恥と再統合モデル」（shame and reintegration model）に基づくオーストラリアの修復的司法プログラムと、「家族に基盤を置く補償モデル」（family-based reparation model）に基づくニュージーランドの修復的司法プログラムの、我が国での採用可能性を検討するにあたっては、このような諸点について充分に検討する必要があるように筆者には思われるのである。われわれは、ここらあたりで、ブレイスウェイトの理論を再検証することが必要なのではあるまいか。

参考文献

Braithwaite, J., "Shame and Modernity," *The British Journal of Criminology.* Vol. 33, No. 1, Winter 1993, pp. 1-18.

ジョン・ブレイスウェイト著・細井洋子＝染田惠＝前原宏一＝鴨志田康弘共訳『修復的司法の世界』成文堂（2008）。

第4部　その他の国における刑事政策

1　カナダの刑事司法機関の概要

1．はじめに

　2012年2月13日から18日まで、カナダの刑事司法制度における知的障害者の処遇の現状を視察するためにバンクーバーへと旅立った。今回の視察は、厚生労働科学研究の分担研究者として、「刑事法学からの触法被疑者の実態調査と現状分析」という研究テーマをとりまとめるためであり、カナダの刑事司法制度を調査し、触法被疑者の実態を可能な限り正確に把握することによって、その現状分析を行い、そのことによって、触法被疑者の改善更生・社会復帰のための施策を一歩でも前進させ、同時に、触法被疑者の人権保障を貫徹させることを目的としたものである。

　今回、視察先としてあえてカナダを選んだ理由は、カナダが、昨今、性犯罪者処遇プログラム等で我が国における刑事政策的プログラムを作成する上でのモデルとなっており、アメリカの制度を参考にしつつも自国に合った形において制度設計をしているカナダの刑事司法制度は、戦後、英米の制度を参考にしつつも独自の政策を展開している我が国の実情にも、適合性があるのではないかと考えたからである。

　以下においては、刑事司法の各段階に応じて、カナダの制度を概観することにしたいと思う。

2．連邦警察

　カナダの警察の管轄権については、連邦制という制度設計に基づいて、州警察が存在するオンタリオ州とケベック州については州警察が管轄を有し、州警察は存在しないが市警察が存在する区域については市警察が管轄を有し、州警察も市警察も存在しない区域については、契約に基づいてカナダ連邦警察

（Royal Canadian Mounted Police : RCMP）が管轄を有することになっている。その
ため、カナダ連邦警察は、オンタリオ州とケベック州を除く8州と3つの準州
の190以上の市町村、184のアボリジニ・コミュニティ、3つの国際空港を管
轄しているのである。

　カナダの警察実務においては、知的障害者に特化した取組みはなされておら
ず、統合失調症、中毒性精神病、精神病質、知的障害、発達障害等を含む、広
範な精神障害の枠組でもって取組みがなされている。

　バンクーバーにおいては、警察サービス要請の31%、一部の区域において
は、その50%が、触法精神障害者の事件であるとのことで、とりわけ、近年、
バンクーバーでは、精神障害の中でも、薬物中毒・アルコール中毒が増加して
おり、また、触法精神障害者の多くは極貧状況にあり、そのことが警察官との
接触のリスクを上昇させていると言われている。さらには、触法精神障害者が
警察官を利用して自殺を図る事件も多発しており、警察官が現場に到着した際
に、触法精神障害者が、警察官への発砲、ナイフの振り回し、人質を取るなど
の方法で、自分を射殺させる方向性へと警察官を誘発する傾向があるとも言わ
れている。事実、こうした事件に関与した警察官は、身体面と精神面の双方に
おいて長期間のストレスを抱えることになるようである。そのような意味にお
いて、触法精神障害者との意思疎通や武器の使用技術を習得することも、警察
官の課題とされている。

　触法精神障害者が警察段階でダイバージョンされるにあたっては、その犯し
た罪が、生活妨害、秩序紊乱、軽微な窃盗等の重大な犯罪ではないことが条件
となっている。そのため、暴力的犯罪を行った場合や被害者が児童や高齢者で
ある場合においては、警察段階でダイバージョンされる可能性は非常に低いと
言える。触法精神障害者のダイバージョンは、「ブリティッシュ・コロンビア
州精神保健法」（Mental Health Act of British Columbia 2012）に基づき処理がなさ
れるとのことで、本法においては、警察官は自傷他害のおそれのある触法精神
障害者を発見した場合、その者の身柄拘束を行い、病院への移送を行うこと
で、警察段階でのダイバージョンが行われている。また、自傷他害のおそれが

少ない触法精神障害者については、精神保健法に基づく対応によって病院への移送を行うのではなく、コースタル・ヘルス（Coastal Health）などの社会福祉施設に送致することを条件として、警察段階でのダイバージョンが行われることもあるようである。

　連邦警察においては、触法精神障害者を専門的に取り扱うチーム「地域社会対応チーム」（Community Response Team）が存在し、精神障害について専門的な訓練を受け、知識を有した警察官チームが、触法精神障害者に対する適切な対応を行っている。それにより、触法精神障害者をできる限り刑事司法制度のルートに乗せるのではなく、精神保健・社会福祉制度のルートに乗せることで、犯罪の連鎖をなくすことを目標としている。このことは、チームが、触法精神障害者を「捜査」することよりも、その「犯罪を防止」することに取り組んでいることを示すもので、「なぜ犯罪行為を行ったのか」という犯罪原因を探求し、その原因を断ち切るような環境を設定するといった、「問題解決型」の手法を採用しているのである。また、地域社会対応チームは、触法精神障害者に対して敬意、同情、思いやりなどの気持ちをもって接することを心掛けており、触法精神障害者の人権侵害を防止すべく努力していることも、その特徴として挙げられる。

　連邦警察の触法精神障害者への対応策の今後の課題としては、慢性的状況を有する触法精神障害者への対応と、昨今増大している女性の触法精神障害者について、どのような対策を講じるべきであるかを検討することであるとのことである。

3. 検 察

　カナダは13州（10州及び3準州）の連合国家で、検察官（Crown Counsel）には、連邦政府の検察官と州政府の検察官がいる。その役割分担につき、3準州（ユーコン準州、ノースウェスト準州及びヌナバット準州）の刑法犯は連邦検察官が、その他の10州の刑法犯は州検察官が担当し、連邦法違反事件（大半は薬物事犯及び脱税事犯）は、通常、連邦検察官が担当することになっている。

302　第4部　その他の国における刑事政策

　ブリティッシュ・コロンビア州検察庁、即ち法務総裁省の刑事司法支所は、裁判段階で起訴及び上訴を指揮監督し、社会を保護することを目的としている。カナダでは、連邦政府の検察官により起訴される犯罪はあるが、起訴及び上訴を含む司法の管理運営は、州の権限である。ブリティッシュ・コロンビア州の検察庁は1974年に組織された。検察庁を管理運営する州法、すなわち、クラウン・カウンセル法（Crown Counsel Act）は、1991年6月に可決されている。ブリティッシュ・コロンビア州内では約460人の検察官が職務に従事しており、検察庁は、ノース、インテリア、フレイザー、バンクーバー、バンクーバー島パウエル・リバーの5つの地域を管轄する。州の本署は、州都ビクトリアにある。バンクーバー及びビクトリアには、刑事上訴及び特別犯罪訴追局がある。刑事司法支所の司法次官補が、ブリティッシュ・コロンビア州の検察庁の長である。

　クラウン・カウンセルは、ブリティッシュ・コロンビア州検察庁の検察官を指す言葉である。本署は政府から独立して刑事司法制度内で活動する。クラウン・カウンセルは、政府、警察、若しくは犯罪被害者を代表しない。裁判所はクラウン・カウンセルの役割を準司法的役割並びに重要な公共の義務に関わるものとしている。こうした刑事司法制度では、犯罪が特定の被害者に対して行われた場合でも、それは社会全体に対する犯罪となる。それゆえクラウン・カウンセルは、被害者を代表するのではなく、コミュニティを代表し、その役割を遂行することになるのである。クラウン・カウンセルは、カナダ刑法典並びに州の行政犯に関して、ブリティッシュ・コロンビア州の全犯罪の訴追並びに上訴を委任されている。クラウン・カウンセルは、すべての刑法の諸問題について政府に助言し、刑事司法政策を発展させているのである。権限と責任はクラウン・カウンセル法で規定されている。本法は検察庁の独立を保障しており、検察官は、刑事司法支所の諸政策に規制され、司法次官補に対する責任がある。本法で、司法次官補は、刑事司法支所の長であり、支所の職務の執行責任がある。法務総裁は州の司法の執行の監督責任はあるが、通常、個々の事件の起訴決定に関与しない。起訴決定はクラウン・カウンセルが行う。クラウ

ン・カウンセルは、警察等の捜査記録を審査し起訴評価を行う。起訴決定は、実質的な有罪判決の蓋然性及び犯罪訴追が公共の利益になることの双方を要求する、支所の起訴評価ガイドライン政策に基づき行われる。クラウン・カウンセルは政治的影響等の外部的影響から独立し、公平に起訴評価及び起訴決定等を行うのである。検察段階において予見され現に存する不適当な影響の蓋然性がある場合、検察庁の長は、検察庁の外部から熟練の弁護士を特別検察官として任命することができることになっている。ブリティッシュ・コロンビア州の検察官は、検察庁の基準に基づき原理に沿った起訴決定を行う場合、精力的に起訴を指揮するが、公判過程の公正性、証拠の徹底的かつ精密な提出、及び、司法過程の独立と廉潔の維持を保障することが、最大の任務である。その任務は、あらゆる犠牲を払ってでも有罪判決を獲得することではなく、むしろ、司法が、公正、公平、効率的、及び、尊敬の念に満ちた作法で執行されることを保障することなのである。

　特別検察官の最重要考慮事項は、刑事司法に対する信頼の維持である。ブリティッシュ・コロンビア州司法制度の特別検察官の独立的な役割は、クラウン・カウンセル法で規定され、起訴裁量権行使の独立性及び公平性の強化が目的とされている。歴史的には、特別検察官は、閣僚、上級職公務員、官僚、上級警察官等が関与する事件において任命されてきた。特別検察官は、熟練の弁護士名簿から候補者を抽出し、任命される。この名簿は、ロー・ソサイエティ、司法次官、及び司法次官補によって認証されることになっている。認証過程は、特別検察官に委任される事件に対して、一貫した厳格な基準が適用されることを保障するものである。ブリティッシュ・コロンビア州の検察庁の長だけに、特別検察官を任命し、特別検察官の任務を規定する権限がある。一度任命されると、特別検察官は、検察庁から独立する。特別検察官は、支所の起訴評価ガイドライン等の刑事司法支所の政策を遵守しなければならない。起訴決定がなされた場合、特別検察官は、通常、訴追及び上訴を指揮する。法務総裁、司法次官、若しくは司法次官補が、特別検察官の決定に介入したい場合、ブリティッシュ・コロンビア州官報で、自分達の意向を文書化して出版し、そ

の上で介入しなければならないこととされている。

ブリティッシュ・コロンビア州検察庁の目的は、勤勉かつ公正に犯罪訴追を準備・指揮することにより、また、コミュニティにおける司法の執行のための最も効果的な方策を発展させることにより、社会を保護することに貢献することである。ブリティッシュ・コロンビア州検察庁の被疑者・被告人に対する処遇は、6つの基本的諸原理によって支配されている。

第1は「公正の原理」である。刑事司法過程において、公正かつ公平に行為することである。第2は「独立の原理」である。不適当な影響又は妨害に屈せず、公共サービスを遂行することが要求される。第3は「法の支配の原理」である。一貫して勤勉に、法の支配を適用することが求められる。第4は「優秀の原理」である。最高の道徳規準に依拠し、一体となって活動し、技術及び知識を駆使して優秀さを達成することである。第5は「心構えの原理」である。尊敬と親切を旨として、公共に奉仕することが求められる。第6は「献身の原理」である。人々は最も貴重な資源であり、検察庁は、寛容、誠実、信頼、尊敬、尊厳、及び公正を旨とする処遇を実現することが要請される。そして、個々の達成度を認識し、情報、知識、及び資源を共有し、並びに、専門分野の進化及び教育的向上を促進することに寄与することが求められている。

クラウン・カウンセルは、警察等からクラウン・カウンセル報告を受領すると、そこに記載されている個人に対し起訴相当か否かを評価する。ブリティッシュ・コロンビア州では、警察にではなく、検察庁に、ほとんど常に正式起訴を行うか否かを決定する責任がある。この点が他の州とは異なっている。起訴評価ガイドライン政策によれば、クラウン・カウンセルは、ほとんどの事件において、次の2つの公式にしたがって、自分たちの起訴評価決定を行うべきこととされている。すなわち、第1に、クラウン・カウンセルは、報告において提出された証拠に基づいて、有罪判決の実質的蓋然性が存在するかどうかを決定する。第2に、検察官が有罪判決の実質的蓋然性が存在すると決定した場合、次の審査は、犯罪訴追が公共の利益の下に要求されるか否かになる。これらの決定においては、申立ての深刻性（例えば、被害者が、重大な侵害を被ったか

どうか、または、武器が使用されたかどうか）を含む、多くの諸要件を考慮しなければならない。クラウン・カウンセルは、起訴がなされるべきではないということ、起訴がなされるべきであるということ、若しくは、告発された被疑者・被告人が裁判所に出廷するよりもむしろ代替的手段のプログラムに差し向けられるべきであるということ、すなわち、ダイバージョンを決定することができるのである。この起訴評価の目的は、実質的で確実な事件、かつ、公共の関心の渦中にある事件のみが、正式事実審理へと進行することを保障することにあるのである。

　知的障害をもった被疑者・被告人の処遇に対して、クラウン・カウンセルの特別な訓練はなされているかという質問に対しては、取材訪問によれば、特別なプログラムは存在しないとのことであった。

4．バンクーバーのダウンタウン・コミュニティ裁判所

　バンクーバーのダウンタウン・コミュニティ裁判所（Vancouver's Downtown Community Court、以下、「ダウンタウン・コミュニティ裁判所」と略称する。）は、2008 年に開始されたブリティッシュ・コロンビア州地方裁判所の一部となる刑事裁判所であり、新しい司法の行動計画を実施するところである。バンクーバーのダウンタウン地区にいる多くの犯罪者は、アルコール中毒、麻薬中毒、精神病、ホームレスなどの問題を抱えて「犯罪のサイクル」に陥るが、それに対して、ダウンタウン・コミュニティ裁判所は、司法、医療サービス、および社会福祉を統合することで、犯罪者が自らの行動に対して責任をとることと、自らの生活を変えるために支援を受けることとを確実にするのである。

　ダウンタウン・コミュニティ裁判所は、刑事事件に対する早期の公正な解決を目的とし、そのことで犯罪者、被害者、およびより広い地域社会に役立つ問題解決型裁判所の役目を果たしている。法定手続がより時宜に適ったものとなることで、人的資源をよりよく用いることができ、犯罪行動を改めるような先を見据えたアプローチを採用しているのである。

　被告人は、ダウンタウン・コミュニティ裁判所に到着すると、当該裁判所の

被告側弁護士と面会する。被告人は、自分の弁護士がいる場合には、その者に依頼することができる。弁護士と事件を相談した後で、被告人は、ダウンタウン・コミュニティ裁判所で自らの事件を解決するか、あるいは、ダウンタウン・コミュニティ裁判所の裁判官の前に出頭した後で、当該事件に異議を唱えて、通常の法廷で裁判を続けることができるのである。

　被告人が、ダウンタウン・コミュニティ裁判所で自らの事件を解決することに同意した場合には、彼らは、「判定チーム」のメンバーとのインタビューに同意することが求められる。判定チームは、ダウンタウン・コミュニティ裁判所で共に働く人々で構成されていて、一般にプロベーション局、健康と社会福祉局、および居住地からの代表者で構成されている。例えば、プロベーション・オフィサー、雇用及び援助ワーカー（Employment and Assistance Worker）、法廷連携看護師（Forensic Liaison Nurse）、先住民ケース・ワーカー（Aboriginal Case Worker）、被害者支援ワーカー（Victim Support Worker）、バンクーバー沿岸健康看護師（Vancouver Coastal Health Nurse）等である。犯罪者が先住民である場合には、犯罪者は、同様の裁判所ワーカーによってインタビューを受けるが、判定チームが、当該被告人の状況とニーズを理解し、裁判官による処遇計画を展開することができるように、インタビュー情報を提供するのである。

　簡単な事件では、処遇計画は、犯罪者が健康や薬物の治療情報セッションに参加すべきとの勧告か、あるいは、居住、収入援助、あるいは医療への照会といったものになる。

　より複雑な事件では、当該裁判所で一緒に取り組んでいる精神衛生関係者や薬物・アルコール中毒治療関係者、あるいはその他の専門家による詳細な評価が必要となる。彼らの勧告は、例えば、薬物からの改善処遇あるいは精神衛生治療等を含んでいるのである。複雑な事件では、ケース関係者が、犯罪者が、介入計画での勧告を完遂することを確認するために割り当てられることがあるようである。

　関連情報のすべてが、判決の時点で裁判官に提出される。裁判官は、それを考慮に入れた上で、可能である場合は、犯罪者が犯罪行動に関係した動機や理

由を取り扱うことに加えて、犯罪の重大さや犯罪歴を加味して、適切な判決を宣告することになるのである。判決は、犯罪によって与えられた侵害に対して、地域社会に償うための社会奉仕からジェイルの拘禁まで、バラエティに富んだものである。ほとんどの場合、犯罪者は、当該裁判所の決定のすぐ後に社会奉仕を始めることになる。

このように、バンクーバーのダウンタウン・コミュニティ裁判所は、バンクーバーが、カナダにおける都市の中でも高い犯罪発生率を有しており、そうした犯罪者の少なくとも 50％ が、精神病や麻薬中毒の問題を有している常習犯罪者であって、複雑な問題を抱えていることから、設立されたものである。ここでの特徴的な点は、司法とソーシャル・サービスやヘルス・ケアのサービスが一致協力してこれらの問題に取り組み、これらのサービスが、犯罪者の処遇と量刑に関して、時宜を得た対応をしているということである。いわゆる司法の現場で、多機関連携ないし多職種連携がなされている点に特徴があることが指摘できるであろう。

このダウンタウン・コミュニティ裁判所は、アメリカ合衆国のニューヨーク市ブルックリンにおいて成功した「レッド・フック地域社会司法センター」(Red Hook Community Justice Center) をモデルとしているが、アメリカの刑事司法で現今盛んに主張されている「治療法学」(Therapeutic Jurisprudence) の考えは採らず、あくまでも「地域社会の弱者保護」に重きを置いているようである。

こうした取組みは、触法精神障害者等の障害を抱えて犯罪を行わざるを得なかった者の社会復帰にとっては極めて有効な施策であり、我が国でも参考になるのではないかと思われる。

5．ノース・フレイザー未決拘禁センター

ノース・フレイザー未決拘禁センター（North Fraser Pretrial Center）は、フロリダ州の施設を参考に、犯罪者のアセスメントや分類を行う成人のための拘置所として、2001 年に創設されたものである。当センターは、18 歳以上の男子

のみを収容しており、軽罪等を犯したことによって、30 日あるいはそれ以上の刑を言い渡された犯罪者を収容している。2009 年のデータによると、裁判にかけられた者が 12,898 人、ビデオ・コート（Video Court）を実施された者が 10,568 人、新入所者が 6,689 人、釈放された者が 5,163 人、移送された者が 2,440 人であり、収容平均日数は、29 日となっている。

　収容期間に関しては、最長 5 年以上の者もいるようである。収容棟は、3 つの区画から成り立っており、340 部屋、10 のリビングがあり、600 床に加え、69 の特別なベッドが付設されている。2012 年 2 月現在、560 人を収容しており、60 人のメンタルヘルスの問題を抱えた者が収容されているとのことであった。メンタルヘルスの問題として、精神障害のカテゴリーは、ダウンタウン・コミュニティ裁判所とほぼ同様であるとの回答を得た。また、知的障害者の収容に関しては、IQ 測定は実施していないが、おそらく IQ70 未満の 65 ～ 74 歳の者が 6 人、75 歳以上が 2 ～ 3 人おり、先天的なものではなく、薬物との関係で知能が低下している可能性があるとのことであった。

　当センターは、公判前に収容される施設であり、日本でいう拘置所に該当する。収容を言い渡された者は、保安官によって当センターへ送られ、平均約 1 か月間収容されるのである。公判前のため、施設内での自由度は高く、ユニット内では、スタッフの昼食時及び就寝時間以外は他人の部屋への出入りも自由で、ユニット内であればどこでも歩くことができる。特に珍しいのは、モニター付きではあるが、テレホンカードを購入すれば、自由に電話をかけることができるシステムであり、クレジットカードがあれば、自販機も使用可能である。また、食事の時間以外にもコーヒーやパンも食べることができる。そして、面会は、通常 1 時間となっているが、弁護士との面会は、1 時間以上でもよい。

　処遇の内容としては、主に、薬物治療と作業が中心のようであった。まず、薬物治療に関しては、メタドン治療（Methadone Mcthod）と呼ばれる薬物代替療法が用いられており、ドラッグ・カウンセラーが常駐している。現在、ドラッグ・カウンセラーは 1 人しかいないようであるが、約 40 名のカウンセリン

グを行っているとのことである。また、治療に関連し、メンタルヘルスの問題を抱える者に対しては、心理学者、精神科医、精神医学看護師及びメンタルヘルス・コーディネーターからなる「メンタルヘルス・チーム」（Mental Health Team）が応対しており、本来は病院へ移送したいのだが、訴訟手続が終わるまではそれが困難であるため、治療より管理を中心に行っているということであった。その際、危険人物や立ち居振る舞いのできない人については、カメラ付き透明ガラス部屋が付設されている隔離棟に収容されていた。コア・プログラムとしては、薬物中毒管理、暴力防止、アルコール・麻薬アノニマス、薬物・アルコール・カウンセラー（委託）等がある。

　次に、作業に関しては、箱や眼鏡の組み立て、洗濯等を実施していた。作業を実施している理由は、時間があると逃走等の危険なことを考えるので、その予防として作業を課しているとのことであった。作業報奨金は、1日につき3～4ドルである。

　本施設では、前述のごとく、ビデオ・コートを採用していたが、これは我が国にはない制度である。「ビデオ・コート」は、裁判所とのやり取りはもちろん、弁護士とも画面や電話を通じて話し合うことができるため、裁判所へ行く手間が省け、経費の節約にもなり、迅速な裁判が可能となるとのことであった。人権保障の見地からの問題点をどう処理しているのかは不明である。

　本施設はIQ測定をしていないため、知的障害者に関するデータを入手することはできなかったが、未決拘禁センターであるにもかかわらず、医療体制が完備している点や、心理学者、精神科医、精神医学看護師及びメンタルヘルス・コーディネーター等からなる「メンタルヘルス・チーム」が結成されている点は、今後、我が国でも採用を検討すべき課題ではないかと思われる。現在、我が国の刑事施設においては、精神科医が常駐している施設は医療刑務所や医療少年院以外にはほとんど見られず、ましてや心理学者や精神医学を専門とし看護師が常勤することは皆無であり、メンタルヘルス・コーディネーターなどは存在する余地すらない。

　今回のカナダ訪問によって、ダウンタウン・コミュニティ裁判所を始め、連

310　第4部　その他の国における刑事政策

邦警察の試み等を知り、カナダは、省庁やそれぞれの専門的役割には関係なく、意見をぶつけ合い、それをコーディネートとして、1つのチームになってまとめていくという手法がとられているため、縦の連携ばかりでなく、横の連携も効果的に機能しているのだと思った。こうした手法を見習い、我が国でも、拘置所で実施することは困難であろうが、刑務所において、メンタルヘルス・チームを発足させることができれば、触法精神障害者や高齢犯罪者にとってより有効な施策が展開でき、釈放後の医療施設との連携を図ることによって、再犯防止につながるのではないかと思われる。

　以上が、今回視察したカナダの刑事司法機関訪問記である。機会を改めて、カナダの刑事司法制度を紹介することができればと考えている。

参考文献

厚生労働科学研究（障害者対策総合研究事業）『触法・被疑者となった高齢・障害者への支援の研究（平成21-23年度)』平成25年4月15日、21-36頁、138-174頁。

2 バンクーバーのダウンタウン・コミュニティ裁判所

1. はじめに

　2012 年 2 月、カナダの刑事司法制度における知的障害者の処遇の現状を視察するためにバンクーバーに滞在した。今回の訪問において感銘を受けた制度の 1 つに、バンクーバーで参観したダウンタウン・コミュニティ裁判所がある。前節においても簡単に紹介したが、以下においては、このダウンタウン・コミュニティ裁判所についてもう少し詳しく紹介してみたいと思う。我が国でも類似の制度ができれば、触法障害犯罪者の処遇と対策が一段と促進されるのではないかと考えるからである。

2. ダウンタウン・コミュニティ裁判所とは

　ダウンタウン・コミュニティ裁判所とは、カナダのブリティッシュ・コロンビア州バンクーバーにおいて、2008 年 9 月 10 日に設立された裁判所である。

　州裁判所の一部であるバンクーバーのダウンタウン・コミュニティ裁判所は、カナダにおける最も重大な犯罪を除く広範囲の犯罪で起訴され、様々な精神保健的・社会福祉的問題を抱えた犯罪者に対する新しい取組みであり、刑事司法制度と精神保健・社会福祉サービス、地域社会組織、住民、小売商、学校等との間において新たな提携を結ぶことによって、犯罪の減少と公共の安全を高めることを目標とした裁判所である。また、このような新しい取組みによって、犯罪者に対して協働的かつ専門的な対応をより迅速に行うことを可能にしている。

　ブリティッシュ・コロンビア州をはじめとして、カナダ国内においては、近年、犯罪率が減少傾向にあるが、バンクーバーは未だに、窃盗（自動車盗、万引き）、器物損壊をはじめとする財産犯罪が、カナダで 2 番目に高い割合で発

312 第4部 その他の国における刑事政策

生している都市であり、その他の犯罪としては、暴行や薬物所持が重大な問題となっている。そして、これらの問題は、コミュニティ裁判所の管轄区域であるバンクーバーのダウンタウンにおいて、集中化している状況にある。また、バンクーバーのダウンタウンにおける犯罪者の少なくとも50％が、精神病、薬物中毒、あるいはその両方を抱えており、その多くは慢性化しているのである。

　このような犯罪者に対して、従来の刑事司法制度や地域社会は、犯罪者のリスクに取り組み、精神保健的・社会福祉的ニーズを満たそうと試みてきたが、一般的に、その取組みは停滞しており、また、犯罪の根本的な原因の除去に取り組んでいないため、犯罪発生のサイクルを減少させていないという批判が存在していたのである。そして、そのことが、公衆の刑事司法制度に対する信頼の欠如につながるものであったことも、つとに指摘されていたところである。

　そこで、ダウンタウン・コミュニティ裁判所は、犯罪者のニーズとその置かれている状況、犯罪行動の根本的原因に取り組む「問題解決型」のアプローチを採用することによって、刑事司法制度と精神保健・社会福祉サービスが提携し、犯罪者に対する協働的かつ有意義な処遇を提供するための判決の言渡しを行うことを可能としているところに、伝統的な裁判所とは異なる特徴があるのである。

3．ダウンタウン・コミュニティ裁判所の概観

　2004年3月に、法務総裁は、ブリティッシュ・コロンビア州司法評価専門調査班（BC Justice Review Task Force）がバンクーバーにおける犯罪に関する研究活動を実施することと、その問題を処理するための勧告を行うことについての意見表明を行った。そして、2005年9月に、専門調査班は、バンクーバーの犯罪問題に取り組むために、コミュニティ裁判所の創設を勧告したのである。ブリティッシュ・コロンビア州は、その勧告を認め、コミュニティ裁判所を創設するための計画資金を提供した。計画の実施にあたり、計画者は、諸外国のコミュニティ裁判所の各種モデルを研究し、特にコミュニティ裁判所の起

源として評価され成功を収めている、「アメリカ・モデル」を参考としたのであるが、そのモデルに、バンクーバー独自の状況を勘案し、現在のダウンタウン・コミュニティ裁判所のモデルである、「バンクーバー・モデル」が完成することとなったのである。

ダウンタウン・コミュニティ裁判所は、2002年に閉鎖されたバンクーバー公判前センターが存在した場所に設立されている。その面積は、1,957平方メートルであり、建物は2階建てとなっている。建物の中には法廷が2つ、裁判官室が2つ、被告人を勾留する居室が7つ、面接室が6つ、会議室が8つあり、施設自体は、月曜日から金曜日までの午前8時半から午後5時まで利用可能であるが、法廷の開廷時間は、午前9時から正午までと午後1時から午後3時までとなっている。

ダウンタウン・コミュニティ裁判所において犯罪者とかかわる関係者は、「コミュニティ裁判所チーム」と呼ばれており、それは、判事、コミュニティ裁判所・コーディネーター、地域社会契約マネージャー、検察官、弁護士、被害者サービス・ワーカー、保護観察の地方マネージャー、保護観察官、裁判所書記官、シェリフ、先住民ケース・ワーカー、看護師、精神保健・司法連絡ワーカー、司法連絡ワーカー、警察官、雇用援助ワーカー、ブリティッシュ・コロンビア州住居支援ワーカー、行政アシスタント、システム仲介者、そして要望がある場合には司法精神科医が加わるという形で、構成されている。

ここでコミュニティ裁判所チームの中核となる、3人の判事を紹介することにしたい。まず、日本からの訪問客であるわれわれにランチを挟んで1時間にわたりいろいろと説明をしてくれたゴヴ判事（Judge Thomas Gove）は、ダウンタウン・コミュニティ裁判所の裁判長である。ゴヴ判事は、コミュニティ裁判所の計画と設立に熱意を捧げ、地域社会における犯罪を減少させる方策について研究を行ってきた人物である。1974年に、ブリティッシュ・コロンビア州で弁護士資格を得て、最初の頃においては、刑事事件や少年事件を中心に活動を行ってきたが、1990年に、刑事事件、青少年事件、民事事件を統括しているブリティッシュ・コロンビア州裁判所判事に任命された。その後、1994年

の初め頃から 1995 年 12 月末まで、彼は「児童保護についてのゴヴ研究」(Gove Inquiry into Child Protection) の委員長となり、そして、その研究がきっかけとなって、ブリティッシュ・コロンビア州の児童福祉制度の再計画が実施されたのである。ゴヴ判事は、1996 年に、ブリティッシュ・コロンビア州の司法研究所から「トニー・パンテージズ賞」(Tony Pantages Medal) を受賞しており、それは、彼が「ブリティッシュ・コロンビア州民の利益のための重大な制度改革に貢献した司法制度関係者」であることを褒賞するものである。

ペンデルトン判事 (Judge David Pendleton) は、コミュニティ裁判所の判事に加えて、他の司法任務も行っている人物であり、1976 年にブリティッシュ・コロンビア州で弁護士資格を得て、1987 年にブリティッシュ・コロンビア州裁判所判事に任命されるまで、刑事事件、民事事件、家族法事件について、かなりの実務経験を積んできた。彼は、「州裁判所協会」(Provincial Court Association) の前会長であり、また「司法協議会」(Judicial Council) の構成員でもあった。

バージェス判事 (Judge Elizabeth Burgess) は、1983 年にブリティッシュ・コロンビア州で弁護士資格を得て、1984 年にブリティッシュ・コロンビア州検察庁に勤めた。また、彼女は、コミュニティ裁判所の設立のための勧告となった、「検察庁特別司法プログラム」(Special Justice Programmes for the Prosecution Service) 及び「街路犯罪研究グループ」(Street Crime Working Group) の議長を務め、2007 年に州裁判所判事に任命されている。

ダウンタウン・コミュニティ裁判所の管轄地域は、ビジネス中心区域（興行地域を含む)、チャイナタウン、コール・ハーバー、ダウンタウン・イーストサイド、ギャスタウン、ストラスコナ、イエールタウン、ウエスト・エンド（スタンレー・パークを含む）である。

コミュニティ裁判所が通常の裁判所と異なる点は、3 点に集約される。第 1 点は、コミュニティ裁判所は犯罪に対して迅速に対応するので、犯罪者は自己の行動の結果を理解し、地域社会に対する補償を行うことができる。現在、勾留されていない被告人が、通常の州裁判所に出廷するまでには 6 週間かかるの

に対して、コミュニティ裁判所の事件では、基本的に2日から14日以内で審理が行われる。このように、ブリティッシュ・コロンビア州の通常の州裁判所の事務処理が遅滞している理由は、被告人に法律扶助が適用されていないこと、被告人弁護士が被告人との接見をそれほど行っておらず、被告人と手続過程や選択肢について話し合う充分な時間がないこと等が挙げられる。一方、コミュニティ裁判所には、いつでも利用可能な被告人弁護士が常駐しており、被告人にアドバイスや情報を提供しながら、コミュニティ裁判所で被告人の代理を務めている。通常の裁判所では、軽微な事件のほとんどが、判決が下りるまでに7か月から1年もの時間がかかる。一部の犯罪者は、審理が開かれるまでに何回か出廷することが義務づけられるが、その多くは、次の出廷日に出廷することを怠り、結果的には、刑務所に入所することとなってしまうのである。これに対して、コミュニティ裁判所は、被告人についての情報に早期にアクセスしており、また、1つの場所で指名スタッフが協働しているため、事件が1回あるいは2回の出廷で終結するのである。

　第2点は、精神保健・社会福祉サービス機関が、犯罪者の処遇や、犯罪行動へと導く根本的な精神保健的・社会福祉的な問題について言及するための統合的アプローチを用いて協働していることである。それにより、犯罪者が犯罪行動のサイクルを打ち破ることを困難とさせている要因、すなわち薬物・アルコール乱用、精神病、貧困、職業、社会的技術といった問題に取り組むことができるのである。精神保健、収入援助、住居支援スタッフ、先住民裁判所・ワーカーは、検察官、被告人弁護士、警察官、プロベーション・オフィサーと共に、コミュニティ裁判所に常駐しており、これらの者によって構成される統合チームが、犯罪者のニーズと状況を特定し、効果的なマネージメント計画を展開するために協働しているのである。

　第3点は、コミュニティ裁判所は、近隣区域や地域社会グループとの友好関係を築いており、コミュニティ裁判所の公衆参加の機会を創設している。コミュニティ裁判所は、パブリック・フォーラムや、地域社会グループ、個人や商業組織との会合を通じて、地域社会との連携を深めている。また、地域社会

は、犯罪者が受ける地域社会サービスの内容の計画やその機会を与えることに貢献しており、地域社会サービスによって、犯罪者に新たな職業的技術や労働の経験を与える手助けを行っているのである。さらには、コミュニティ裁判所の取組みの基盤は、犯罪者に地域社会への補償を促す判決を下すことであり、それにより、犯罪行動によって生じた被害を償うことである。コミュニティ裁判所では迅速に審理が行われるため、審理が開かれるまでに多くの時間を費やすようなことはなく、即座に補償を行うことができるのであり、このことは、損害を受けた地域社会と犯罪者の双方に、かなりのメリットをもたらしている。

　ダウンタウン・コミュニティ裁判所は、上述の管轄区域内で行われた、最も重大な犯罪以外の罪で起訴された者を対象としており、具体的には、① 州裁判所判事によって審理される州犯罪、② 全刑法犯のうち、(i) 州裁判所の絶対的管轄にある全刑法犯（例えば万引き）、(ii) 陪審によらずして有罪判決が下される犯罪（例えば侵害行為）、(iii) 選択的審理方法の犯罪（hybrid offence）で検察官が略式起訴を選択した場合、③ 規制薬物物質法（Controlled Drug and Substances Act）における薬物の単純所持、④ 地域社会命令の不履行に関する犯罪（例えば出廷期日における不出廷、保釈あるいはプロベーション期間中の遵守事項違反）である。その中でも、ダウンタウン・コミュニティ裁判所で審理される犯罪の多くは、自動車盗、5,000 ドル以下の窃盗、器物損壊、暴行、薬物所持であるとされている。

　また、ダウンタウン・コミュニティ裁判所では、一部分ではあるが、薬物犯罪も対象としていることから、「ドラッグ・コート」との違いが指摘されることがあるが、バンクーバーのドラッグ・コートは、薬物治療プログラムの適格者で、そのプログラムを選択する薬物犯罪者のみを対象としているのに対して、ダウンタウン・コミュニティ裁判所は、最も重大な犯罪を除く広範囲の犯罪で起訴され、様々な精神保健的・社会福祉的問題を抱えた犯罪者を対象としているのである。そして、ダウンタウン・コミュニティ裁判所では、そのような犯罪者を年間 1,500 人くらい取り扱っている。

4．ダウンタウン・コミュニティ裁判所の処理過程

⑴ 被告人の到着

　被告人がコミュニティ裁判所に到着すると、コミュニティ裁判所が選定した被告人弁護士との接見が行われる。被告人に専属の弁護士がいる場合には、その弁護士を選択することができる。

　被告人弁護士との接見の後、被告人はコミュニティ裁判所によって事件を解決するか、あるいは一度コミュニティ裁判所の判事の面前に出廷した後、通常の裁判所の審理で事件を進行するかのどちらかを選び、それについての同意を行う。

⑵ トリアージ・チームとの面接

　被告人がコミュニティ裁判所で事件を解決することに同意をした場合には、被告人はトリアージ・チームの構成員との面接を行うことについての同意をするかについて尋ねられることになる。トリアージ・チームはコミュニティ裁判所で活動している者であり、通常、そこにはプロベーション・サービスや精神保健・社会福祉サービス、住居サービスの代表者が組み込まれている。被告人が先住民である場合には、先住民裁判所ワーカーによる面接が行われることとなる。

　被告人との面接によって得た情報により、トリアージ・チームは被告人の置かれた状況とニーズを理解し、裁判官に採用されるような計画作りを展開することになるのである。

⑶ 計　画

　単純な事件においては、単に、被告人が精神保健・薬物治療情報セッションに出席するか、あるいは住居支援、収入援助、精神保健看護の措置に付されるなどといった勧告が、計画においてなされることとなる。

⑷ 複雑な事案

　やや複雑な事件においては、より詳細な精神保健、中毒についてのアセスメントやその他コミュニティ裁判所による専門的な活動が必要とされることがあり、そこにおいては、例えば、薬物離脱治療あるいは精神保健治療といった勧

告が、計画においてなされることとなる。

それよりもより複雑な事件においては、ケースマネージメント・チームが、被告人が、介入プランにおける勧告をやり遂げることができるかを確認するために、任命されることがある。

(5) 判決の言渡し

被告人に関連する情報のすべてが、判決の言渡し時点で裁判官に提示される。裁判官は、その情報を考慮し、被告人が犯罪行動に至った理由について言及しながら、犯罪の重大性、被告人の経歴に見合った適切な判決を言い渡すのである。

判決の内容は、地域社会サービスを受けることから、犯罪によって被害を受けた地域社会へ補償をすること、刑務所への入所等にまで至る。ほとんどの事件の被告人は、コミュニティ裁判所の決定の後、すぐに地域社会内サービスが開始されることとなる。地域社会内サービスの内容は様々であるが、例えば、レストランの調理場で働くこと、地域社会の庭園や道路の清掃作業、ダウンタウン・コミュニティ裁判所と提携を結んでいる地域社会グループとの活動を行うことなどが挙げられる。

5．ダウンタウン・コミュニティ裁判所の評価

ダウンタウン・コミュニティ裁判所が、どの程度その目的を果たしており、犯罪者、被害者、地域社会のニーズを満たしているのかについての評価が、今後注目されるものと思われるが、いずれにしても、コミュニティ裁判所は、我が国には存在しない制度であり、先駆的な制度であると考えられる。昨今、我が国においても、精神障害者や高齢者が増大しつつある事実に鑑みて、コミュニティ裁判所の発想は、刑事司法制度において、何らかの参考になる制度ではないかと思われる。コミュニティ裁判所の我が国での採用可能性について、活発な議論を期待したいものである。

参考文献

Hainsworth, J., "Vancouver's Innovative Community Court Evaluated," *The Lawyers Weekly,* October 1, 2010 issue. http://www.lawyersweekly.ca/printarticle.phh 2013 年 12 月 30 日閲覧。

3　カナダにおける警備業

1．はじめに

　2003 年 8 月以来、慶應義塾大学名誉教授の宮澤浩一先生が立ち上げた「警備業法勉強会」（全国警備業協会）に参加しているが、2008 年 12 月 6 日、全国警備業協会技術研究専門部員の研修会で特別講義の依頼を受けた。本稿で紹介する「カナダにおける警備業」は、そのときの講義内容の一部である。

2．カナダにおける警備業の現状

　過去 40 年間にわたり、カナダの全人口に占める警察官の数は確実に減少しているにもかかわらず、民間警備会社の数は毎年のように増加しているようである。カナダにおける民間警備業の発展に関しての、信頼できる資料は存在しないと言われるが、実際問題として、警察（連邦、州、都市警察）に採用される人数よりも、民間警備会社に雇用される人数の方が多くなったのは、1960 年代末から 1970 年代初めにかけてのことである。カナダの統計資料（Statistics Canada）によれば、1996 年において、カナダの警察官の数が 59,090 人であったのに対して、民間の警備員の数は、82,010 人であったことが明らかにされている。この資料によれば、カナダにおける警備業務のおよそ 3 分の 2 が、民間によって行われていることになるのである。そしてこの数値には、法廷会計士（forensic accountant）、保険調査員、民間会社の社内警備員の数が含まれていないのであるから、民間警備業務に従事している者は相当な数に達するであろうと思われる。

　以下においては、まず、カナダの警備業の歴史において、ここ 35 年間の発展期に焦点を当てて紹介してみることにしたいと思う。

3. 公共ポリーシングと民間ポリーシングの融合

「民営化」（privatization）という言葉は、ポリーシングの本質の変遷について検討する上で極めて有意義な概念であるが、それはまた同様に、限定的なものでもある。実際のところ、公的なものと私的なものとを差別化することは、現在では次第に困難なものとなってきている。事実、警察と民間警備との境界線はぼやけ始めているのである。警察と民間警備が、2つの別個独立の存在であることを明らかに区別できないのと同じように、問題は、何が公的なポリーシングの責務であり、何がそうでないのかの境界線を引き直せなくなっているということである。

現在、カナダでは、警察と民間警備の提供者たちの混合形態を基にした、複合的なネットワークが出現している。多くの都市部の地域においては、単にこれら二層のポリーシングだけでなく、むしろ多層のポリーシングを目の当たりにすることができるのである。時として、警察は、民間警備会社とパトロール活動の契約を結んでいるが、いくつかの例では、民間警備会社が、警察の調査に資金を提供し、民間警備員が、かつては警察の独占的な業務内容であった苦情の申立てを解決し、警察と民間警備会社が捜査に協力し、さらには、民間の組織が、民間の職務である警備業務を提供するために、警察官を雇うことさえもあるのである。

カナダには、警察の行動の監視について規定する法律が存在する。しかしながら、問題なのは、民間警備についての効果的な監督の制度がほとんど存在しないということである。例えば、民間の警備員が、逮捕の過程で権限を濫用したとしよう。逮捕された人は、いかなる防御策を講じることができるのであろうか。法廷会計士が、彼の調査技術において過度に攻撃的であったとしよう。調査された従業員は、誰に苦情を申し立てればよいのであろうか。同様に、警察と民間警備との関係について規定するガイドラインは、ほとんど存在しないのである。警察と民間警備会社との合同捜査は、どの程度まで認められるべきであろうか。民間の警備会社は、警察の調査に資金を提供することができるのであろうか。もし法廷会計士による攻撃的な調査が、犯罪性のある違反行為の

証拠を暴露したとしたら、どうするべきなのであろうか。その証拠は法廷において許容されるのであろうか。

これらの疑問に答えるために、本稿では、カナダにおいてポリーシングの転換が、現在進行中であることを示唆する、いくつかの主要な要因について検討することにしたいと思う。本稿のあらゆる箇所で、われわれは、カナダが直面する多くの問題に遭遇することになるであろう。例えば、そこで提起されている問題とは、誰が、カナダ国民に対してポリーシング・サービスを提供するのか。提供者が公共機関かあるいは民間の団体かということが重要であるのかどうか。警察と民間警備の間においてどのような関係が発展しているのか、等についてである。

われわれは、最初に、警察と民間警備会社との間において発展している関係の、より伝統的なネットワークのいくつかのものを概観することにしたいと思う。その後で、最近発展しつつあるより革新的な協力関係のいくつかのものについて検討したい。そして、最後に、カナダの社会において生起している、その他の変革との関連において、ポリーシングのネットワーク化の発展状況について議論してみたいと思う。

4．伝統的な民間警備業務と警察業務との抵触

民間警備会社の機能と警察の機能との間に重複部分が存在する。類似のポリーシング・サービスが、ある場合には民間の警備員によって提供され、他の場合には警察によって提供されているからである。これは、行われている業務あるいは仕事の規模を反映したものではない。例えば、ウェスト・エドモントン・ショッピングセンターの警備業務は、1日平均約6万人の客が訪れ、土曜日には、約20万人に増えるという状況にある中で、約50人の民間警備員によって行われており、その警備業務は、年間約4万件の要請に対応しているのである。それゆえ、ウェスト・エドモントン・ショッピングセンターの警備業務は、多くの郊外の警察あるいは田舎の警察と比べて、より多くの逮捕や秩序維持の仕事に携わっているということになるのである。

324 第4部 その他の国における刑事政策

　多くの都市部において、警察と民間警備との関係があいまいになるような事態が、さらに広がっているようである。それというのも、いくつかの民間警備会社の警備員は、警察官のように見え、さらには警察官のように行動するからである。いくつかの都市において、民間の警備員は、一見、警察官とほとんど同じような制服を着用し、さらには、一見、警察官とほとんど同じような車を運転している。カナダの警察協会は、このような傾向に批判的であり、カナダ市民は、しばしば、警備員が声をかけるとき、彼らは、民間の警備員ではなく、警察官と対応しているのではないかと勘違いする、と非難するのである。

　ある民間警備会社の幹部は、民間の警備員は、むしろ警察官のように見えるべきであり、手錠、防弾チョッキ、警棒、さらには万能ベルトを必要とすると述べている。なぜならば、彼ら警備員は、まさに警察官と同じように、順向的な（proactive）ポリーシングに携わっているからであるとするのである。

　いくつかの民間警備会社が、通常は警察のために準備されている戦術に携わるとき、カナダ国民は、同様の懸念を抱くようである。例えば、ある民間警備会社は、パトロールに犬を使い、内密の監視を行い、薬物の売人を追跡し、彼らの行動を記録に留め、容疑者に関する詳細なデータを保存し、さらには、法廷調査までも行っているからである。さらに、いくつかの民間警備会社は、警察が日常的に行っている彼らの任務を越えるような仕事にまで従事しているのである。バンクーバーにおいて、商業地域で働いている、ダウンタウンの警備員は、しばしば万引きをする場面を捉えた個人の写真までも、警察に提供している。

　これが現在のカナダの状況である。警察の制服と民間の警備員の制服との類似性は、カナダの一部の市民に混乱をもたらしているようである。しばしば、人々は制服に反応し、民間の警備員が警察官と同じレベルの権限を有していないことを正しく認識することができないのである。大部分の州は、民間の警備員の制服と車両が、警察官のそれと明らかに見分けがつくようにしなければならないことを規定する規則を有している。しかしながら、実務上、こうした区別が常に維持されているとは限らない。

給料以外の金銭を支払って警察官を民間警備の任務につかせるという慣行は、警察と民間警備の関係をばやけさせる、もう１つの興味深い問題を生じさせている。カナダでは、多くの地方自治体において、スポーツクラブや映画会社のような民間企業が、彼らのイベントに際して警備を提供してもらうために、自治体警察に金銭を支払うことが一般的である。自治体警察は、その支払の中から個々の警察官に手当てを支払って、イベントの警備に従事してもらうのである。給料以外の賃金支払に基づくポリーシングは、警察官にとって儲かる仕事である。例えば、バンクーバーにおいては、正規外の警備業務に従事することによって、警察官は、年間約１万5,000ドルを稼ぐことができるのである。オタワ警察のようないくつかの警察本部では、警察官が私的な業務を受け持ってもよい、１日当たりの時間数の上限を設定しているようである。

警察は、しばしば、リスク評価を行い、何人の警察官が必要とされるかについて、民間企業の警備申込者に告知しているようである。例えば、ハミルトンにおいては、小学校がダンス会を開催する場合には、自治体警察官が１人必要とされ、高校のダンスパーティに対しては、２人の警察官が必要とされる。オタワのコレル・センターでのNHL（National Hockey League）の試合には、１人の巡査部長と11人の警察官が警備することが求められるのである。

警察官は、通常、制服を着用しなければならず、彼らは治安担当官の地位を維持しなければならない。彼らは、公益のために行動しなければならないけれども、同様に、店舗の所有者の私的な利益も支援しなければならない。つまり、彼らは、金銭を支払っていないお客の立入りを拒否したり、「これ以上のアルコールは摂取できない」といったような店主の警告に従わない者を逮捕しなければならないのである。もし、誰かが逮捕されて立入りを拒否され、あるいは、彼らに対して実力が行使された場合には、彼らは、彼らを間違って処遇したと考える機関を告訴することはできる。しかしながら、その場合、それを受け付ける機関は、警察であることに注意しなければならない。

ある意味において、納税者は、私人あるいは法人に代わってイベントを警備する際の保険金や損害賠償責任に要する費用として、警察に補助金を与えてい

ることになる。いくつかの民間警備会社にとっては、このことは公共部門からの不公平な競争を意味することになる。それというのも、民間の警備会社は、彼ら自身で自らの保険費用を支払わなくてはならないのに対して、警察は、公的資金に依拠しているからである。

　ここでの重要な論点は、① 給料以外の賃金の支払によるポリーシングは、私的なイベントを警備する費用として、公的な税金に基づく補助金を与えていることになるのかどうか。もしそうであるなら、そのことは適切なのか。② 民間の警備会社と警察の武器ならびに執行手段が類似していることは不適切であるのかどうか。もし不適切であるとしたならば、それをどのように改善することができるのか等である。

　警察官が、給料以外の賃金の支払に基づき民間の業務に従事しているときに、民間の警備会社は、警察がかつて果たしていた職務のいくつかを果たすために、雇われているのである。例えば、橋を監視すること、警察署においてアクセス規制を提供すること、法廷の安全を維持すること、さらには、駐車違反の呼出状を発布すること等は、専門化した公的団体、私的団体、さらには退役軍人用務員組合のような準公的団体に対してさえも、下請けがなされている。ほとんどすべての都市部の地方自治体においては、民間の警備員は、自治体の副次的な法執行官としてライセンスが与えられ、公的及び私的な財産双方に対する呼出状を発布することができることになっている。もちろん、罰金で集められた金銭は、地方自治体のものとなることは言うまでもない。

5．警備業務における協力関係

　警察と民間の警備会社は、しばしば、相互間で協力的な関係を発展させることが多い。様々なレベルでの両者間の協力は、官と民との関係をあいまいにさせることの一因となっていることは言うまでもない。退職する警察官の多くが民間警備会社へと移籍することが、しばしば、そうした協力関係を促進させているのである。民間の警備会社、法廷会計事務所団体、あるいは警備関連相談会社を率いる多くの役員は、かつては司法警察職員であった者である。退役軍

人用務員組合は、それとは異なり、軍から従業員を採用している。このこと
が、他の警備会社と比べ、退役軍人用務員組合が、充分に訓練された労働力を
獲得する理由となっているようである。こうした相互関係に関する信頼のネッ
トワークは、機関間における情報交換において、有力なメカニズムを提供する
のである。

　このように、公的及び私的ポリーシングに従事する職員は、特定の管轄区に
おける、個人に関する情報や、イベントについての情報を交換するのである。
非公式に、警察官と民間の警備員は、しばしば、特定の地域のイベントあるい
は指名手配者についての情報を共有する。警察官は、地方のショッピングセン
ターあるいは住宅地の警備員に、指名手配者について情報を集めさせ、さらに
は、時として、指名手配された人の写真やその他の個人情報を含んでいる、特
定の場所に保管されている「指名手配者名簿」を詳しく調べさせているのであ
る。警備員は、このようにして、警察官の追加的な目や耳として用いられるこ
とになるのである。

　特定の事例においては、警察と警備会社が会合し、爆破予告、ボディガー
ド、さらには、不法目的侵入の調査といったような項目について協議するため
の、より公的な協力関係を形成するに至っている。エドモントン警察と民間警
備会社は、特定の地域におけるポリーシング戦略を発展させるために、定期的
に話合いをしているようである。バンクーバーにおいては、「作戦協力」
（Operation Cooperation）と呼ばれているプログラムにより、バンクーバー警察
本部のメンバーと、民間の警備会社の代表者が、ダウンタウンの中心部におけ
るポリーシングの優先的配備について論議するために会合するようであり、こ
のことはアメリカにおいても同様のようである。例えば、テキサス州アマリロ
においては、警察とオールステート警備会社は、話合いでもって、特定の合意
を導き出している。そうした事例の一つとして、1981 年 8 月から、オールス
テート警備会社は、警報に応答する業務に関して、市全体規模での仕事を引き
受けている。同じ時期において、アマリロ警察署は、警察と協力してピーク時
にダウンタウンの中心部をパトロールするために、民間警備員を雇っているの

328 第4部　その他の国における刑事政策

である。今日では、ほとんどの市民や依頼人は、重大でない緊急事態や挙動不審者の通報については、オールステート警備会社に通報するようになっている。また、類似した形態のポリーシングは、ニューヨーク市においても、「警察・警備連絡プログラム」（Police-Security Liaison Program）として、犯罪に対する取組みにおいて、所轄警察署と 30 の警備会社とを結びつけているのである。

　コミュニティ・ポリーシングの分野においては、警察と民間警備会社との提携の機会はもっと多いかもしれない。トロントのある大きな警備会社が、スラム街において、12 を越える総合ビルを有する 2 人の地主との取決めについて交渉を成立させているが、その内容は、警備員が近隣の不動産を含めて、地主の共同経営者を支援することを可能にするものである。このようなユニークな契約上の取決めは、依頼人のためにもなるものである。それというのも、この取決めは、地方自治体の警察活動を事細かに模倣したものであり、多数の依頼人を確保し、多数の業務を同時に行うことができ、多数の領域をカバーし、協力して運営されるポリーシング活動を生み出すからである。類似の取決めは、イングランドのサウスワーク市においても行われている。サウスワーク市の公営住宅においては、民間警備会社は、軽微な薬物犯罪関係の法執行を遂行するためにも雇われている。警備員たちは、20 人の地元議員、地域社会の賃借人代表者、住宅事務所、さらには地域社会安全コーディネータに対して報告する義務を負っているのである。

　より議論の余地のあるのは、調査費用に関しての資金提供による協力関係についてである。警察への私的な寄付あるいは財政的な出資は、受け入れられるべきであろうか。以下において紹介するウェイボ・ラドウィグ（Weibo Ludwig）の調査がその一例であるが、この事例においては、私的な寄付が、警察によって受け入れられている。しかしながら、財政的な出資が、場合によっては、警察の権威を危うくするかもしれないといった、多少の懸念も存在するのである。例えば、主要な金融機関が、警察の詐欺捜査部門を支援するために、財政的な援助を行うことに関心があると仮定しよう。そのことは、金融機関が、警察業務に干渉し、警察の資源へとアクセスしようとしているという印象を与え

ることになるのであろうか。

　これらの問題類型は、次の10年間を見据えるとき、より一層一般的になる可能性が高いと言える。警察は、より少ない資源で、より多くのサービスを提供するように求められているからである。民間企業は、より安全を意識するようになり、一般的に、彼らの裁量で、技術的に洗練され、かつ充分に資金提供がなされた「社内の」もしくは「雇用による」警備サービスを享受しているのである。これらの要因の結合が、将来的には、公的・私的レベルを統合した合同捜査へと至るかもしれないのである。

　いくつかの警察委員会は、要請することができる助成金や、受け入れることができる寄付の金額について制限している。特に公認されていない場合には、オタワ警察委員会は、警察の公平性あるいは客観性を危うくするか、あるいは、それが問題とならないように、2万ドルを超える寄付や貸付、あるいは、助成金を受けることを禁止しているのである。加えて、犯罪捜査を援助する目的のための寄付を受け入れることはできず、さらに、警察は、寄付者が、条件をつけていない場合や、その使途に関して優先権をつけていない場合には、寄付金や貸付あるいは助成金を、受け入れてはいけないとしている。

　カナダにおいては、警察によっては、複雑な詐欺事例を捜査する能力に欠けている場合がある。それに比べて、民間警備部門の中には、高度に洗練された金融監査を行うことにおいて、専門知識の豊富さを誇っている法廷会計事務所が存在するのである。将来的には、政府は、費用対効果を考えて、すべての詐欺事例を処理するために、民間の警備会社と契約をすることを厭わなくなるのではないかという懸念もあるのである。

　それゆえに、ここで検討すべき論点は、① 警察に対して捜査を促進させるために、民間の資金を受け入れることを認めるべきであるのかどうか。もし認めるとするならば、いかなる状況においてか。② 警察に対する財政的貢献に関する制限は適切であるのかどうか。③ 寄付と財政的貢献を統制する方法を創設することは可能であるのかどうか。④ 民間の警備会社は、地方自治体にサービスを提供するために、入札する資格を与えられるべきであるのかどう

か。あるとすれば、それはいかなる状況においてであろうか。

　これらの論点を検討することは、今後のカナダの警察と民間警備会社との共生を考える上で、重要な課題であるように思われる。

6．おわりに

　本稿では、カナダにおけるポリーシング、それもカナダの警備業の発展期に焦点を当てて考察を進めてきた。すでに、何度も指摘しておいたごとく、カナダにおいては、警察と民間警備との境界線は、かなりあいまいになってきているというのが偽らざる事実である。いつ警察の業務が終わり、いつ民間の警備業務が始まるかについて述べることは、現実には、ますます困難になってきている。公共機関と民間機関とを二分する、単純な二分法では解決することができないような、公共のポリーシングと民間のポリーシングとの間には、機能上のジグソーパズルが、ますます拡大しているかのような様相を呈してきているのである。

　カナダにおけるポリーシングは、今や、公共ポリーシングと民間ポリーシングが、ネットワーク化された段階に到達していると見るのが正当であろう。我が国の民間警備業も、警察業務の補助的役割に甘んじることなく、公共ポリーシングに積極的に関与し、「協働から共生へ」の道を選択すべき時期に来ていると考えるのは、筆者一人だけであろうか。

参考文献

Law Commission of Canada, *In Search of Security: The Roles of Public Police and Private Agencies.* Her Majesty the Queen in Right of Canada, 2002, pp. 1-58.

4 カナダにおけるハーフウェイハウスの現状

1. はじめに

　犯罪者処遇の流れは、施設内処遇から社会内処遇へと移行することによって、犯罪者のスムーズな社会復帰を実現することを目指すが、施設内処遇と社会内処遇の中間に位置するのが、ハーフウェイハウスのような中間処遇制度である。我が国の刑事政策においては、施設内処遇は充実しており、犯罪者をそれぞれの特性によって個別的に処遇するための分類を行う「調査センター」が整備されているが、刑事施設から出所して、社会内処遇に移行する段階でのソフトランディングのための施設、「ハーフウェイハウス」が存在しないことが最大の欠陥であると言われている。本稿では、我が国が近い将来ハーフウェイハウスを創設する可能性を勘案して、カナダのハーフウェイハウスを紹介してみたいと思う。

2. カナダのハーフウェイハウス

　ハーフウェイハウスとは、拘禁刑の判決をすでに受けており、地域社会内における監視の下で、刑の一部に服する犯罪者のための、地域社会内に基盤をおいた宿泊施設である。ハーフウェイハウスは、24 時間の監視と一般的なカウンセリング、及び犯罪者への援助を提供する。ハーフウェイハウスによっては、治療やその他のプログラムを提供するところもある。犯罪者は、典型的には、働き、職を求め、学校へ通い、あるいは治療その他のプログラムに参加している間、ハーフウェイハウスに住むのである。ハーフウェイハウスは、また、「地域社会内に基盤を置く宿泊センター」(Community Based Residential Facility)、「地域社会内宿泊センター」(Community Residential Centre)、もしくは「地域社会内宿泊施設」(Community Residential Facility) と呼ぶこともできるであ

332 第 4 部　その他の国における刑事政策

ろう。現在、カナダには 175 のハーフウェイハウスがある。

　ハーフウェイハウスは、拘禁期間中、犯罪者に提供される矯正サービスの連続体である。いわば、ハーフウェイハウスでの体験は、犯罪者が拘禁刑に服している間に社会への段階的な釈放という形式をとるのである。つまり、ハーフウェイハウスは、施設的監督と地域社会との間の重要な架け橋を形成するものである。

　このように、ハーフウェイハウスは、必要とされる社会復帰及び宿泊に関するサービスを提供し、居住者と地域社会の要請に適合したユニークで革新的なプログラムへの参加の機会を提供する。さらに、ハーフウェイハウスは、地域社会の矯正への意識と参加の伝達手段となるのである。

　ハーフウェイハウスを設立することを希望する事業者は、地域社会の構成員や団体から抵抗を受けるかもしれない。そうした人々は、近隣にハーフウェイハウスが設立されることによって、犯罪が増加し、資産価値が減少することを恐れているのである。地域社会は、また、施設が地域社会のサポートや充分な協議をすることなく設立された場合には、ハーフウェイハウスの設立を無益なものと見なすかもしれないのである。これらの懸念は現実のものとなるかもしれないから、ハーフウェイハウスを設立することを希望する事業者は、これらの諸事情を慎重に考慮する必要があるのである。

　研究調査では、ハーフウェイハウスは、犯罪の増加をもたらす要因でもなければ、資産価値を減少させることもないことが明らかにされている。ハーフウェイハウスを経由して地域社会に復帰した犯罪者の多くは、彼らの滞在体験を成功裡に終わらせているのである。つまり、再犯率は、ハーフウェイハウス等を通して、地域社会へ段階的に釈放された犯罪者ほど低くなっているのである。ジョンハワード協会のアルバータ支部は、ハーフウェイハウスの価値を認識し、アルバータ州の地域社会でのそれらの存立を援助している。

3．ハーフウェイハウスの現状とその目的及び機能

　カナダにおいては、ハーフウェイハウスは、地域社会内矯正センター

（Community Correctional Centre）と類似していると言われる。しかし、これらの2つの施設には大きな違いがある。地域社会内矯正センターは、カナダ矯正局（Correctional Service of Canada）によって運営され、軽警備矯正施設として指定されている。一方、ハーフウェイハウスは、カナダ矯正局か、犯罪者への住居とサービスを提供する契約を結んだ任意団体かのどちらかによって運営されるのである。カナダ矯正局に代わってハーフウェイハウスを運営する代表的な事業者の例としては、ジョンハワード協会、エリザベス・フライ・ソサエティ、救世軍、及び聖レオナルド・ソサエティが挙げられる。

　現在、カナダには175のハーフウェイハウスがあることは既に述べたが、これに加えて、カナダ矯正局によって運営されている17の地域社会内矯正センターが存在する。それらのうち、プレーリー地方にはおよそ45施設、アルバータ州にはおよそ20施設が存在するのである。

　⑴　ハーフウェイハウスの目的、機能、種類

　ハーフウェイハウスは、地域社会と施設における処遇との間の重要な架け橋となっている。それらは、必要な社会復帰サービスと居住サービスを提供する。具体的には、ハーフウェイハウスは、居住者と地域社会の要請に適合したユニークで革新的なプログラムへの参加の機会を提供するのである。

　ハーフウェイハウスには4つの種類がある。

①　個人住宅／サテライト型アパート：サービスは、部屋と食事、支援関係に限定される。

②　構造化されたプログラムをもたない住宅施設：これらは通常、多様な対象者と最小限の介入を伴う多目的施設である。

③　構造化されたプログラムをもつ施設：これらには、厳しい入退所方針と、形式上構造化されたカウンセリング及び援助サービスを伴う施設が含まれる。

④　特別プログラム／治療施設：これらは、一般的に精神医学的ニーズのある者や依存症といった特定の犯罪者を取り扱う。

334 第 4 部　その他の国における刑事政策

(2)　ハーフウェイハウスの現状

　地域社会に基盤を置いた矯正は、決して新しい概念ではない。矯正的監視下にある犯罪者の大多数は、地域社会内において監視されている。地域社会内で監視されている犯罪者には、プロベーションや条件付釈放のような地域社会内量刑を受けた者や、拘禁刑の判決を受けたがパロールや法定上の釈放を通して段階的に社会に釈放される者が含まれる。1988 年から 1999 年において、平均して 150,986 人の成人がカナダの矯正当局の監視下にあり、矯正システム下の犯罪者の 10 人中 8 人（約 79％）が、地域社会において何らかの監視下にあったのである。

　カナダにおいて、全成人犯罪者のうち拘禁刑判決を受ける者はごく少数の割合であるが、それらの者の多くは、刑期が終了する前に地域社会へ返されている。刑期満了前の地域社会への釈放は、条件付釈放（Conditional Release）と呼ばれている。条件付釈放は、刑務所から地域社会へと監視が移行することによって、公共の安全と犯罪者の社会復帰を促進することができるという前提の下に成り立っている。条件付釈放は、特定の条件下において、任意的に許可されるか、あるいは要請されるのである。条件付釈放のいくつかの形式のうち、任意的なものとしては、以下のようなものがある。

① 　監視付き、もしくは監視なしの一時帰休：これら短期の一時帰休は、家族との接触及び治療等を含む様々な理由で許可される。監視付きの一時帰休の犯罪者は、刑務所職員もしくはボランティアによって監視される。監視なしの一時帰休は、矯正職員によって地域社会内で監視されるのである。

② 　デイ・パロール（日中仮釈放）：日中仮釈放は、完全仮釈放（Full Parole）もしくは法定上の釈放（Statutory Release）に備えるために地域社会に基盤を置いた活動に参加することを犯罪者に認める必要がある場合に許可することができる、限定されたタイプのパロールである。日中仮釈放が許された犯罪者は、通常、夜にはハーフウェイハウス等の監視施設へ戻る必要があり、釈放のためのいかなる条件にも従う必要がある。もっとも多くのケ

ースでは、犯罪者は、完全なパロールが可能となる 6 か月前に、日中仮釈放の資格を得ることができる。

③ フル・パロール（完全仮釈放）：完全仮釈放は、犯罪者に許可される条件付仮釈放のうちで、より制限の少ない形式のものである。完全仮釈放は、残りの刑期を地域社会内の監視の下で務めることを可能にするものである。すなわち、犯罪者は、通常、パロールオフィサーに報告し、釈放の条件に従うことを前提に自分の家に住むことが許されるのであるが、もちろん、完全仮釈放を許可された犯罪者の幾人かは、仮釈放期間中ハーフウェイハウスなどのような監視施設に住まなければならないといった、居住条件を持っている者もいるのである。犯罪者は、通常、刑期の 3 分の 1 を超えたときには、完全仮釈放の資格を得ることができるのである。

また、特定の条件の下で必要とされる任意的でない条件付釈放には、次のようなものがある。

① 促進的仮釈放再調査（Accelerated Parole Review）：連邦刑務所で最初の刑期を務めた犯罪者の幾人かは、刑期の 3 分の 1 を超えた後、完全仮釈放によって釈放されることが要請される。これらの犯罪者は、全国仮釈放委員会が刑期満了前に暴力犯罪を犯すおそれがあるということを判断しない限り、完全仮釈放によって釈放されなければならないのである。促進的仮釈放再調査は、犯罪者が非暴力的犯罪で刑に服している場合（あるいは、裁判官が刑期の 2 分の 1 を経過した時点で、釈放資格を与えなかった薬物犯罪で刑に服している犯罪者）においてのみ適用されるのである。

② 法定上の釈放（Statutory Release）：法定上の釈放は、許可されるものではないという点において、完全仮釈放や日中仮釈放とは異なっている。むしろ、法定上の釈放は、刑期の最後の 3 分の 1 を地域社会内で過ごすことが許可されなかった多くの犯罪者に、自動的に付与される法律上の規定である。しかしながら、犯罪者が法定上の釈放を付与されたとは言え、彼らは、居住条件を含むいくつかの条件に従わなければならないのである。終身刑や不定刑に服している犯罪者には、法定上の釈放は適用されない。

336　第4部　その他の国における刑事政策

　ハーフウェイハウスで居住する多くの犯罪者は、幾人かが、ハーフウェイハウスの居住が釈放の条件に含まれている監視なしの一時帰休、完全仮釈放、法定上の釈放の身分にあるとは言え、その多くは、日中仮釈放の身分にある者である。州政府は、また、ハーフウェイハウスへの居住を条件とする一時帰休を犯罪者に許可することができる。

　犯罪者が、一時帰休でハーフウェイハウスを利用するためのプロセスは、刑期の初期に始まる。連邦刑務所への犯罪者の入所許可が出てから6か月以内に、カナダ矯正局は、犯罪者に釈放資格の降りる日を知らせるのである。カナダ矯正局は、全国仮釈放委員会による仮釈放資格日とその他必要な再調査のために、犯罪者の基礎資料を準備するのである。日中仮釈放が認められた犯罪者は、ハーフウェイハウスへ移送される可能性が最も高いのである。犯罪者は、ハーフウェイハウスに滞在している間に、完全仮釈放を許可される可能性があり、このことは、犯罪者がハーフウェイハウスから出て、監視下においてではあるが、独立して生活することを意味するのである。

　促進的仮釈放再調査に関与する特定の状況において、単に犯罪者が日中仮釈放あるいは完全仮釈放の資格ができたという理由のみでは、仮釈放が自動的に許可されることを意味しない。犯罪者をハーフウェイハウスへ釈放するという決定は、一般的にリスク・アセスメント（Risk Assessment）として知られるプロセスの一部なのである。犯罪者に刑が科されるや否や、連邦あるいは州の矯正サービスは、リスク査定を開始し、犯罪者が釈放される日に備えるのである。犯罪者の仮釈放再調査に備える中で、カナダ矯正局は、全国仮釈放委員会に、犯罪者の過去の犯罪歴、もっとも最近の犯罪、拘禁中の態度及び変化の証明等の詳細な情報が含まれた、完全な書類を提供するのである。また、それらには、精神医学的あるいは心理学的な報告や他の専門家による意見等の情報が含まれるのである。この情報が、全国仮釈放委員会が客観的かつよく精査された決定を下すことを助けるのである。リスク・アセスメントは、純粋な科学とは言えないが、矯正サービスの提供者は、犯罪者のリスクを調査するための、巨大な調査組織を保有している。

社会の防衛は、仮釈放の決定において、主要な考慮事項である。全国仮釈放委員会は、犯罪者が、刑期満了以前に過度のリスクを地域社会に提示しない場合、及び犯罪者が法を遵守する市民として地域社会へ復帰することを援助することによって、犯罪者の釈放が社会防衛に貢献する場合にのみ、仮釈放を許可することができるのである。

犯罪者がハーフウェイハウスから釈放される前に、ハーフウェイハウスは、犯罪者を施設の居住者として認めなければならない。ハーフウェイハウスは、資源の利用可能性及び犯罪者の潜在的危険性を含む様々な理由によって、犯罪者を拒否できるのである。

ハーフウェイハウスは、カナダ矯正局が設立した最低基準に従わなければならない。それらの基準は、サービスの質、アカウンタビリティ（説明責任）、信頼性、スタッフ及びクライアントの保護、効果的なプランニング及びマネージメント、及び適切な評価を保証するものでなければならない。その他の面においても、この最低基準は、ハーフウェイハウスを運営する事業者に、クライアントの定義を明白にすること、入所と退所に関する注意深い記録作成、確立されたインテーク手続に従うこと、犯罪者への介入のプランを発展させること、カナダ矯正サービス局への報告、それぞれの犯罪者の事件簿を維持すること、ハーフウェイハウスの規則を犯罪者各自に配布すること、スタッフが優秀でありカナダ矯正サービス局の基準に従い訓練されていることを確実なものとすること等を要求するのである。さらに加えると、いくつかの確立された安全と緊急の諸方策が、ハーフウェイハウスを運営する事業者によって、忠実に守られる必要があるのである。

4．おわりに

以上において、ハーフウェイハウスが施設内処遇の出口、社会内処遇の入口に位置する重要な犯罪者処遇の一機関であることが理解できたかと思う。現在（2006 年現在の資料）我が国において、帰住先のない仮釈放者が約 4,000 人、帰住先のない満期釈放者が約 7,200 人いることを考えるとき、ハーフウェイハウ

338　第4部　その他の国における刑事政策

スの必要性は言を待たないであろう。

　さらには、基本的には福祉で対応することが望ましいが、直ちに福祉の支援が受けられない者（65歳以上の高齢者：780人、疾病・身体障害あり：120人、知的障害あり：100人）を一時的に受け入れる施設も必要である。

　こうした特別な事情をもっている刑事施設からの出所者をどうするか。彼らの再犯防止を考える上でも、国立の更生保護施設の創設や更生保護法人の資格を兼ね備えた社会福祉施設の整備等、緊急の対策が要請される。

　我が国も、この辺りで、真剣にハーフウェイハウスの導入を考えてみてもよいのではなかろうか。

参考文献

John Howard Society of Alberta, *Halfway Houses,* 2001, pp. 1-18.

5 スペインにおける行刑制度

1. はじめに

　我が国の刑事政策学者が諸外国での留学経験を持ち、毎年刊行される犯罪白書も諸外国との比較を試みていることもあって、我が国では、比較的多くの諸外国の矯正事情や刑務所の実情等が紹介されていることはよく知られているところである。しかしながら、アメリカ、イギリス、フランス、ドイツ、韓国等の実情について知る機会は多いが、最近のスペインの行刑制度の実情について紹介したものは、その数が少ないのではないかと思う。筆者の知る限りでは、財団法人矯正協会文化事業部が『CA ニュースレター』の第 5 号（2004 年 5 月 31 日発行）において、「スペインの矯正事情」を紹介しているくらいである。

　幸いにも筆者は、今回、ホセ・シーズ（José Cid）の「スペインにおける行刑制度」（The Penitentiary System in Spain）と題する論稿に接する機会を得た。そこで、以下においては、この論稿をもとにして、スペインにおける行刑制度について紹介してみることにしたいと思う。

2. スペインにおける犯罪者処遇の基本理念

　スペインにおける犯罪者処遇は、1978 年制定の憲法に基づき、個人の基本的人権を最大限に確保して行われているようであるが、1979 年の行刑法の制定を機に、特に 1990 年代に近代刑務所が各地に建設されてからは、犯罪者の処遇条件は大幅に改善されたと言われている。

　そこで、本稿においては、スペインの現行刑罰システムにおいて、その行刑制度が、われわれ刑事政策学者が刑事収容施設にとって理想的な役割であると信じているものを、いかにして実現しつつあるかということを、検証してみたいと思う。そうすることによって、スペインの矯正事情の近代性が明らかにな

340　第 4 部　その他の国における刑事政策

ると思うからである。もちろん、スペインでも、犯罪者処遇の基本理念は社会
復帰にあるが、ここでいう「理想」とは、以下の 3 つの提案から成り立ってい
るのである。

① 　拘禁刑は、他のより人道的な刑罰が科され得ない場合にのみ用いられる
べきであり（最後の手段としての拘禁刑）、その刑期は、人道的な基準に従っ
て限定されるべきである（拘禁刑の使用制限）。

② 　刑務所における生活条件は、可能な限り、自由社会に生活する人々と同
じであるべきである（刑務所生活の標準化）。

③ 　受刑者はその刑に服する一方で、彼らの早期の社会への再統合を容易に
するような処遇プログラムに参加することが可能とされるべきである（刑
務所における社会復帰）。

　これらの理想に関しての最後の 2 つの提案は、スペイン憲法により明確に確
立されているものである。すなわち、憲法第 25 条第 2 項は、「拘禁刑を宣告さ
れている者は、その権利を制限されつつも、その他の市民と同様の基本権を享
受すべきであり、その刑期は再教育及び再統合に向けられたものであるべきで
ある」と規定しているのである。

　もちろん、拘禁刑の使用の制限は、憲法により明白に規定されているわけで
はない。しかしながら、憲法裁判所は、拘禁刑の使用は、社会の保護のため
に、それほど侵害的ではない手段を採用することが可能ではないような場合の
ために確保されるべきである、としているのである。憲法裁判所は、また、刑
期に対する制限として、比例原則（Principle of Proportionality）を確立している。

　これらの憲法上の諸原則は、スペイン全土に適用されている法律、すなわ
ち、「1979 年 行 刑 法 」（Penitentiary Law of 1979）及 び「1996 年 行 刑 規 則 」
（Penitentiary Rules of 1996）において反映されているのである。しかしながら、
当該法律は、2 つの異なる行刑機関、すなわち、カタロニア自治州政府
（Administration of Catalonia）、及びスペインの残りの刑務所を運営する責任を有
する中央政府機関（General Administration of the State : GSA）により、履行されて
いることに留意する必要があるであろう。法律が、異なる解釈や法令遵守の程

5 スペインにおける行刑制度 *341*

度において裁量の余地があると仮定すれば、以下の論議は、両方の行政府機関についても妥当するものであるということになるのである。

3．スペインにおける拘禁刑の使用

　近年における刑務所への入所者数及び拘禁率は、図表16、図表17に示すごとくである。スペインは、欧州連合の中でも拘禁率が高い国の1つである。欧州連合では、ポルトガルとイングランド及びウェールズのみが、スペインよりも高い比率となっている。シーズによれば、スペインの拘禁率が高い理由は、主として規定された刑罰の厳格性に帰するものであり、それは、1995年刑法典の公布後に、より厳しくなっているとのことである。

　1995年以前においては、財産犯や薬物密輸事犯等といったような頻繁に行われていた犯罪を含む、ほとんどの犯罪に対する刑罰は、拘禁刑というのがスペインの刑罰制度の特徴であった。裁判官は、刑期1年までで、過去に犯罪歴のない犯罪についてのみ、その執行を猶予することが許されていたのである。しかしながら、スペインは、一般的に、他の欧州連合の国々に比べて刑期が長

図表16　スペインにおける平均刑務所人口数（1996 ～ 2003 年）

年　次	未　決	既　決	全　体	10万人当たりの受刑者
1996	10,588 （23.9％）	33,724 （76.1％）	44,312	112
1997	11,083 （24.9％）	33,370 （75.1％）	44,453	109
1998	11,272 （25.2％）	33,475 （74.8％）	44,747	112
1999	10,576 （23.3％）	34,830 （76.7％）	45,406	113
2000	9,729 （21.5％）	35,580 （78.5％）	45,309	112
2001	10,006 （21.4％）	36,588 （78.6％）	46,594	114
2002	11,340 （22.6％）	38,769 （77.4％）	50,109	121
2003	12,383 （22.7％）	42,082 （77.3％）	54,465	129

資料源：Dirección General de Instituciones Penitenciarias (DGIP), *Número de internos en los centros penitenciarios. Evolución semanal*；Secretaria de Servicios penitenciarios, Rehabilitación y Justicia Juvenil (SSPRJJ), *Estadisticas semanales de población reclusa.* スペインの人口指標については、Instituto National de Estadistica.

342　第 4 部　その他の国における刑事政策

図表 17　スペインにおける刑務所入所者数（1996 ～ 2003 年）

年　次	入所者数	10 万人当たりの入所者数
1996	51,568	130
1997	55,739	140
1998	53,521	134
1999	47,598	118
2000	41,569	101
2001	41,359	101
2002	41,768	101
2003	40,491	96

資料源：GSA については，DGIP, *Estadística Penitenciaria. Boletín semestral,* no.2, June.
2001 年、2002 年、2003 年については、DGIP によって提供された情報である。
カタロニアのデータについては、SSPRJJ によって提供された情報である。

い一方で、刑務所において過ごす時間は、良好な態度及び処遇活動への参加に基づいて評価される、いわゆる「善時制」（good time credits）を通じて短縮され得ることになっていた。このことは、犯罪者には、裁判官により科された刑期の 3 分の 1 から 2 分の 1 の期間、刑に服した後に、仮釈放が認められるということを意味していたのである。

　現行刑法典においても、ほとんどの犯罪に対して拘禁を伴う刑罰が継続して科されているが、拘禁刑の執行猶予や罰金刑への代替等の可能性が増加しているのが現状である。このような猶予あるいは代替は、過去に犯罪歴のある者であっても、刑期 2 年までの拘禁刑に適用されるのである。しかしながら、現在において、たとえいくつかの犯罪に対する罰則が軽減されているとしても、一般的に、パロールに基づき釈放される資格を得るためには、刑期の 4 分の 3 を経過しなければならないことになっているのである。

　1995 年刑法典の影響は、まさに逆説的なものとなっている。図表 17 に示されているように、近年における刑務所への入所者数は減少しているが、このことが、平均刑務所人口者数の増加を防ぐまでには至っていないのである。これ

5 スペインにおける行刑制度 *343*

図表 18 スペインにおけるパロールの許可（1996 〜 2003 年）

年　次	パロールが許可 された事案	既決人員の平均	有害宣告を受けた受刑者 100 人当たりのパロールの許可
1996	8,684	33,724	26
1997	6,669	33,370	20
1998	6,215	33,475	19
1999	6,050	34,830	17
2000	5,628	35,580	16
2001	5,453	36,588	15
2002	5,442	38,796	14
2003	5,062	42,082	12

資料源：DGIP と SSPRJJ によって提供された情報である。

は、いくつかの犯罪に対する若干の刑罰の軽減や、拘禁刑の執行猶予あるいは罰金刑への代替の可能性が増加したという事実はあるものの、パロールが許可されるまでに服役しなければならない刑期の増加を補ってはいないという結論に、われわれを導くのである。1995 年刑法典がより制裁的なシステムを招来する結果となったという全体的な評価は、1996 年から 2003 年までに 2 分の 1 にまで減少している、図表 18 に掲げたパロール（仮釈放）数により例証されていると言ってよいであろう。

　拘禁刑の使用の制限という理念に関して検討した場合には、スペインの刑罰制度の評価は、1995 年刑法典における拘禁刑の執行猶予や罰金刑への代替手段の拡大にもかかわらず、軽微な財産犯や軽微な薬物密輸事犯等といったような、あまり深刻ではない犯罪を理由として、刑務所にいまだに多くの者が入所しているという更なる事実にわれわれを導くのである。

4．刑務所における生活状況

(1)　基幹施設（infrastructure）

　スペインには 77（2014 年 2 月現在では 119）の刑務所が存在し、そのうちの

35 施設が 1980 年以前に建設され、残りの 42 施設は、それ以降に建設された
ものである。主として 1990 年代に建設された近代的な刑務所は、受刑者の
生活状況を改善しており、欧州拷問等防止委員会（European Committee for
Prevention of Torture and Inhuman and Degrading Treatment or Punishment : CPT）が、
非人道的と評する過剰収容を回避していることは疑いのない事実である。新し
い刑務所は、独房方式による、ユニット形式のものであり、ワークショップ、
スポーツ・カルチャー施設、医務室等、法律に規定されている全範囲のサービ
スを提供できるようになっているのである。

　提案されたすべての刑務所に対する総改修が完了するまで、古い刑務所に対
して莫大な支出がなされているところであるが、新しい刑務所が達成した状況
と古い刑務所が置かれている状況との間にはかなりの相違が存在していること
は否めない事実である。

　ここで、より重要な問題は、女子のための施設が男子のための施設よりも劣
悪であるということである。このことは、特に、男子のための古い刑務所の女
子区において明白となっている。この問題は、例えば物理的な建築構造や雇用
機会の深刻な不足、そして利用可能な活動範囲が限定されている等といった面
で見受けられるのである。

(2)　収容施設（accommodation）

　受刑者の収容施設は、様々な問題を引き起こしている。刑に服する場所に関
して言えば、新しい刑務所の建築により、より多くの人々を、彼らが通常生活
する場所の近くの刑務所において、刑に服することを許しているのである。利
用可能な公的な数字は存在しないけれども、シーズによれば、中央政府機関に
おいては、受刑者の 80％が彼らの居住する地域社会において刑に服しており、
カタロニア地方に住居を有するほとんどすべての受刑者は、彼ら自身の地域社
会において刑に服しているということが示されている。しかし、彼ら自身の地
域社会内における刑務所の明らかな不足を理由に、通常彼らが生活する場所の
近くで刑に服していない、かなりの割合の受刑者にとっては、家族や友人との
交流はよりいっそう困難であり、再統合のための機会は減少しているのであ

る。この問題に効率よく対処するために、オンブズマンは、待機リストを作成するべきであると勧告している。それは、移送に対する要求を決定するための合理的で公正な素地を提供するものとなると確信しているからである。

　受刑者の住む地域社会内における刑務所の不足以外の理由により、居住する地域社会内において刑に服していない受刑者に関しては、異なる問題が存在する。それらの問題には、中央政府機関全体に分散されているテロリスト組織である、「バスク祖国と自由」（ETA: Euzkadi Ta Askatasuna, Basque Fatherland and Liberty）のメンバーである受刑者や、懲罰的移送を受けた受刑者等が含まれる。もともと、懲罰的移送という実務は、スペインにおいて、大いに議論の余地のあるものである。そうした観点において、オンブズマンは、当局は、移送の必要性と受刑者を移動させることにより引き起こされる問題との均衡を保つようにするべきであると勧告しているのである。

　受刑者の分離に関しては、以下のような受刑者のカテゴリー、すなわち、男性と女性、未成年者と成人、未決拘禁者と有罪の宣告を受けた受刑者、及び初犯者と累犯者は、分離して収容されるべきものと規定されている。これらの規則のうち、例外なく遵守されるべきものは、男性と女性の分離ただ 1 つのみである。未成年者と成人は、女性の場合においては必ずしも分離されていないようである。したがって、女性は、男性とは対照的に不利な立場となっているのである。しかしながら、特定の刑務所においてのみ、青年男性（18 ～ 21 歳）は、高齢受刑者から分離されているようである。もちろん、スペインには、未決拘禁施設や有罪宣告を受けた受刑者のための刑務所が多数存在するが、実際のところ、大部分の未決拘禁施設において、既決受刑者集団のための区画を確保しているというのが現実である。最後に、特定の刑務所では、確かに初犯者のための区画が存在するが、実務において、初犯者と累犯者との区別は、一般的に遵守されていないようである。

　スペインの刑務所においては、3 歳以下の子どもを持つ女性は、妊婦のための区画（女性共同居住区）で生活する権利を有している。中央政府機関においては、子どもの 15％は、未だにそのような特別区画ではなく、女性受刑者のた

346 第 4 部　その他の国における刑事政策

めの通常の区画内において居住しているのである。

　就寝施設に関しては、受刑者は独居房に収容されるべきことが行刑法に規定されているが、実際には、未だに共同雑居であるいくつかの古い刑務所の場合を除けば、ほとんどの刑務所において、各舎房に 2 人の受刑者が収容されている。単独室（individual cells）に収容することは、憲法上の受刑者の権利を保障する上で重要であり、こうした雑居拘禁の実務は、オンブズマンや CPT により繰り返し非難されてきたのである。この問題の解決には、行刑機関だけではなく、立法府及び裁判官が関与する必要があることは疑いのないところである。しかしながら、中央政府機関やカタロニアの行刑機関が、独居拘禁そのものを優先事項とは考えていないように思われる。

　2002 年から 2003 年の間に、大幅な刑務所人口の増加があり、人口 10 万人当たり 130 人の収容率（2015 年 10 月末日現在で 136）となるに至り、従前の穏やかな年次的増加を反映した図表 16 の傾向を打ち破るものとなった。このことは過剰収容の問題を再浮上させており、受刑者の生活状況を悪化させていることは疑いのない事実となっている。

⑶　健康管理（health care）

　健康管理は行刑施設の病院により提供されており、更なる介入が必要とされる場合、国立健康サービス機関（National Health Service）が支援を提供している。行刑施設の病院に対する支出や 1990 年代の拘禁中の受刑者に対する、公的保健ネットワーク内部におけるユニットの創設のお陰で、受刑者に対して提供される健康管理に関する、統制機関（オンブズマン及び CPT）により実施された評価は、現在のところ好意的なものとなっている。刑務所における健康管理は「標準化」の理想に適っていると考えられているのである。

　健康管理システムにおける最も否定的な側面は、精神障害者に対して提供される処遇についてである。精神医療施設はあるが、精神障害受刑者に対して特別な注意を与えることができる効果的な専用のユニットはない。その他の問題として挙げられるのは、精神障害者を処遇するに際しての統合的アプローチをめぐる薬理学的な処遇の流行であり、また、精神障害を有する受刑者がしばし

ば刑務所からの釈放後に放置されているという事実である。

　刑務所における薬物乱用者に関する問題についても、特別な言及がなされなければならない。スペインは、欧州連合諸国において、薬物乱用受刑者数が最も多い国の1つである。非常に多くの静脈注射を用いた薬物乱用者が刑務所に入所していること、及び何らの感染予防措置もなしに刑務所内において、静脈注射を用いた薬物使用が蔓延していることから、スペインにおいて、HIVの陽性反応を示している受刑者数は、その他の欧州連合諸国に比べかなり高率となっているのである。

　標準化の原則は、刑務所内における薬物乱用者が、刑務所外部に存在するのと同様の治療やリスク減少のためのプログラムへのアクセスを有するべきであることを要求している。メタドン投与を通じたリスク減少プログラム（Risk Reduction Programmes）は、1990年代から行われており、現在では、ほとんどのスペインの刑務所で利用可能である。注射器の交換は1997年以来、段階的に行われており、中央政府機関に属するいくつかの刑務所へと拡大している。

　要約的に述べるとすれば、薬物乱用者に対する健康管理は、1990年代初頭において存在したものに関しては、明白に改善されており、標準化の原則はかなり遵守されているものの、リスク減少プログラムに関しては、スペイン全土の刑務所へと拡大していないということが非難に値するところである。

⑷　作業（work）

　スペイン憲法に従えば、労働の権利は、拘禁刑に服している者の権利の1つである。同様に、行刑法（Penitentiary Legislation）は、受刑者は、労働の権利と義務を有することを規定している。しかしながら、スペインの行刑制度は、作業を望むすべての受刑者が実際に作業に従事することを保証していないというのが現実である。1999年のデータによれば、中央政府機関においてワークショップ又は刑務所によって提供された賃金労働に従事していた者は、刑務所人口の約20％である。賃金労働の不足と、受刑者及びその家族の経済的ニーズを満たすためには不充分である低い報酬は、スペインの行刑制度の最も深刻な欠陥の1つであると言えよう。

348　第4部　その他の国における刑事政策

⑸　外部交通（communication with the outside world）

　行刑法は、家族や友人の訪問を受けるためや、配偶者や家族との親密な交流を維持することを可能とするための一時帰休（Temporary Leave）の恩恵を受けていない受刑者の場合、手紙や電話によって外界と交流する権利を設けている。現在のスペインにおいて、これらの権利を行使するに際して、あえて問題となるような事態は起こらないであろうと思われる。「いくつかの刑務所では、受刑者への面会のための適切な設備を有していない」という、従来なされていたオンブズマンによる抗議は、近年では、繰り返されていないからである。

5. おわりに

　以上において簡単に紹介したごとく、本稿は、スペインの行刑制度が、拘禁刑の使用制限、刑務所生活の標準化、及び社会復帰過程における受刑者の早期の社会再統合に基づく刑罰システムにおいて、刑務所の理想的な役割をどのようにして実現しつつあるかということを明らかにしたものである。本稿が、我が国の刑務所制度を理解し、新しい刑事政策を展開する上での参考資料となれば、望外の喜びである。

参考文献

José Cid, "The Penitentiary System in Spain : The Use of Imprisonment, Living Conditions and Rehabilitation," *Punishment & Society*, Vol. 7, No. 2, 2005, pp. 147-166.

6 ニュージーランドにおける精神障害者の刑事手続に関する裁判官マニュアル

1．最近の筆者の研究課題

　2006 年の法務省矯正局のサンプル調査である「知的障害犯罪者の実態調査」は、厚生労働科学研究（障害保健福祉総合研究事業）「罪を犯した障がい者の地域社会生活支援に関する研究（田嶋班）」の一環として実施したものであるが、この研究は「地域生活定着支援センター」の提案となって結実した。引き続いて、2009 年度にスタートした「触法・被疑者となった高齢・障害者への支援の研究（田嶋班）」において、筆者は、「刑事法学からの触法被疑者の実態調査と現状分析」を担当することになった。後者の研究の主たる関心は、刑事司法制度と社会福祉制度との連携にある。つまり、法務省サイドと厚生労働省サイドとの連携のあり方の模索であると言ってよいであろう。より具体的に言えば、微罪処分、不起訴、起訴猶予等により、刑事司法制度からダイバートされ、施設内処遇を受けることができず、また、帰るべき家庭からも拒絶され、居場所を喪失してしまう蓋然性の高い、知的障害犯罪者に対する法務省サイドと厚生労働省サイドとの支援の輪、すなわち、セーフティネットをどのようにして構築するかということである。

　この点の紹介については別稿に譲るとして、ここでは、諸外国における知的障害犯罪者に対する刑事政策的・社会政策的施策について紹介するというもう 1 つの研究課題の一環として、「ニュージーランドにおける精神障害者の刑事手続に関する裁判官マニュアル」について紹介してみることにしたいと思う。なお、本稿で用いる資料は、2003 年に修復的司法の研究調査でお世話になったマッカレー（F.W.M. McElrea）裁判官から恵贈されたものである。ここに記して感謝の意を表したいと思う。

350 第4部　その他の国における刑事政策

2．ニュージーランドにおける知的障害犯罪者関連法

　ニュージーランドの刑事手続における被告人の精神状態は、① 正式事実審理を受けることの適切性、② 精神異常の抗弁、③ 量刑等と関連していると言われる。

　2004年までは、知的障害をもった被告人は、精神保健手続のもとで取り扱われており、特定の施設がなかったがために、被害を受けることが多かったようである。しかしながら、2004年からは、3つの関連法が制定されたがために、その取扱いに変化が見られるようである。3つの制定法のうちの最初のものは、被告人が「精神障害」あるいは「精神異常」があるかどうかを決定するための手続を定めた法律であり、残りの2つは、精神病あるいは知的障害があるとされた者に対する、さまざまな決定過程を取り扱う法律である。

　具体的に、その3つの法律とは、①「2003年刑事手続（精神障害者）法」(Criminal Procedure [Mentally Impaired Persons] Act 2003：ここでは「手続法」と略称する)、②「1992年精神保健（強制的評価及び処遇）法」(Mental Health [Compulsory Assessment and Treatment] Act 1992：ここでは「精神保健法」と略称する)、③「2003年知的障害（強制的保護及び社会復帰）法」(Intellectual Disability [Compulsory Care and Rehabilitation] Act 2003：ここでは「知的障害法」と略称する) である。

　精神病者と知的障害者の双方は、法が介入する以前において、法的援助以外の救済手段を必要としていることは言うまでもない。精神病者については、危険性あるいは自己介護能力の重大な欠如といった状況が見られ、知的障害者については、意思疎通、家庭生活、コミュニティ・サービスの利用のような適応技術にかなりの欠陥があるからである。

　これは意外に思われるかもしれないが、「精神障害」という用語は、ニュージーランドにおいては、法律上定義されていない。「精神障害」という概念は、確かに、「精神異常」と「知的障害」の両者を包摂するものではあるが、裁判を受けることの不適切性については、例えば、アスペルガー症候群の多くの事案では、その被告人に対する強制的処遇あるいは治療が可能ではないといった

ようなケースに見られるごとく、両処遇法から除外された事案において、多く見いだされるかもしれないのである。

これら３つの法律のもう１つの重要な側面は、一定期間の拘禁、あるいは特定精神保健患者もしくは危険性のない特別保護患者として、すべての期間にわたって特別保護施設に収容される被告人の法的資格に関する規定である。

また、公式文書の提出が手続法第38条により要求される。これは、保釈が別個に認められるのであれば、保釈に際して行われることになる。そして、次の優先事項は、刑事施設における拘禁である。拘禁の他の形態（例えばメーソン・クリニックへの収容）では、事前の評価を必要とすることになる。公式文書は、正式事実審理を受けることの適切性や精神異常の抗弁、あるいは量刑問題についても言及する場合があるのである。

さらに、被告人の犯罪への関与についての証明が、手続の最初に要求されることは言うまでもない。起訴を基礎づける行為が最初に見いだされない場合には、被告人は、精神障害者の手続を受けることはできないのである。簡単に言えば、犯罪行為が証明されなければ、精神状態は問題とされないということになる。

この重要な新たに設定された手続段階は、盗んだクレジットカードを使ったのか、ナイフを使ったのか、車を運転したのかなど、いろいろな前提事実が証明されていない被告人を守ることになるのである。さらに、問題となる犯罪は、罰金刑などの財産刑ではなく自由刑によって処罰可能なものでなければならないのである。

3．精神障害者に関する刑事手続

精神障害者に関する刑事手続の５段階は、トロー対ニュージーランド警察（Trow v New Zealand Police）事件において、ニコルソン判事（J. Nicholson）によって確認されている。しかしながら、第１段階に進む前に、裁判所は、被告人に、あるタイプの精神障害の可能性があるのか、それとも他のタイプの精神障害の可能性があるのかについて注意を払うであろうし、また、通常は、専門家

の鑑定書を要求するであろう。最初は、当然のことながら、1つの鑑定書のみを提出することが提案されるであろうが、この鑑定書は、公式手続にのせるための証拠的基盤を提供するものとなる。最初の鑑定書に問題があることが示された場合には、2つ目の鑑定書の提出が、精神障害に関する審問の開始命令と同時に、命ぜられることになるのである。

こうした精神障害者に関する刑事手続の5段階は、以下のとおりである。

(1) 犯罪の証拠の充分性の決定

これは、まさに手続法第9条に見いだされる新しい手続段階と言えるものである。犯罪の証拠の充分性の決定は、略式起訴審問（summary hearing）の前、または略式起訴審問において（同法第10条）、あるいは証言録取審問の前、または証言録取審問において（地方裁判所判事はこれを指揮しなければならない：同法第11条）、もしくは明らかに陪審ではない正式事実審理において（同法第12条）、取り扱われなければならないのである。通常は、「特別審問」（special hearing）を開くことになる。手続法は、何らの特別な手続について規定しているわけではない。実務においては、弁護士は、証拠が、しばしば証拠書面の方法で、反対尋問によってかあるいは反対尋問なしで、証明され得ることに同意するのである。しかしながら、裁判所は「被告人に不利な証拠」を考慮しなければならないため、たとえ「同意」があったとしても、事実の概要は表面的であってはならないのである。裁判所は、起訴された犯罪の基盤を形成している行為が証明されているかどうかの評定結果を、記録しなければならないのである。

証拠のより低い基準——蓋然性の均衡（on the balance of probabilities）——をここでは、適用する。この基準が満たされなければ、被告人は刑事手続あるいは処遇手続を経ることなく、放免されることになる（同法第13条第2項）。この基準が満たされれば、第2段階に移行するのである。

(2) 精神障害の決定

精神保健法第14条第1項に基づき、裁判所は、2人の精神保健鑑定者（health assessors）から、被告人に精神障害があるかどうかの証拠の提示を受け

なければならない。通常、精神病については、この精神保健鑑定者とは、精神科医を意味する。知的障害については、この精神保健鑑定者とは、心理学者、あるいは知的障害法第4条第1項に基づく、特定専門分野の鑑定者であることもある。

　精神保健鑑定者による証拠は裁判所に提出されることになるが、そこでは、その証拠は当事者あるいは裁判所によって要求される場合には、反対尋問によって検証される。通常、すでに命じられた2人の精神保健鑑定者は、報告書を作り、その内容を確認して、必要であればその内容を最新のものにし、いかなる質問にも答えることを宣誓するのである。報告書が提出されたならば、「仲裁付託の合意」（submissions：紛争当事者間の合意のこと）が斟酌されることもある。次に、裁判所は、蓋然性の均衡によって、被告人に精神障害があるかどうかを決定し、その結果を記録する。法はそのように規定してはいないが、被告人に精神障害がないと認定された場合は、刑事司法過程の次の段階に移されることになるのである。

(3)　正式事実審理を受けることの適切性の決定

　正式事実審理を受けることの適切性の決定を別個の段階とすることによって、手続法は、裁判所に、独立した過程として、正式事実審理を受けることの適切性の問題に焦点を当てることを要求している。しかしながら、実務では、第2段階で証拠を提示する証人と特別審問における証人とが同じであるため、第2段階は第3段階と合体していることが多い。多くの事案では、精神障害があると認定されると、すぐに、正式事実審理を受けることが不適切であるとされるのである。

　正式事実審理を受けることの不適切性は、精神障害のために、抗弁を行い、あるいは弁護士に抗弁を依頼することができないことを意味するのであり（手続法第4条第1項）、またそれは、答弁を行い、法的手続の性質、目的、可能な結果を適切に理解し、弁護士と意思疎通を図ることに無能力であることを意味するのである。P対ニュージーランド警察事件において、バラグワナス裁判官（J. Baragwanath）は、包括的定義として一覧表にされた、3つの無能力のタイ

プ以外のものをも注目し、オーストラリア首都特別地域の立法に含まれた、より長い一覧表に注意を払っているのである。例えば、それは、陪審員を忌避する権利を行使し、法的手続の過程に従い、被告人に対して不利な証拠の効果を理解する能力である。

第3段階について、法は、裁判所は、両当事者に証拠を審議し提出する機会を与えなければならないと規定している（同法第14条第2項）。実務では、裁判所に提出された報告書は、2つの争点について言及することが多いようである。すなわち、精神障害の問題を取り扱う事案では、裁判所は、当事者に、何らかのさらなる証拠が必要とされるのかどうか、もしくは正式事実審理を受けることの不適切性とは別個の問題として、仲裁付託の合意がなされたかどうかについて尋ねるのである。

P事件では、被告人には、正式事実審理を受けることの不適切性を確立するため、「挙証責任者」（proponent）としての責任があると判示されたが、ワーレン・ブルックバンクス（Warren Brookbanks）教授の見解では、争点は当事者主義の外に置かれているために、誰が法的責任を負うかについての争点は主として学問的なものであり、被告人は法的責任を要求されるべきではないとしているのである。争点は、むしろ、一方の当事者あるいは裁判官によって提起される可能性があるとするのである。

裁判所が、これは被告人の利益の観点から判断されるべきであるとする場合には、正式事実審理を受けることの適切性についての決定は、延期されることがあるのである（同法第8条第1項）。もし被告人が放免される場合には、何らの決定も行われないのである。この延期は、すべての証拠が決定的となる時点を超えることはできない。

精神障害者が正式事実審理を受けることが適切であるとみなされ、自由刑で処罰可能な犯罪で有罪が宣告される場合には、裁判所は、手続法第34条と第35条の要請に従い、犯罪者に対して、病院もしくは特別保護施設への入院を命ずることがあるのである。

(4) 調査命令

被告人が正式事実審理を受けることが不適切であると判断された場合、あるいは精神異常のために放免される場合には、裁判所は、被告人を処遇するのに最も適切な方法を決定するために調査を行うことを命じなければならない（手続法第23条第1項）。これらの調査は、命令が発せられてから30日以内に完了しなければならないのである。

手続法は、調査目的のための保釈、あるいは病院や特別保護施設への再入院について規定しているが、関係当局は、すでに必要な情報を獲得しており、それを裁判所に提出している場合がある。もし裁判所に提出された情報が必要にして充分である場合には、再入院は必要ではない。

複雑な事件では、手続法第23条のもとでの保釈あるいは再入院については、調査の遂行の猶予が命じられるべきである。知的障害者については、裁判所は、調査書が提出されていない場合には、知的障害法第3編のもとでのニーズ評価と、その者が受ける治療プログラムの詳細が要求されるのである。

(5) 適切な命令の決定

実務的な選択肢としては、危険な人物については、精神保健法のもとで特別患者として病院へ入院させるか、または知的障害法のもとで特別保護患者として特別保護施設に入院させるかである（同法第24条参照。そこに手続が規定してある）。これらの選択肢（拘禁命令）が、最初に考慮されなければならない。

特別保護施設への入院が必要であると判断されない場合は、手続法第25条のもとで、選択肢は、以下のようになる。

① 精神保健法のもとでの一般患者、もしくは知的障害法のもとでの（特別保護施設ではない施設での）特別保護患者となる。

② 拘禁命令ではなく、刑務所で拘禁刑を科す。

③ 被告人の即時の釈放を命ずる。

各事案において、裁判所は、1人あるいはそれ以上の精神保健専門家（health professionals）からの証拠を得なければならない。精神保健法のもとでの命令が予期される場合は、この精神保健専門家は、精神科医でなければならない。知

356 第4部 その他の国における刑事政策

的障害の事案においては、知的障害があること、知的障害法第3編のもとでの評価がなされたこと、及び同法第26条のもとでの治療プログラムを受けることについての証明がなければならないことになっている。

4．精神異常の認定

　精神異常の抗弁は、いかなる犯罪においても利用することができる。手続法の第20条は、① 被告人が精神異常の抗弁を持ち出す場合、② 検察官が、精神異常によって無罪とすることが唯一の合理的な裁決であることに同意し、③ 裁判官が、専門家の証拠によって、被告人が犯行時、法的に精神異常であったということに確信を得た場合には、正式事実審理あるいは審問の必要性がないことを規定している。裁判官は、精神異常のために無罪であるとの認定を記録しなければならないのである（他の条項については、手続法第20条）。

　そのような認定が行われる場合には、正式事実審理が適切でないとされた者と同様に、上述の（調査と拘禁命令についての）第4段階と第5段階が適用されるのである。

　特別患者からの身分の変更についての決定は、保健大臣（Minister of Health）によって行われる。また、上訴の権利は、様々な段階で生じるのである（同法第16 ～ 19条、第20 ～ 22条、第29条）。

5．知的障害法の対象となり得る者の他の方法について

　精神異常もしくは正式事実審理で不適切であるとされた場合の他に、ある者については、自由刑の一期間として、あるいは刑の言渡しの代わりに、知的障害法の対象となることがある。それらの者は、手続法第34条のもとで、強制的保護及び社会復帰命令の対象となるのである。

6．刑務所収容と特別拘禁命令

　以下のいずれかの方法で、処遇施設もしくは保護施設における安全拘禁命令を行う、新たな権限が設けられている（手続法第28条、第34条）。

① 安全拘禁命令に加えて、拘禁刑を科す（同法第34条第1項）。

② 刑の言渡しの代わりに安全拘禁命令を科す（同法第34条第1項）。

③ 何らかの他の事件ですでに一定期間の拘禁刑に服した者について、安全拘禁命令を科す（同法第28条）。

④ 後に一定期間の拘禁刑に服する者について、安全拘禁命令を科す（同法第28条第1項）。

最近の2つの事案においては、被告人が治療施設あるいは保護施設の患者である間は、拘禁刑の刑期が進行しており、もし少しでも刑期の残りがあるならば、刑務所に戻ってその残りの刑に服することになるのである。

7．おわりに

以上が、ニュージーランドにおける精神障害犯罪者に対する刑事手続に関する裁判官マニュアルの全貌である。これは一般向けの説明マニュアルではなく、マッカレー裁判官がニュージーランドの全裁判官に配布したマニュアルであるため、幾分専門的ではあるが、ニュージーランドにおける知的障害犯罪者の刑事手続を知る上において、貴重な文献であると思う。この文献が、我が国の知的障害犯罪者の刑事手続を検討する際の参考資料となれば幸いである。

参考文献

McElrea, F.W.M.,"Bench Book Material re Criminal Procedure for Mentally Impaired Persons,"*FWMM Final Edition,* March 5, 2007.

7 ノルウェーにおける修復的司法の起源

1. はじめに

　ノルウェーにおける修復的司法の起源は、1970年代の2つの中心的な出来事にまで遡ることができる。ノルウェーにおける修復的司法の議論は、1976年にオスロ大学の犯罪学教授であるニルス・クリスティ（Nils Christie）によって書かれた「財産としての紛争」（*Conflict as Property*）という論文から始まったことはよく知られているところである。もう1つの出来事は、当時の司法長官であったインガー・ルイーズ・ヴァーレ（Inger Louise Valle）による1978年の刑事司法に関する政府報告書である。

　「紛争は、活動、学習及び参加への潜在能力を活性化する」（*Conflicts Represent a Potential for Activity, Learning and Participation*）という文脈において、クリスティは、刑罰制度に代わるもの、法律家や心理学者のような紛争に携わる専門家に代わるものを創造することの必要性について論じている。犯罪は、本来、被害者と加害者の間の紛争を意味するものである。これらの紛争は、今日、主に法律家やヘルスケアワーカーやその他の専門家によって、当事者から略奪されているというのである。

　つまり、クリスティは、当事者が、彼ら自身の問題への解決策を見いだす過程において主導権を握る代替手段について論じているのである。クリスティは、紛争について、「……それらは、紛争に巻き込まれた当事者のために使用され、役に立たせるべきである」としている。そして、代替的な紛争解決手段として、クリスティは、タンザニアの村での「出来事（happening）」について言及しているのである。

360 第4部 その他の国における刑事政策

2．タンザニアの事例を用いてのクリスティの説明

　かつて婚約していた若いカップルが、彼らの紛争を解決しようとしていた。男性は、この関係に投資したものをすべて取り返したいと願っていた。2人は村での会合、もしくはこの論文の中で使われている「出来事 (happening)」において、村人の関心の中心に居た。友人や家族も参加していたが、彼らは主導権を握ってはいなかった。出席していた3人の裁判官はきわめて消極的であった。裁判官以外の者が、その場では専門家であったのである。

　タンザニアの事例は、裁判所で起きていることと全く反対の紛争解決の過程を提示している。裁判では、法律家によって紛争が解決される。紛争当事者は、この過程で小さな役割しか受け持たず、結果に対して、ほんの少ししか影響力を持たないのである。当事者の役割は専門家によって代行され、その結果は、当事者による真の紛争解決とは程遠いものとなる。つまり、その結果は、一般社会のみならず、加害者に対する国家の道徳的規範の提示や復讐の象徴的行為でしかないのである。

　犯罪に対処する既存の制度の代替策に関するもう1つの論点は、被害者や被害者のニーズ、あるいは被害者の希望を中心とした制度を発見することである。既存の裁判では、被害者や加害者は、国家に彼らの事件を委ねる。ヘルスケア制度内の手続によって、二者間の紛争は不可視化し、片方の当事者の個人的な問題として定義されることになるのである。

　「紛争は、今日、当事者より剥奪され、目に見えないものとなっている」という文言で、クリスティは、近代西洋社会を、お互いについてほとんど知らない社会であると表現した。このことは、われわれの社会的役割の多さと社会内の高い流動性に原因があるとも考えられる。われわれは、しばしば、仕事や家族、近隣付き合いといった、お互いの数ある社会的役割のうち、1つのみを知っているだけかもしれない。われわれはお互いについてよく知らないために、お互いの行動について理解し予測することができないのである。われわれは、われわれ自身の紛争をうまく取り扱うことが以前よりも難しくなっており、他者にこの責任を押し付けたいと願っているのかもしれないのである。それゆ

え、犯罪防止に関連する仕事では、人々の間に、紛争を可視化し、第三者と共に紛争を解決したいと願うような状況を作り出すことが重要となるのである。

クリスティの論文「財産としての紛争」は、紛争解決の代替手段を通して、近代社会において地域社会を活性化し、強化するという願いを意味するものである。この主題に関するクリスティの思考モデルは、その例として取り上げられているタンザニアの近隣裁判所（neighborhood court）にあると言えるであろう。クリスティの考えは、紛争を解決することの責任と、紛争それ自体から被害者が常に疎外されていることは、すべての地域社会にとっての大きな損失であるというものである。それは、被害者はもちろん、加害者、そして一般社会にとっても同様である。このことは、被害者の怒りと大きな誤解、そして、加害者が被害を償い、許しを得る機会を失うという事態を考えるとき、大きな損失であるように思われる。このことは、また、社会における規範や価値、あるいは法律について議論をする機会について考えるとき、明らかな損失となるのである。

クリスティは、刑罰制度の代替物と、紛争解決への自治制市民フォーラムの創設というアイディアを提示している。クリスティは、紛争解決の代替手段というアイディアは、犯罪予防の観点からではなく、被害者と加害者の対話の重要性という観点からきたものであることを強調している。自身の紛争から疎外されているという人々の感情を抑える方法として、クリスティは、当事者を取り巻く地域社会だけでなく、当事者自身の関与を増大させるための代替制度の創出を提案しているのである。そして、それは、仲介者の役割という点では非専門家による制度であるべきだとするのである。そうすれば、紛争は、それ自身の最も適切な所有者の元に戻され、二者間の損害回復と和解が可能となるとするのである。

3．犯罪予防と人道的な制裁

1978 年の刑事司法に関する報告書においては、刑事責任年齢の 14 歳から 15 歳への引上げが検討された。それと同時に、最も若い犯罪者に対する代替措置

362 第4部　その他の国における刑事政策

が望まれていることが示唆された。報告書では、非行少年が罪を犯す理由と、とりわけ拘禁刑による統制手段についての広範な見解が提示されている。

　司法省は、当該報告書の中で、非行少年の拘禁は非人道的であり、彼らの人生に深刻なダメージを及ぼすとしている。しかしながら、刑事責任年齢の引上げの前に、社会での非行少年に対する援助に向けた努力が強化されなければならない。司法省は、それゆえに、法的な改革が実施される前に、3年から5年の試行計画の必要性を提案しているのである。

　最初の和解プロジェクトは、「少年に対する拘禁の代替措置」というプロジェクトの一部として、ライア市で実施された。ブスカルー郡が行動障害をもつ少年のための、ある種の「段階的支援」制度の本拠地として選出された。仲介和解サービス（mediation and reconciliation service）は、この制度の第1段階及び、少年の家族及び地域社会への援助として認識されている。このプロジェクトは、この仲介サービスを児童保護（child care）への貢献であると捉えている社会問題省（Ministry of Social Affairs）によって統率されている。これは、何よりも、いわゆる「ノーマルな」行動障害を持つ初犯の少年に対する代替策を意図していたのである。

　このような少年に対する拘禁の代替的措置がプロジェクト化された背景には、① ノルウェーには少年裁判所制度がなく、少年犯罪者も成人犯罪者と同様に刑事訴訟手続によって処理されていたこと、② 犯罪被害者関連施策が充実しているところから、解決可能な事例は、社会全体で対処しようとするコミュニティ・メンタルヘルスが醸成されていたこと、③ 刑事司法の過大な業務負担を軽減するため、軽い犯罪については代替措置を求める要請が高かったことが考えられる。

　試行プロジェクトは2年間継続し、穏やかな形態の制裁及び犯罪防止の手段として導入された。その目的は、最初の罪を犯した少年に対する迅速かつ現実的かつ理解可能な対応策を見つけることであった。プロジェクトは警察や検察当局、及び児童保護ワーカーと密接に関係していた。しかしながら、同時に、紛争の対応に際しての地域社会の関与という意向も汲み取ることができるので

ある。最初の年には17の事例が取り扱われ、次の年には14の事例が取り扱われた。低い再犯率だけでなく、和解に至った事例の数に関する結果は良好なものであった。地域社会の関与に関しても同様であった。

1983年に、社会問題省は、ノルウェー国内の全自治体に同様のプログラムを創設することを勧告した。検事総長は1983年と1985年に回状を出し、警察官が自治体による和解機関の設立に協力し、事件を同機関に付託することを奨励した。後の回状では、警察は同様に和解機関に意見を付託することに積極的になることを奨励されたのである。

1980年代を通して、和解機関が数か所設立されたが、活動量と成功の程度にばらつきがあった。いくつかの機関は、和解機関を管理するための適切な措置が存在しない自治体の「書類上の解決法」以外の何物でもなかった。多くの和解機関は、余分な義務として既に存在するポストに付け加えられただけであった。しかし、正反対の事例もある。クリスチャンサンドでは、自治体は初期の段階から積極的な関心を示し、1986年に和解活動のコーディネーターを指名し、それを1987年にはフルタイムに、1989年からは終身雇用とした。

1987年には、435のうち63の自治体がこのプログラムを開始した。1989年末までに81の和解仲裁機関が85の自治体を統括していた。しかしながら、56％の機関は事例を扱ったことがなかった。1989年に和解機関は全体で268の事例を請け負ったが、この数には14歳から17歳までの424の少年事件が含まれていた。10のうち9の事件が警察から送致されたものであり、約3分2の取扱い事件が、強盗、暴力行為もしくは車両盗であった。

1987年には、教育センターが設立された。同機関は、当初オスロ大学の犯罪学及び刑事法研究所内に設置された。後に、センターは応用社会学学部の科学科に移された。センターの職務は、和解機関を設立した自治体にガイダンスとトレーニングを提供し、プログラムを評価することである。センターはその存続期間に1名から2名のフルタイムの職員を雇用していた。

1988年に、検事総長は、和解機関を通して和解に関する法律を制定することを提案した。彼の目標は、刑事事件における和解に関するいくつかの見解を

明らかにすることであり、国内の和解活動に対する組織と政策に関し、共通の実践目標を確立することであった。もう1つの回状が、1989年に、検事総長によって配布され、その中には2つの重要な変更が含まれていた。加害者に対する18歳までの年齢制限は撤廃され、和解はもはや初犯者に対してのみ適用されるものではなくなった。その上、緊急保護（immediate custodial）に該当する事例は、一般的に和解機関によって処理されることがなくなったのである。

　先駆的な事例の評価は、先に述べた教育センターの研究員によって1990年に成し遂げられた。センターは、司法省の下に新しい機関が設立されることになったため、1990年に閉鎖された。1990年には、また、刑事責任年齢は14歳から15歳に引き上げられ、和解に関する法律の制定に関する提案が和解機関を通してなされたのである。

4．立法とさらなる発展について

　1991年3月15日、議会は満場一致で、「紛争解決に関する法律」（Act on Mediation）を可決した。同法によって、和解プログラムは、以後、技術的に司法省の民事部門によって主導されることが示されたのである。この和解プログラムは、1992年から1994年にかけて段階的な拡大によって実施され現在に至っている。

　1993年には、検事総長による最後の回状が発出され、1991年の法律に準じて検察官が和解プログラムに送致する際のガイドラインが発表された。

　国家レベルでは、ノルウェーにおける和解サービスの発展は、継続的に実現したということが可能である。和解サービスの発展の主な障害は、地方レベルで和解機関を認知させ広めることと、検察官による異なる警察管轄区域内での和解機関の利用を達成することにあった。どちらかと言えば、警察と検察当局は、和解機関の利用に対し懐疑的であった。とりわけ最初の年には、送致される事件は、回状の中で検事総長が記述した事件よりも軽微なものであった。数年を経て、和解機関は、警察と検察の信用を獲得したようである。結果として、取扱い事例数とその範囲は拡大している。それでもなお、地域によるばら

つきは受け入れがたいほどに大きかったのである。

　被害者・加害者間の和解機関による和解の発展は、家族カウンセリング機関や調停裁判所（Court of Conciliation）などの近隣プログラムとほとんど接触をもたなかった。

　学校和解プロジェクトは、ノルウェーにおいて、和解機関の活動や、イギリス及びアメリカからの影響の結果として発展したのである。司法省は、「教育・研究及び教会問題省」（Ministry of Education, Research and Church Affairs）と協力し、13の和解機関と45の学校が全国から参加した、1995年から1997年の試行プロジェクトを統括した。いくつかのプロジェクトは継続し、2年後に7歳から18歳の生徒の取り扱いを含むプロジェクトが付け加えられている。和解機関にとって、学校和解プロジェクトの指導は、今や重要な任務となっている。また、和解機関にとって学校和解プロジェクトは、「マーケティング」と有能さの証明の両方の面で、肯定的な結果となった。そして、学校和解プロジェクトは、和解機関の地方における知名度を上げた。また、同プロジェクトは、調停者（mediator）としての有能さと多様な集団に対してコースやワークショップの重要性への認識を増大させたようである。しかしながら、一般的には、これらの新しい仕事をカバーするような新しい部署は設けられていないようである。

5．おわりに

　以上、筆者は、2009年2月10日から14日まで、オスロ大学の招聘により国際セミナーに参加して得られた情報をもとにして、ノルウェーにおける修復的司法の起源について考察した。カナダ、オーストラリア、ニュージーランドよりも、刑事司法制度が修復的司法により取って代わられつつあるノルウェーの現状は、われわれの刑事司法の将来像であるのかどうか即断はできないが、修復的司法という制度そのものが、被害者の地位の向上に果たした役割は過小評価できないであろう。

　応報的司法から社会復帰的司法へ、そして修復的司法へと、刑事司法のパラ

ダイムが変遷していくという流れにおいて修復的司法を位置づけるのか、現在の刑事司法を補助するものとして修復的司法の役割を限定していくのか、はたまた、現在の刑事司法とパラレルな関係において修復的司法の地位の向上を図るのか、その刑事司法制度における修復的司法の体系的地位はまだ定かではないが、修復的司法の今後の発展を注視していく必要があるであろう。

参考文献

Karen, K. P., *Victim-Offender Mediation in Norway*. 2009. Programme for February Conference between The Institute of Criminology and Sociology of Law, Norwegian Centre for Human Rights and the Vietnam Institute of State and Law.

Nils Christie, En passende mengde kriminalitet (A Suitable Amount of Crime). Universitetsforlaget, Oslo, 2004.（平松毅・寺澤比奈子訳『人が人を裁くとき』有信堂（2006 年））。

8 欧州連合加盟国における性犯罪者の
再犯防止対策

1. は じ め に

　我が国における刑法犯の認知件数は、1996年から毎年、戦後最多の記録を
更新し、2002年に369万3,928件となったが、2003年から減少し続け、2009
年には239万9,702件となっている。そして、この刑法犯のうち、強姦、強制
わいせつの認知件数を見てみると、まず「強姦」については、1997年から増
加傾向を示して、2003年には最近20年間で最多の2,472件を記録したが、
2004年から減少し続け、2009年には1,402件であった。強姦の検挙率につい
ては、2002年には62.3％と戦後最低を記録したが、2003年から上昇し、2009
年には83.0％となっている。

　2004年11月の奈良女児誘拐殺害事件を契機として、我が国においては、性
犯罪前歴者の情報公開の問題や性犯罪者の再犯問題、あるいは小児性愛者等に
よる重大な性犯罪者に対する処遇の充実の問題等について、具体的な施策を策
定すべきであるとの声が高まった。そして、現在では、警察段階においては、
法務省と警察庁間での「子ども対象・暴力的性犯罪出所者の再犯防止措置制
度」が運用されているところであり、また、矯正段階においては、特別改善指
導としての認知行動療法を基盤とした「性犯罪再犯防止指導」が、保護段階に
おいては、特別遵守事項としての「性犯罪者処遇プログラム」が展開されてい
る。

　一方、諸外国においては、アメリカ、イギリス、カナダ、韓国では、性犯罪
者前歴登録法ないしは性犯罪者登録告知法を制定することによって、社会防衛
の任務を地域社会ないし地域住民に果たしてもらう施策が展開されている。ド
イツ、スイス、フランスにおいては、危険な性犯罪者に対しては刑罰を強化

368 第4部　その他の国における刑事政策

し、施設収容を長期化するという伝統的な手法によって、あくまでも社会防衛
の任務は国家が果たすべきであるとの考えに基づいて、施策が展開されてい
る。そして、日本の場合は、奈良の女児誘拐殺害事件において、犯人が過去に
も同様の子どもを狙った性犯罪を2度も行っていたという実態が判明し、アメ
リカのメーガン事件との類似性があったがために、性犯罪者前歴登録法や性犯
罪者登録告知法の制定に関心がもたれた。

　以下においては、欧州連合加盟国（当時：2016年6月23日に行われた国民投票
でイギリスはEU離脱を選択した）の中で、特に我が国と関係の深い、イギリス、
フランス、ドイツで展開されている性犯罪者の再犯防止策について考察するこ
とにしたいと思う。

2．欧州連合加盟国における性犯罪者の再犯防止策

　欧州連合加盟国の中で、イギリス、フランス、ドイツの性犯罪者再犯防止策
は、①情報公開法による場合、②保安監置による場合、③電子監視による場
合に分けられる。まず、情報公開法による場合であるが、アメリカのメーガン
法とは内容的に幾分の相違はあるが、イギリスでは「2003年性犯罪法」によ
り情報公開がなされている。また、フランスでは、「犯罪の進化に司法を適合
させるための法律」によって情報公開が試みられているのである。

（1）　情報公開法

①　イギリスの2003年性犯罪法

　アメリカのメーガン法に触発されて、イギリスでも、1997年3月21日、「ハ
ラスメント保護法」（Protection from Harassment Act 1997）、「性犯罪者法」（Sex
Offender Act 1997）、「性犯罪（保護資料）法」（Sexual Offense [Protected Material]
Act）が制定された。これらの法律の中でも、特に注目されるのが「性犯罪者
法」であるが、本法は2000年と2003年に改正され、現在では「2003年性犯罪
法」（Sexual Offences Act 2003）となっている。

　これらの改正の契機となったのは、2000年7月に8歳の少女サラ・ペイン
（Sarah Payne）を誘拐し、殺害した事件であるとされており、この事件後、

1997 年法の改正を迫るキャンペーンがマスコミで行われ、それにより国民が暴徒化し、性犯罪者の自宅等を破壊する事件が発生した。それを受けて、2000 年に本法は改正され、さらに性犯罪の現代的見直し等についての白書『公衆の保護』（Protecting the Public）を受けて、2003 年に改正されるに至ったのである。

　2003 年法の対象者は、① 性犯罪について有罪宣告を受けた者、② 性犯罪を実行したと認定されながら、心神喪失により無罪とされた者、③ 心神耗弱の状態にあって、起訴された性犯罪を実行したと認定された者、④ 性犯罪により警告を受けた者であり、これらの者は、裁判所の命令等を経ずに届出義務に服することとなる。

　対象者は、有罪宣告又は違反行為についての警告の日から 3 日以内（刑務所での服役期間等を除く。）に、地域所轄の警察に情報を届け出る。届出は、犯罪者自身が出頭して行う。

　登録される情報は、生年月日、届出時の住所、国民保険番号、氏名等であり、さらに、警察は犯罪者の指紋の採取や写真撮影を行い、それらを情報に加えることが可能である。これらの情報に変更があった場合には 3 日以内に登録を行われなければならず、また毎年 1 回、情報の更新を行わなければならない。正当な理由なくして、これらの届出の不履行や虚偽の届出等の違反行為に及んだ場合は、略式起訴の場合には 6 か月以下の自由刑又は 5,000 ポンド以下の罰金又はこれらの併科となり、正式起訴の場合には、5 年以下の自由刑が科せられる。

　登録の期間は、① 終身拘禁又は 30 か月以上の拘禁刑の言渡しを受けた者及び制限命令（1983 年精神保健法第 41 条に基づく、裁判官が精神疾患のある者について、治療のための病院送致後、その者の移送や退院を制限することができる命令）により病院に収容されていた者は無期限、② 6 か月を超え、30 か月未満の拘禁刑の言渡しを受けた者は 10 年、③ 6 か月以下の拘禁刑の言渡しを受けた者は 7 年、④ 警察による警告を受けた者は 2 年、⑤ 条件付き釈放を受けた者は、当該条件付釈放期間、⑥ その他の処分は 5 年である。

　また、2003 年性犯罪法においては、性犯罪者の再犯から公衆を保護するた

めの裁判所命令が規定されており、そこにおいては「公衆保護命令」として4つの命令が規定されている。第1は、届出命令であり、これは連合王国以外において性犯罪を行い、有罪宣告がなされた者に対する命令である。本命令により、本国内で同様の犯罪を行った者と同じく届出を行うことを命ずることができる。第2は、性犯罪予防命令であり、一定の性犯罪等で有罪宣告又は警告を受けた者、あるいは責任無能力の状態で同犯罪行為を行った者について、被害者と会うことの禁止、子どもと接触するようなスポーツへの参加の禁止、16歳以下の少女と同一住居で生活することの禁止等を命ずることができる。第3は、外国旅行禁止命令であり、16歳以下の子どもに対する性犯罪について有罪又は警告を受けた者に対して、外国旅行の禁止を命ずることができる。第4は、性的危害危険防止命令であり、過去に2回以上16歳以下の子どもに対する性的行為又は子どもの面前での性的行為等を行った者に対して、特定の子どもと直接的に、あるいはインターネットを介して会うことを禁止することを命ずることができる。

　なお、2003年性犯罪法は、制定時における1997年性犯罪者法と同様に、性犯罪者の個人情報を警察に登録する旨を定めた法律である。したがって、原則として、アメリカのメーガン法のように、国民の自衛のために、住民に情報を公開する制度ではない。しかしながら、2003年刑事司法法（Criminal Justice Act 2003）においては、上級裁判所は、性犯罪者が子どもに関わる一定の職業（教師、ベビーシッター、スポーツクラブでのボランティア活動等）に従事することを禁止する命令を発することができるとされており、子どもに関わる仕事の雇用主は、採用予定者の犯罪歴情報を警察に要請することが可能となっている。さらに、2000年刑事司法・裁判所業務法（Criminal Justice and Courts Service Act 2000）及び2003年刑事司法に規定されている多機関公衆保護協定（Multi-Agency Public Protection Arrangements：MAPPA）に基づき、情報を提供することもある。MAPPAとは、警察長官、地方保護観察委員会、刑務所行政所管大臣を責任機関として、地元の教育機関、住宅・健康、福祉担当部署等と連携を図り、特に子どもを犯罪から守るために必要な施策を展開することを目的とする制度であ

る。MAPPA は、イングランド及びウェールズの 42 の地域で実施されており、参加機関が犯罪発生の危険性評価を行い、警察が被害に遭う蓋然性の高い者やその保護者等に対して、犯罪者の情報を通知することが可能であるとされている。

②　フランスの犯罪の進化に司法を適合させるための法律

フランスにおいては、2004 年の「犯罪の進化に司法を適合させるための法律」(Loi portant adaptation de la justice aux evolutions de la criminalit) により、一定の性犯罪等により有罪判決を受けた者等を「性犯罪者司法データベース」(Fichier judiciaire national automatise) に登録するシステムを創設した。

要件を満たす対象者は、有罪判決が科された場合には、裁判官が有罪判決と同時に登録義務命令を言い渡し、検事正の命令により刑事仲裁がなされた場合には、検察官が登録義務決定を行う。その後、命令又は決定を行った裁判官あるいは検察官は、登録義務者の住所、氏名、年齢、判決書等を、データベース管理機関である国立犯罪記録保管所に送付する。登録義務者は、居住地の国家警察又は国家憲兵隊地域本部へ自ら出頭するか、書留郵便により、1 年に 1 回、自己の居住地を証明する書類を提出し、住所を変更した場合には、変更日から 15 日以内に申告を行わなければならない。重罪による有罪判決又は 10 年以下の拘禁刑に処せられる軽罪による有罪判決を受けた登録義務者は、6 か月ごとに、国家警察又は国家憲兵隊地域本部に自ら出頭して証明書類を提出しなければならない。

登録期間は、原則として、重罪又は 10 年以下の拘禁刑に処せられる軽罪については 30 年間、その他の場合については 20 年間である。

登録情報については、原則として非公開であるが、データベースを監督している司法省関係者、性犯罪事件の捜査機関関係者が必要と認められた場合においては、登録情報の閲覧が可能である。この他にも、未成年者との接触を頻繁に行う教育施設関係者が、その職業への就業を申請する者がデータベースに登録されていないかどうかを確認するために、登録情報の閲覧が必要に応じて認められることもある。その場合には、登録情報の閲覧日、閲覧者氏名、閲覧し

372　第 4 部　その他の国における刑事政策

た情報等が電磁的記録に残されるのであり、無許可若しくは目的以外の理由により閲覧した場合又は閲覧後に登録情報を外部に漏えいした場合には、5 年以下の拘禁刑及び 30 万ユーロの罰金が科されることとなる。

　また、保安監置という手段を用いて対応している国に、ドイツ、フランス、スイスがあるが、ここでは、ドイツとフランスについて紹介したい。

⑵　保 安 監 置

①　ド イ ツ

　ドイツにおいては、保安監置という制度があり、裁判所が刑の宣告時に、性犯罪や暴力犯罪等の一定以上の重罪の再犯者を釈放すると、公衆に危険を及ぼす蓋然性が高いと認める場合においては、その者を自由刑終了後も施設に収容することを命じることができる。保安監置は、必要的に自由刑に併科して命じられる必要的保安監置と、裁量で自由刑に併科して命じられる裁量的保安監置とがある。

　まず、必要的保安監置は、故意の犯罪行為によって 2 年以上の自由刑の言渡しを受けた者が、① 以前に行った故意の犯罪行為により、既に 2 度、それぞれ 1 年以上の自由刑を言い渡されており、② これらにより、既に 2 年以上の自由刑の執行を終え、又は自由剥奪を伴う改善及び保安処分の執行を受けており、かつ ③ 行為者及びその行為を総合的に判断し、その者が社会に対する危険性を有していることを要件としている。

　裁量的保安監置は、それぞれ 1 年以上の自由刑が科される 3 個の故意の犯罪行為を行って、これらにより 3 年以上の自由刑を言い渡された者が、社会に対する危険性を有していることを要件としている。また、一定の性犯罪等について 2 年以上の自由刑を言い渡された者が、その犯罪行為以前に既に 1 度、3 年以上の自由刑の言渡しを受け、これにより 2 年以上の自由刑等の執行を受けており、かつその者が社会的危険性を有する場合には、裁判所は裁量で保安監置を命ずることができる。

　保安監置の期間については、上限はないが、保安監置による収容が 2 年間執行されるごとに、保安監置の必要性についての審査を行わなければならない。

その審査の結果、被収容者の再犯の危険性がないことを期待することができる場合には、裁判所は保護観察のために更なる執行を延期する。また、保安監置における収容が10年間執行された時には、被収容者の再犯の危険性がないと判断した場合には、処分が終了したことを宣告することとなる。なお、保安監置の対象者は、刑務所内に監置され、その処遇は自由刑を執行されている者と同様である。

　また、一定の性犯罪等による刑の宣告時に、行為者が社会に対する危険性があるかどうか充分正確に確定できないときは、裁判所が、一定期間保安監置の命令を留保することができる「留保的保安監置」の命令を行うことが可能である。さらに、一定の性犯罪等による自由刑の執行終了前に、当該受刑者が社会にとって相当に危険であることを示す事実が明らかとなった場合、裁判所が、裁量で事後的に保安監置の命令を下すことができる、「事後的保安監置」の制度も存在する。

　②　フランス

　フランスにおける保安監置は、刑の執行終了時に行われる対象者の状況の再調査によって、対象者が人格の重大な障害を被っているために、累犯の非常に高い蓋然性によって特徴付けられる特別な危険性を呈していることが証明される場合に、刑の終了後に社会医療的司法保安センターへ収容される処分である。

　対象犯罪は、未成年者を被害者とする謀殺、故殺、拷問、野蛮行為、強姦、略取、監禁の重罪を行った者、又は成人を被害者とする謀殺、加重的故殺、加重的拷問、加重的野蛮行為、加重的強姦、加重的略取、加重的監禁の重罪を行った者、あるいは累犯で故殺、拷問、野蛮行為、強姦、略取、監禁の重罪を行った者であり、いずれの場合においても、5年以上の懲役で有罪判決を受けた場合に限り、保安監置を命じることができる。

　対象者の危険性についての再調査は、対象者の釈放1年前までに保安処分学際的委員会によって行われるのであるが、保安監置の決定権は管轄地の保安監置地方裁判所にある。

374 第4部　その他の国における刑事政策

保安監置の期間は1年であるが、調査により対象者の危険性の条件が満たされれば、同一の期間更新され、その更新回数に制限はない。

(3)　電 子 監 視

電子監視を用いている国としては、フランスがある。フランスにおいては、性犯罪により終身刑を宣告された者が、仮釈放中に強姦・殺人を犯すという事件が発生したことにより、性犯罪者に対する再犯防止のための強力な施策を推進することの認識が、世論で高まりをみせた。この施策の1つとして性犯罪者に対する電子監視が検討されたのであるが、フランスでは、既に刑事事件の被告人や短期自由刑の有罪判決を受けた者を対象に、電子監視が導入されていた。しかしながら、その電子監視技術においては、対象者の所在を確実に把握することに困難が生じることが多かったため、行刑当局は1日のうちの一定時刻に対象者宅の固定電話に電話せざるを得なかったというのが実情であった。

そこで、GPSの最新技術を用いた電子監視を行うために、2005年に「再犯者の処遇に関する法律」（Loi relative au traitement de la recidive des infractions penales）を制定した。具体的には、判決裁判所が、一定の性犯罪等を行った者について、7年以上の実刑判決とともに社会司法追跡調査（一定の性犯罪により有罪判決を受けた者に対して、一定期間、再犯防止のための監視措置、援助措置、治療命令等に従う義務を課す補充刑又は代替刑としての措置）を言い渡す場合に、その者が成人であり、医学的鑑定がその者の危険性を確認し、釈放後再犯を防止するために不可欠であると認められるときには、社会司法追跡調査に含めて、その者を電子監視に付することを命ずることができるのである。なお、電子監視に付するには、その者の同意が必要である。本人の同意が得られない場合には、社会司法追跡調査における遵守事項違反と同様に、拘禁刑（重罪の場合は7年以下、軽罪の場合は3年以下）が科せられることとなる。

対象者については、拘禁刑から解放される日の1年前までに、受刑者の危険性についての調査が行われ、それに基づき、刑罰適用判事は電子監視の期間を定め、対象者の同意について再度確認する。

電子監視に付される期間は、最大2年である。しかし、その者の犯した罪が

軽罪であれば1回に限り（通算最長4年）、重罪であれば2回まで（同最長6年）の延長が可能である。電子監視に付された者の義務内容としては、期間中における監視装置の装着と機器の管理、学校や公園等の区域への立入りの禁止（機器を通じて禁止区域に接近していることを本人に警告する）等が挙げられる。

電子監視対象者が使用する機器は、ブレスレット型発信機、携帯式受信機、固定式受信機の3種類であり、ブレスレット型発信機は、手首又は足首に装着するものであり、対象者の身体からの取り外しや破壊などの行為は、監視センターから認識することが可能である。携帯式受信機は、対象者が移動する際にベルトに装着するタイプであり、内蔵されたGPSにより、移動中にブレスレット型発信機の発信する情報を受信し、本人の現在位置の割り出しを行う。携帯式受信機とブレスレット型発信機が約3メートル以上離れると、警告音が出され、携帯式受信機には、監視センターからのメッセージがディスプレイ上に表示される。固定式受信機は、監視対象者の自宅などに設置され、携帯式受信機の機能の補完や同機器の充電時に使用する等の役割を担うのである。

フランスの電子監視の運用については、現在までのところ、大きな問題は発生していないようであるが、トンネル内や大きなビルの影においては、一時的に通信が途絶えることもあるようであり、この点については、機器の精度の向上が求められるところである。とは言え、電子監視の実施に必要な1人当たりの1日の経費は、刑事施設に拘禁する場合の約60ユーロに比べて、約半分の30ユーロであると推計されており、電子監視においてはコストの削減が期待できるようである。しかしながら、性犯罪者の電子監視を行う第1の目的は、経済的なコストではなく、性犯罪者の再犯の防止と社会の安全の確保であることに留意すべきであり、その点についての効果を期待したいところである。

3．おわりに

以上のように、欧州連合加盟国においても、性犯罪者の再犯防止は喫緊の刑事政策上の課題であることが分かる。情報公開法というレベルでは、我が国には、既に1917年以来、選挙資格のためとは言え、「犯罪人名簿」が存在するの

であり、2001 年からは「被害者等通知制度実施要領」に基づき、被害者、その親族若しくはこれに準ずる者、又は法定代理人である弁護士、目撃者、その他参考人等に対して、希望する場合においては、懲役、禁錮又は拘留の満期出所時期について通知することができる「一般釈放情報制度」が存在する。さらには、被害者の再被害防止のために、被害者等に対して、受刑者の釈放予定時期や帰住予定地等について通知し、警察にも通報する「特別釈放情報通知・通報制度」も存在するのであり、これらのことから、一般住民への性犯罪者情報の公開については、こうした諸事情を考慮した上での堅実な議論が必要である。

　また、保安監置のような施策に関しては、保安処分すら認められていない現行刑法の体制下で、我が国が採用することは難しいであろう。

　また、性犯罪者の電子監視については、それが二重処罰に当たらないか、公平性の原則に反しないか、プライバシーの侵害にならないかといった法律上の問題や、電波が遮断される区域での実効性の問題、あるいはコスト・ベネフィット等の対費用効率性の問題等をも考慮に入れて、我が国における導入可能性を考察することが必要であろう。

　我が国における性犯罪者再犯防止策として、新たな施策が法務省と警察庁間での「子ども対象・暴力的性犯罪出所者の再犯防止措置制度」が 2011 年 4 月から開始されたばかりであり、また矯正段階における認知行動療法を基盤とした「性犯罪再犯防止指導」、保護段階における「性犯罪者処遇プログラム」は、やっと軌道に乗ったところである。そのため、今しばらくは、これらの対応策の実質的な効果を見守りつつ、今後、時期をみて、これらの諸施策が性犯罪者の再犯防止を可能にしたかどうかの検証をすることが肝要であろうかと思われる。

参考文献

藤本哲也『性犯罪研究』中央大学出版部（2008 年）25 頁。

向井紀子・大月晶代「性犯罪者情報の管理・公開（諸外国の制度）」『レファレン

ス』655 号（2005 年）52 頁。

法務総合研究所『研究部報告 38　諸外国における性犯罪の実情と対策に関する研究』（2008 年）1-154 頁。

法務総合研究所編『平成 18 年版犯罪白書』国立印刷局（2006 年）271-276 頁。

井上宣裕「保安監置及び精神障害を理由とする刑事無答責の宣告に関する 2008 年 2 月 25 日の法律について」『法政研究』77 巻 4 号（2011 年）832-833 頁。

網野光明「フランスにおける再犯防止策―性犯罪者等に対する社会内の司法監督措置を中心に」『レファレンス』56 巻 8 号（2006 年）49 頁。

初 出 一 覧

〔初出誌『戸籍時報』（日本加除出版）〕

第1部　我が国における刑事政策

1　「犯罪学の散歩道(244) 刑事政策におけるパラダイムの変遷」『戸籍時報』694 号（2013年）131-136 頁。

2　「犯罪学の散歩道(226) DNA 鑑定」同 673 号（2011 年）130-134 頁。

3　「犯罪学の散歩道(233) 法テラスって知ってますか」同 681 号（2012 年）77-83 頁。

4　「犯罪学の散歩道(212) 改正検察審査会について」同 657 号（2010 年）138-143 頁。

5　「犯罪学の散歩道(215) 公訴時効及び刑の時効の廃止・延長について」同 660 号（2010 年）81-87 頁。

6　「犯罪学の散歩道(206) 裁判員制度を考える」同 650 号（2010 年）77-83 頁。

7　「犯罪学の散歩道(207) 被害者参加制度と損賠賠償命令制度」同 651 号（2010 年）85-90 頁。

8　「犯罪学の散歩道(243) 日本更生保護学会・設立記念大会について」同 693 号（2013 年）113-118 頁。

9　「犯罪学の散歩道(241) BBS 運動あるいは BBS 会って知ってますか」同 691 号（2012 年）100-105 頁。

10　「犯罪学の散歩道(245) 協力雇用主って知ってますか」同 695 号（2013 年）52-56 頁。

11　「犯罪学の散歩道(242) 更生保護女性会ってご存知ですか」同 692 号（2013 年）116-120 頁。

12　「犯罪学の散歩道(232) 更生保護における犯罪被害者等施策：被害者担当官って知ってますか」同 680 号（2012 年）97-105 頁。

第2部　アメリカにおける刑事政策

1　「犯罪学の散歩道(211) 薬物使用と健康に関する全米調査」『戸籍時報』656 号（2010 年）100-107 頁。

2　「犯罪学の散歩道(192) 最近 30 年間のアメリカにおける死刑の実情」同 634 号（2008 年）84-89 頁。

3　「犯罪学の散歩道(210) アメリカにおける児童強姦死刑法制定の動き」同 655 号（2010 年）95-99 頁。

4　「犯罪学の散歩道(240) アメリカにおける触法精神障害者対策の新動向」同 690 号（2012

年）101-109 頁。

5 「犯罪学の散歩道(174) アメリカにおける累犯研究」同 611 号（2007 年）66-71 頁。

6 「犯罪学の散歩道(222) アメリカにおける高齢者に対する犯罪予防プログラム」同 668 号（2011 年）94-99 頁。

7 「犯罪学の散歩道(238) アメリカにおける PFI 刑務所」同 687 号（2012 年）106-110 頁。

8 「犯罪学の散歩道(203) 最近のアメリカにおける警備業と民間ポリーシング」同 646 号（2009 年）82-88 頁。

9 「犯罪学の散歩道(205) ハワード・ゼアの修復的司法の手引き」同 649 号（2009 年）85-90 頁。

第 3 部　オーストラリアにおける刑事政策

1 「犯罪学の散歩道(176) オーストラリア国立大学ロースクールでの在外研究」『戸籍時報』614 号（2007 年）86-93 頁。

2 「犯罪学の散歩道(183) オーストラリアにおける性犯罪者処遇の事例研究」同 623 号（2008 年）80-85 頁。

3 「犯罪学の散歩道(219) オーストラリアにおける危険性の高い性犯罪者に対する特別法」同 665 号（2011 年）106-111 頁。

4 「犯罪学の散歩道(220) オーストラリアにおける知的障害者に対する性的暴行」同 666 号（2011 年）113-120 頁。

5 「犯罪学の散歩道(188) 知的障害犯罪者に対する対策：オーストラリアの場合」同 629 号（2008 年）95-102 頁。

6 「犯罪学の散歩道(199) 知的障害者と犯罪の被害：オーストラリアの研究から」同 642 号（2009 年）77-85 頁。

7 「犯罪学の散歩道(193) オーストラリアの警察機関の直面する問題」同 635 号（2008 年）66-72 頁。

8 「犯罪学の散歩道(224) オーストラリアの警備業の現状について」同 671 号（2011 年）127-132 頁。

9 「犯罪学の散歩道(187) オーストラリアの民営刑務所」同 628 号（2008 年）88-93 頁。

10 「犯罪学の散歩道(180) オーストラリアの民営女子刑務所の崩壊」同 620 号（2007 年）86-91 頁。

11 「犯罪学の散歩道(182) ブレイスウェイトの恥の理論」同 622 号（2008 年）80-86 頁。

第 4 部　その他の国における刑事政策

1 「犯罪学の散歩道(234) カナダの刑事司法機関訪問記」『戸籍時報』683 号（2012 年）84-92 頁。

初出一覧　*381*

2　「犯罪学の散歩道(239) コミュニティコートって知ってますか」同 688 号（2012 年）111-116 頁。

3　「犯罪学の散歩道(195) カナダにおける警備業」同 637 号（2009 年）91-98 頁。

4　「犯罪学の散歩道(198) カナダにおけるハーフウェイハウスの現状」同 641 号（2009 年）101-106 頁。

5　「犯罪学の散歩道(184) スペインにおける行刑制度」同 624 号（2008 年）82-88 頁。

6　「犯罪学の散歩道(209) ニュージーランドにおける精神障害者の刑事手続に関する裁判官マニュアル」同 653 号（2010 年）87-93 頁。

7　「犯罪学の散歩道(235) ノルウェーにおける修復的司法」同 684 号（2012 年）78-83 頁。

8　「犯罪学の散歩道(230) 欧州連合同盟国における性犯罪者の再犯防止対策」同 678 号（2012 年）81-88 頁。

事 項 索 引

ア 行

RNR モデル　　70
明石花火大会事件　　37
足利事件　　15, 18
アトキンス判決　　119
アブグレイブ刑務所　　171
アボリジニ　　9
アメリカ矯正会社　　164, 167
怒り抑制プログラム　　206
意見陳述制度　　61, 62
意見等聴取制度　　100, 101
一般釈放情報制度　　376
違法薬物　　109, 110, 112-116
医療観察制度　　72
エイズ　　168
エクスタシー　　113, 115
エリザベス・フライ・ソサエティ
　　333
LSD　　113
欧州拷問等防止委員会　　344
応報的司法　　3, 5, 6, 9, 10, 365
オーストラリア矯正会社
　　279, 280, 283
オーストラリア最高裁判所
　　193, 195, 198
恩赦法　　6

オンブズマン　　346

カ 行

外国旅行禁止命令　　370
改正検察審査会法　　31, 37
回転ドア症候群　　294
科学警察研究所　　15
科学的証拠　　14
拡大刑罰　　207
隔離政策　　216
学校和解プロジェクト　　365
合衆国憲法修正第 8 条　　130-133
家庭裁判所　　193-195
家庭内暴力　　127
カナダの刑事司法制度　　299
カナダ連邦警察　　299, 300
仮釈放制度　　193
簡易薬物検出検査　　72
官営刑務所　　168, 169, 271, 276
感化院　　5
感化法　　5
環境設計による犯罪予防　　265
監獄則　　5
官民協働運営型　　169, 277
企業内ポリーシング　　176
危険な受刑者（性犯罪者）法
　　211

規制薬物物質法　316

起訴相当　32, 33

規範感情緩和説　42

期満免除　39

ギャラップ世論調査　122

救世軍　333

吸入剤　115

行刑累進処遇令　5

矯正施設民営企業　164

強制的パロール　207

矯正的連続体　236

矯正法　283

京都少年保護学生連盟　77, 79, 80

協力雇用主　85, 87, 89-91

近隣裁判所（タンザニア）　361

近隣住民監視プログラム　157

区分審理・部分判決制度　55

クラウン・カウンセル　304, 305

クラウン・カウンセル法
　302, 303

クラック　113

グレッグ判決　119

警察行政研究フォーラム　136

刑事時効　45

刑事司法・精神保健合意プロジェク
　ト報告書　137

刑事司法制度改革　12

刑事司法のパラダイム　3, 365

刑事政策専門委員会　74

刑事政策のパラダイム　8, 10

刑事和解制度　66

継続的拘禁　212

携帯式受信機　375

刑の一部の執行猶予制度　72

刑の時効　39, 42, 47

刑罰植民地　193

警備業　263, 268-270, 321

刑務所出所者等総合的就労支援対策
　87

ケルト民族　10

幻覚剤　114

県裁判所　194

検察審査会　31-37, 50

検察審査会制度　31, 35, 37

検察審査会法　31, 37

強姦死刑法　130

公共ポリーシング
　172, 178, 258, 259, 261, 330

更生緊急保護法　6

更生保護　68, 72, 86, 89, 99, 104

更生保護施設　85

更生保護思想　93

更生保護女性会　93, 95-98

更生保護法　98, 101, 102

公訴時効　39, 41-43, 45-48

公訴時効期間　42-44

公訴時効制度　39, 40

公訴時効廃止　45

公判前整理手続　25, 51

興奮剤　112

公務請負ポリーシング　175

高齢者安全セキュリティプログラム
　159

高齢者自宅安全プログラム　161

高齢者パワー近隣監視プログラム　160

高齢者犯罪予防対策　155

コーカー対ジョージア州事件　130

コールドケース（長期未解決事件）　14

コカイン　113, 115, 116, 128

国選付添人制度　25

国選被害者参加弁護士　26, 27

国選被害者参加弁護士制度　63

国選弁護制度　24

国選弁護人　21

国民の刑事司法参加　35

国民の司法参加　50

国連人権委員会　213, 214

固定式受信機　375

コミュニティ裁判所　315, 317

コミュニティ・ポリーシング　328

サ　行

サークル　183, 184

最高裁判所　211, 212

財団法人中国残留孤児援護基金　27, 28

裁判員候補者名簿　53

裁判員裁判　25, 49, 51, 52, 57, 58

裁判員制度　35, 37, 49-51, 53, 55-58

裁判員法　51, 58

再犯者の処遇に関する法律　374

再犯防止　91, 135, 338

再犯防止対策推進会議　73

再犯率　148

裁量的保安監置　372

作業報奨金　309

殺人事件被害者遺族の会（宙の会）　40

サラ・カシマノ強姦・殺人未遂事件　127

参審制　50

三振法　164

CAD システム　141

JR 福知山線脱線事故事件　37

死刑在置州　126

死刑囚監房　121, 122, 126

死刑情報センター　119

死刑制度　122, 126

死刑廃止　126

死刑廃止州　126

死刑法　122

自己規制モデル　207

事後的保安監置　373

施設内処遇　4, 72, 99, 337

執行猶予者保護観察法　6

実体法説　44

指定通院医療機関　73

指定弁護士　33, 34, 36

私的ポリーシング　327

児童虐待　220, 255

児童強姦罪　127

児童強姦死刑法　127, 129, 130, 133

児童、青少年及び家族法　181
児童性犯罪者登録制度　204
司法過疎地域　26
司法制度改革審議会　35, 50
司法制度改革審議会意見書
　　3, 12, 22
司法ネット　22
社会医療的司法保安センター
　　373
社会参加活動　97
社会内処遇　72, 99, 337
社会内処遇制度　68
社会復帰調整官　73
社会復帰的司法　3, 5, 8, 10, 365
社会奉仕命令　148
州検察官　301
州最高裁判所　194
重大な性犯罪者監視法　211
修復的司法
　　3, 8-12, 102, 181-188, 295, 365
修復の司法の手引き
　　182, 184, 186-188
受刑者虐待　171
受刑者・コミュニティ協力事業団
　　7
小額裁判所　194
常習犯　147
小児性愛　204
証人尋問　60, 62
少年裁判所　194
少年性犯罪者評価プロトコル
　　205

情報公開法　280, 368
情報収集ポリーシング　173
職親　86
職親プロジェクト　86
触法精神障害者　146, 300, 301
触法精神障者対策　135
書類作成援助　24
ジョンハワード協会　333
人権法　210
審査補助員制度　33, 34
新実体法説　43
真実・和解委員会　183
心情等伝達制度　100, 102
新訴訟法説　44
身体的暴行　248
心理療法薬物　110, 112, 114-116
性行為感染症　206
青少年司法命令　202
青少年性犯罪者評価プロトコル
　　202
青少年の薬物乱用に関する調査
　　118
精神安定剤　112
精神異常　356
精神科緊急救命室　144
精神科緊急対応チーム　138
精神障害者　351, 352, 354
精神障害犯罪者
　　229, 231, 232, 234, 237, 357
精神評価チーム　143
精神病者　350
精神保健観察　72-74

索　引　*387*

精神保健鑑定者　353
精神保健施設　138, 144
精神保健専門家
　　137, 138, 142, 143
精通弁護士　27
性的被害化　218
性的被害者　220
性的暴行　219-226, 248
性的暴力　127
性犯罪再犯防止指導　376
性犯罪者　127, 147, 221
性犯罪者司法データベース　371
性犯罪者処遇プログラム
　　198, 199, 201, 208, 209, 215, 376
性犯罪者前歴登録法　367, 368
性犯罪者登録告知法　367, 368
性犯罪者プログラム　197
性犯罪（保護資料）法　368
性犯罪予防命令　370
聖レオナルド・ソサエティ　333
世代間連鎖　220
1991 年量刑法　211
1992 年精神保健（強制的評価及び
　　処遇）法　350
1996 年行刑規則　340
1979 年行刑法　340
全国警備業協会　179
全国更生保護婦人連盟　95
全国就労支援事業者機構　87-89
全国犯罪被害者の会（あすの会）
　　40
先住民ケース・ワーカー　306

全米高齢者協議会　161
全米保険犯罪局　174
相対的応報刑論　4
相談・支援　103, 104
訴訟法説　44
損害賠償命令制度　59, 63, 65, 66

タ　行

代理援助　24
ダウンタウン・コミュニティ裁判所
　　305-309, 311-314, 316-318
多重人格犯罪者　231, 233
治安判事裁判所　194, 195
地域社会対応チーム　301
地域生活定着支援センター
　　251, 349
地区裁判所　194
治罪法　39
知的障害者
　　217-221, 223-227, 241-243, 245,
　　248, 249, 251, 300, 350, 355
知的障害者に対する死刑　119
知的障害者に対する死刑執行
　　125
知的障害犯罪者　199, 229, 230,
　　232, 238, 239, 252, 349, 357
地方更生保護委員会　101, 102
地方裁判所　194
仲介和解サービス　362
懲治場　5
長所基盤モデル　69
町内防犯プログラム（Block Watch

Program） 156

鎮静剤 112

DNA 型鑑定 13-15, 17-19

デイ・パロール 334

テロリズムとの闘い 171

電子監視 374-376

電話安心プログラム 161

東京・強姦救援センター 6

東京女囚携帯乳児保育会 94

東電 OL 殺害事件 13, 18

特別検察官 303

特別釈放情報通知・通報制度
376

届出命令 370

ドメスティック・バイオレンス
140

トリアージ・チーム 317

トリプル R プログラム 202, 203

ナ 行

内乱罪 44

奈良女児誘拐殺害事件 367

2003 年刑事司法法 370

2003 年刑事手続（精神障害者）法
350

2003 年性犯罪法 368-370

2003 年知的障害（強制的保護及び
社会復帰）法 350

2000 年刑事司法・裁判所業務法
370

日本更生保護学会 68, 73, 74

日本更生保護協会 94

日本司法支援センター 21

日本弁護士連合会 27

ネグレクト 255

NOVA（National Organization for
Victim Assistance） 7

ノーマライゼーション 225

ハ 行

ハーフウェイハウス
331-334, 336-338

陪審員 49, 50

陪審裁判 49, 50, 196

陪審制 50

陪審法 49, 50

ハイ・ファイブ（High：Five）
70, 71

恥の理論 287

バトラー報告書 235

ハラスメント保護法 368

犯罪者予防更生法 95

犯罪捜査規範 8

犯罪対策閣僚会議 135

犯罪人名簿 375

犯罪の進化に司法を適合させるため
の法律 371

犯罪被害者 26, 28, 34, 48

犯罪被害者支援業務 26

犯罪被害者等基本計画
66, 100, 101, 104

犯罪被害者等基本法 8, 66, 100

犯罪被害者等給付金支給法 6, 99

犯罪被害者等施策 99

犯罪被害者保護法　63, 64

PFI（Private Finance Initiative）
　163

PFI 刑務所　164, 169, 279, 285

BBS 運動　77-83

BBS 会　93

BBS 会員　83, 97

被害者・加害者和解プログラム
　6, 7

被害者救援組織　6

被害者参加制度　26, 59, 62, 63, 66

被害者参加人　26, 27, 60-62

被害者支援員制度　8

被害者対策要綱　8, 99

被害者担当官　101, 104

被害者担当保護司　101, 104

被害者等通知制度
　8, 100, 102, 103

被害者連絡実施要綱　100

被害促進性　248, 249

被害弁償プログラム　6, 7

被拘禁者処遇に関する国連最低基準
　規則　6, 67

被告人質問　61, 62

非施設化政策　6

必要的保安監置　372

評議　52

評決　53, 56

ファースト・ネーション　183

ファーマン判決　119, 124

VS（Victim Support）　7

VOCS（Victim of Crime Service

INC.）　7

フェミニスト運動　127

不起訴相当　32

不起訴不当　32

付審判請求　31, 32, 34

附帯私訴　65

不定期刑　210, 212

不法行為　182

ブリーホン法（Brehon Law）　10

フル・パロール（完全仮釈放）
　335

ブレスレット型発信機　375

別房留置　5

保安監置　372, 373, 376

法執行援助局　155

法廷会計士　321

法廷警備員　176

法テラス　21, 22, 25, 26, 28, 29

法律相談援助　24

法律扶助事業　29

ホールクレスト報告　172

保護観察官　73, 83, 87

保護観察所　102

保護司　83, 85, 93, 97

保護司制度　73

保護司法　6

保護的警備ポリーシング　173

補充裁判員　52, 54

ポリグラフ・テスト　208

マ　行

マオリ族　9

MAPPA（Multi-Agency Public Protection Arrangements） 370
マリファナ 110, 112, 114-117
未解決事件 45
三菱重工ビル爆破事件 99
民営刑務所 163, 164, 166-169, 199, 271-275, 277, 279, 280, 282, 284, 285
民営少年刑務所 282, 284
民営女子刑務所 279, 285
民間警備会社 324, 326
民間警備業 179, 330
民間警備保障 171, 172
民間ボランティア組織 6
民間ポリーシング 171, 172, 176-178, 258, 330
民事時効 45
民事法律扶助 22, 23
無罪者保護法 123
メーガン法 370
メタドン治療 308
メノー派教会 7
メンタルヘルス 308
メンタルヘルス・チーム 309, 310
メンフィス危機介入チームモデル 136

ヤ 行

薬物依存 71

薬物事犯者 72
薬物使用と健康に関する全米調査 109, 118
薬物療法 216
善い人生モデル（Good Lives Model：GLM） 69
幼年監 5
ヨーロッパ人権裁判所 213

ラ 行

陸山会事件 37
RICO 法違反事件 174
リスク・アセスメント 336
リスク・ニード・応答性モデル （Risk-Need-Responsivity Model：RNR Model） 69
リッチモンド報告書 235
留保的保安監置 373
リラプス・プリベンション・モデル 207
累犯研究 147, 154
累犯率 148-152
連邦検察官 301
連邦裁判所 193, 195, 196

ワ 行

和解プログラム 364
ワッケンハット矯正会社 164

人名索引

ア 行

アイリング（J. Ayling）　253
アンダーソン（K. Anderson）
　194
ヴァーレ（I. L. Valle）　359
ウィーラー（G. R. Wheeler）　149
ウィルソン（C. Wilson）
　　241, 243, 244, 247
ウェストハイマー
　　（I. F. Westhymer）　77
ウォーカー（N. Walker）　149
宇田川潤四郎　78-80
エデン（R. Eden）　149
エリアス（I. Ayres）　269
エリス（J.W. Ellis）　225
オーサ（T. Orsagh）　151, 152
オースティン（J. Austin）　153
オコーネル（J. OConnell）　153

カ 行

カーマディ（M. Carmody）　221
ガーランド（D. Garland）　254
ガロファロ（J. Garofalo）　151
クールター（E. K. Coulter）　77
グラボスキー（P. Grabosky）
　　193, 209, 253, 261, 269

グリーンスパン（S. Greenspan）
　244
クリスティ（N. Christie）
　　181, 359-361
グリフィン（W. B. Griffin）　191
グレイ（A. Gray）　212
クレビン（L. Crebbinn）　197
ゴヴ判事（Judge T. Gove）　313
コーエン（B. Cohen）　149
ゴットフレッドソン
　　（D. M. Gottfredson）
　　150, 151
ゴットフレッドソン
　　（M. R. Gottfredson）　151
ゴフマン（E. Goffman）　294

サ 行

シーズ（J. Cid）　339
シェアリング（C. Shearing）
　　253, 266
ジェフリーズ（A. J. Jeffreys）　14
シムズ（B. Sims）　153
ジャーマン（D. Jarman）　152
ジョージ（A. George）　285
スチュワート（P. Stewart）　131
スティードマン（H. J. Steadman）
　138

スティーブンス（J. P. Stevens）
131
ステンニング（P. Stenning） 266
スパークス（R. F. Sparks） 248
スモールボーン（S. Smallbone）
197
スワントン（B. Swanton） 266
ゼア（H. Zehr） 181, 184, 187
ソング（L. Song） 154

タ 行

タカギ（P. T. Takagi） 182
タッカー（G. Tucker） 149
チェン（J. R. Chen） 151, 152
ディーン（M. W. Deane） 136
デイビィス（N. Z. Davis） 261
徳武義 79

ナ 行

永田弘利 79
ニコルソン判事（J. Nicholson）
351
ニューマン（O. Newman）
156, 157
ネトルベック（T. Nettelbeck）
241, 244

ハ 行

バーガー（W. E. Burger） 131
バージェス判事（J. E. Burgess）
314
ハーディング（R. Harding） 271

ハーメイヤー（A. Haermeyer）
284
バイルズ（D. Biles）
197, 207, 209, 211, 212, 215, 216
パウエル（L. F. Powell, Jr.） 131
バス（H. Bath） 202
バラグワナス裁判官
（J. Baragwanath） 353
ヒソング（R. V. Hissong） 149
ファーリントン（D. P. Farrington）
149
フィリップ（A. Philip） 193
フェルソン（M. Felson） 265
ブラゴジェヴィッチ
（R. Blagojevich） 123
ブラックス（S. Bracks） 285
ブラックマン（H. A. Blackmun）
131
ブリューア（N. Brewer） 242-244
ブルックバンクス
（W. Brookbanks） 354
ブレイスウェイト（J. Braithwaite）
181, 193, 207, 209, 269, 287-295
ブレナン（W. J. Brennan, Jr.）
131
ヘイズ（S. Hayes） 220, 229, 238
ペイン（S. Payne） 368
ベック（J. L. Beck） 151
ヘッセル（O. Hessel） 70
ペリー（C. Perry） 241
ベレコッチィ（J. Berecochea）
152

索　引　*393*

ペンデルトン判事（J. D. Pendleton）
　314

ポッター（R. Potter）　241

ホフマン（P. B. Hoffman）　151

ホワイト（B. R. White）　131

マ　行

マーシャル（T. Marshall）　131
　181, 349

マクドナルド（A. C. Macdonald）
　94

マコノキー（A. Maconochie）
　193

マッカレー（F. W. M. McElrea）
　181, 349

宮澤浩一　321

ラ　行

ライアン（J. Lyan）　197

ライアン（G. Ryan）　122

ライト（J. Wright）　191

ラッカソン（R. Luckasson）　220

ラドウィグ（W. Ludwig）　328

リーブ（R. Lieb）　154

リガコス（G. Rigakos）　176

レイザー（A. Lazar）　149

レーンキスト（W. H. Rehnquist）
　131

レビー（M. Levy）　197

ワ　行

ワード（T. Ward）　69, 198, 207

著者紹介

藤 本 哲 也（ふじもと・てつや）

最終学歴

1975年　アメリカ合衆国カリフォルニア大学（バークレー校）大学院犯罪学研究科博士
　　　課程修了（犯罪学博士号取得）

現在

中央大学名誉教授、犯罪学博士、弁護士、矯正協会会長、日本更生保護学会会長、最高
検察庁参与

主著

『Crime and Delinquency among the Japanese-Americans』中央大学出版部（1978年）／『犯
罪学講義』八千代出版（1978年）／『犯罪学入門』立花書房（1980年）／『新しい犯罪学』
八千代出版（1982年）／『刑事政策概論』青林書院（1984年）／『犯罪学緒論』成文堂（1984
年）／『刑事政策』中央大学通信教育部（1984年）／『社会階級と犯罪』勁草書房（1986年）
／『犯罪学要論』勁草書房（1988年）／『刑事政策あ・ら・かると』法学書院（1990年）／
『刑事政策の新動向』青林書院（1991年）／『刑事政策20講』青林書院（1993年）／『うち
の子だから危ない』集英社（1994年）／『Crime Problems in Japan』中央大学出版部（1994
年）／『犯罪学の散歩道』日本加除出版（1996年）／『諸外国の刑事政策』中央大学出版部
（1996年）／『続・犯罪学の散歩道』日本加除出版（1998年）／『刑事政策の諸問題』中央
大学出版部（1999年）／『犯罪学者のひとりごと』日本加除出版（2001年）／『犯罪学者の
アメリカ通信』日本加除出版（2002年）／『犯罪学源論』日本加除出版（2003年）／『犯罪
学の窓』中央大学出版部（2004年）／『犯罪学研究』中央大学出版部（2006年）／『犯罪学
の森』中央大学出版部（2007年）／『性犯罪研究』中央大学出版部（2008年）／『刑事政策
研究』中央大学出版部（2009年）／『よくわかる刑事政策』ミネルヴァ書房（2011年）／『犯
罪学・刑事政策の新しい動向』中央大学出版部（2013年）／『新時代の矯正と更生保護』
現代人文社（2013年）（以上単著のみ。その他著書・論文多数）

刑事政策の国際的潮流　　　　　　　　　中央大学学術図書（90）

2016年9月30日　初版第1刷発行

著　者　　藤　本　哲　也

発行者　　神　﨑　茂　治

発行所　中 央 大 学 出 版 部
郵便番号 192-0393
東京都八王子市東中野 742-1
電話 042（674）2351　　FAX 042（674）2354
http://www2.chuo-u.ac.jp/up/

© 2016　Tetsuya Fujimoto
ISBN978-4-8057-0734-0
本書の出版は中央大学学術図書出版助成規定による。

印刷　㈱千秋社

本書の無断複写は、著作権法上の例外を除き、禁じられています。
複写される場合は、その都度、当発行所の許諾を得てください。